退化土地植被恢复与重建技术丛书

沙区绿洲防护体系与资源高效利用研究
——古尔班通古特沙漠农牧业综合开发

宁虎森　王让会　罗青红　贾志清　等　著

科学出版社

北　京

内 容 简 介

本书以古尔班通古特沙漠西南缘为重点研究区域，论述了其气候、环境、资源、植被及经济发展现状的时空分布特征，阐明了水土耦合、植被-土壤耦合特征，提出了植被配置和保育方法；选取具有代表性的太阳能资源与植被资源，对研究区域的资源状况及利用潜力和价值进行了分析评价；从水资源高效利用与生态经济圈层农业模式构建出发，构建了各圈层低碳发展模式，并从碳排放量、生态系统服务价值、经济产出、景观格局指数方面对优化结果进行了评价，可为新疆等干旱沙区资源高效利用和农牧业综合发展提供理论指导与科技支撑。

本书可为农业、林业、畜牧业、水利等专业领域的研究人员提供理论指导，尤其可供从事沙区生态经济协调发展研究的科技人员及相关政府决策人员参考。

图书在版编目 (CIP) 数据

沙区绿洲防护体系与资源高效利用研究：古尔班通古特沙漠农牧业综合开发/宁虎森等著. —北京：科学出版社，2020.6
　（退化土地植被恢复与重建技术丛书）
　ISBN 978-7-03-065293-5

Ⅰ．①沙… Ⅱ．①宁… Ⅲ．①古尔班通古特沙漠–绿洲–农业经济发展–研究 ②古尔班通古特沙漠–绿洲–畜牧业经济–经济发展–研究 Ⅳ．①F327.45

中国版本图书馆 CIP 数据核字(2020)第 092531 号

责任编辑：张会格　岳漫宇 / 责任校对：严　娜
责任印制：吴兆东 / 封面设计：刘新新

科学出版社 出版
北京东黄城根北街 16 号
邮政编码：100717
http://www.sciencep.com
北京虎彩文化传播有限公司 印刷
科学出版社发行　各地新华书店经销
*
2020 年 6 月第 一 版　开本：720×1000 1/16
2020 年 6 月第一次印刷　印张：12 1/4
字数：247 000
定价：**128.00 元**
(如有印装质量问题，我社负责调换)

《沙区绿洲防护体系与资源高效利用研究
——古尔班通古特沙漠农牧业综合开发》
著者名单

主要著者 宁虎森 王让会 罗青红 贾志清

其他编著（按姓氏拼音排序）

陈东强 陈启民 何 苗 吉小敏 雷春英

李 成 刘 燕 刘永萍 潘 越 姚 健

朱 旻 朱雅娟 邹 杰

前　言

防沙治沙是一项重要的生态工程，也是一项重要的民生工程，事关国家生态安全，事关中华民族生存与发展，事关全面建成小康社会进程。党中央、国务院始终高度重视防沙治沙工作，特别是进入21世纪以来，国家采取了一系列行之有效的措施，有力推进了防沙治沙工作。经过长期不懈的预防和治理，我国防沙治沙工作取得了显著成效，沙区生态状况有所改善。监测数据显示，截至2014年，我国有荒漠化土地261.16万 hm²、沙化土地172.12万 hm²，比2009年分别减少了12 120hm²和9902hm²，荒漠化和沙化呈整体遏制、持续缩减的良好态势。但是我国荒漠化和沙化土地基数很大，治理缓慢，局部区域沙化土地仍在扩张，荒漠化和沙化没有得到根本改变，仍然是我国最严重的生态问题之一。同时，沙区生态环境脆弱，保护与巩固任务繁重，再加上人为影响因素依然存在，如盲目开垦、超载放牧、无序建设、农业用水挤占生态用水等问题突出。我国土地沙化问题仍然十分突出，防沙治沙形势依然非常严峻。

我国沙化土地主要分布于"老、少、边、贫"地区，沙化导致生态恶化，严重影响人们的生产、生活甚至危及生存，严重制约经济社会的可持续发展，是全面建成小康社会、建设生态文明的重要障碍。位于新疆北部的古尔班通古特沙漠，沙丘多以固定、半固定状态为主，自然状态下植被发育良好，地表结皮广泛分布。20世纪60～70年代，人类活动加剧，水土资源被无序开发，天然植被遭受破坏，沙化程度加剧，严重影响了绿洲的生态稳定和区域经济的发展。随着国家、地方生态保护法律和政策的相继出台，以及多项生态治理工程的实施，加上民众植被保护意识的提高，在多方共同努力下，生态环境趋于好转。但受全球气候变暖的影响，该区生态环境依然很脆弱，人为破坏现象依然存在，因此加强此区域的生态环境修复和农牧产业的有序开发，仍然是保障区域生态经济可持续发展的当务之急。

本书针对干旱沙区自然环境及农牧业发展现状，开展了沙生经济植物对环境的生理响应、抗旱性评价及沙区植被-土壤耦合特征研究，提出了适宜于荒漠区、过渡带及绿洲区的植被恢复及保育策略；分析了研究区太阳能资源与植被资源的时空分布现状，评估了植被资源开发利用现状和潜力，构建了区域资源植物开发潜力评价指标体系，研发了植被资源利用评估与分析软件，提出了研究区植物资源高效利用的途径；研究了研究区生态经济圈层景观特征，模拟了水资源总量和需求量，提出了区域不同圈层资源循环利用模式及低碳土地利用模式，评价了区域低碳景观优化效应，为干旱沙区资源高效利用及产业发展提供了科技支撑和技术指导，促进了沙区农牧业综合发展。

本书分为六章，主要内容包括沙区经济植物的抗逆生理特征及栽培技术研究，沙区植被-土壤耦合特征及植被保育技术研究，沙区水土耦合及其环境效应研究，沙区具有产业潜力的资源的分布及开发潜力研究，沙区高效生态经济圈层构建研究。本书是众多参研人员智慧的结晶和集体辛勤工作的成果，全书提纲拟定、编写、统稿和定稿由宁虎森、王让会、罗青红、贾志清完成。

本项研究由"十二五"国家科技支撑计划课题"古尔班通古特沙漠绿洲防护体系与农牧业综合开发试验示范研究"（2012BAD16B0305）资助完成。本书在研究、撰写期间，得到了精河县林业和草原局等单位的帮助与支持，还有许多其他单位和同仁在本书的撰写方面给予了支持，在此表示感谢，也对参与本项研究的新疆精河县林业和草原局赵强、奇台县林业局王学文高级工程师和何俊勇工程师、新疆林业科学院张洪铎先生、精河县鸿鹄治沙科技有限公司张延山经理、精河县众望大芸种植专业合作社王勇社长、精河县金桑湾生物科技有限公司刘吉发经理，以及南京信息工程大学研究生蒋烨林、吴晓全、李焱、袁梦琪等所付出的努力一并表示感谢。

希望本书能对从事荒漠化防治和干旱区生态环境恢复与重建的同行有所帮助。古尔班通古特沙漠是世界典型的干旱沙漠，由于其独特的生态特征和环境条件，许多问题尚需要讨论和进一步研究。本书为科学研究的阶段性研究成果，由于各方面原因所限，难免有不足之处，敬请广大读者批评指正。

著　者

2018 年 3 月 5 日

目　录

第一章　绪论……………………………………………………………………1

　第一节　国内外研究现状…………………………………………………1

　　一、水土耦合关系及其环境效应研究……………………………………1

　　二、农林牧高效配置生态经济圈层构建及效应评价……………………3

　　三、沙区资源开发利用研究………………………………………………6

　第二节　研究区概况………………………………………………………12

　　一、地理位置………………………………………………………………12

　　二、地形、地貌特征………………………………………………………12

　　三、农业资源概况…………………………………………………………12

　　参考文献……………………………………………………………………15

第二章　沙区经济植物的抗逆生理特征及栽培技术研究…………………19

　引言…………………………………………………………………………19

　第一节　沙区经济植物对环境的生理响应及抗旱性评价………………19

　　一、沙地植物的光合日变化及其环境因子特征…………………………20

　　二、沙地植物光合碳同化对环境因子的生理响应………………………25

　　三、沙地植物对干旱胁迫的生理生态响应………………………………31

　　四、小结……………………………………………………………………41

　第二节　沙区经济植物的生长特性分析…………………………………42

　　一、俄罗斯聚合草引种试验………………………………………………42

　　二、沙地桑和黑果枸杞生长、生理特性分析……………………………43

　第三节　沙区经济植物栽培、繁育及造林技术研究……………………48

　　一、生长特性及经济性状分析……………………………………………48

　　二、栽培繁育技术…………………………………………………………51

　　参考文献……………………………………………………………………55

第三章　沙区植被-土壤耦合特征及植被保育技术研究…………………58

　引言…………………………………………………………………………58

第一节　荒漠区植被与土壤特性分析 ································ 58

　　一、不同盖度天然梭梭林地土壤养分、盐分累积特征 ············· 58

　　二、甘家湖梭梭林的防风固沙功能评价 ························· 64

　　三、人工促进天然罗布麻群落植被恢复技术研究 ················· 66

第二节　风沙路径区不同树种造林模式植被与土壤特性分析 ········· 69

　　一、人工纯林植被与土壤特性 ······························· 69

　　二、人工梭梭林植被-土壤耦合协调度关系研究 ················· 80

第三节　荒漠绿洲过渡区生态经济兼用林营建技术研究 ············· 85

　　一、沙地桑经济型防风固沙林建设技术 ······················· 85

　　二、全生长季人工免穴栽苗技术 ····························· 86

第四节　绿洲区林-农复合模式对小气候的影响分析 ··············· 87

　　一、对风速的影响 ··· 87

　　二、对气温的影响 ··· 87

　　三、对相对湿度的影响 ····································· 88

　　四、对土壤温度的影响 ····································· 88

　　五、对土壤体积含水量的影响 ······························· 89

　　六、小结 ··· 89

　参考文献 ··· 90

第四章　沙区水土耦合及环境效应研究 ························· 91

　引言 ··· 91

　第一节　研究方法 ··· 91

　　一、水土资源利用现状分析 ································· 91

　　二、水资源总量估算与模拟 ································· 92

　　三、水资源需求量估算模拟 ································· 93

　　四、水土耦合建模与分析 ··································· 93

　　五、环境效应现状分析 ····································· 93

　第二节　水环境质量现状分析 ······························· 94

　　一、水化学特征 ··· 94

　　二、营养物质特征 ··· 94

　第三节　土壤环境质量现状分析 ····························· 95

一、土壤酶活性变化特征 ·· 95

二、土壤盐分变化特征 ·· 99

第四节　水资源总量模拟研究 ·· 101

一、基于水量平衡方程的沙区水资源总量估算 ························ 101

二、基于 DEM 数据的精河水文信息的提取 ························ 101

三、基于分布式水文模型的区域地表径流量估算 ···················· 106

四、基于区域空间插值的土壤水分含量估算方法 ···················· 106

五、地下径流估算方法 ·· 108

六、精河沙区水资源总量估算结果 ·································· 110

第五节　水资源需求量模拟研究 ·· 110

一、不同水利用方式下的需水量计算模型构建 ······················ 110

二、需水量模型求解与计算 ·· 112

三、水资源需求总量 ·· 114

第六节　水土耦合关系研究 ·· 114

一、沙区水资源总量空间分布 ·· 114

二、沙区水资源需求量空间格局分布及分析 ························ 115

三、水土资源耦合现状分析 ·· 117

四、不同水土耦合程度区域的优化调整 ······························ 118

参考文献 ·· 120

第五章　沙区具有产业潜力的资源的分布及开发潜力研究 ·········· 121

引言 ·· 121

第一节　研究方法 ·· 121

一、景观格局空间信息提取 ·· 121

二、辐射资源利用特征分析 ·· 122

三、植被资源利用潜力评价 ·· 123

四、资源利用模式体系与评估 ·· 125

第二节　太阳能资源利用评估与分析 ···································· 126

一、太阳能资源评估指标 ·· 126

二、景观尺度上太阳能资源评估 ·· 127

第三节　植被资源利用评估与分析 ······································ 128

一、植被生产力时空分布特征 ·······················128

二、植被资源利用评估指标体系建立 ···············130

三、小结 ···134

第四节　干旱沙区资源植物开发潜力评价 ···············135

一、精河县资源植物开发潜力评价指标体系构建 ·····135

二、资源植物各指标开发潜力水平分析 ···············138

三、资源植物各种类开发潜力水平分析 ···············139

四、资源植物开发潜力水平综合分析 ·················140

第五节　土壤养分反演模型建立与评价 ·················140

一、土壤养分高光谱反演模型的建立与分析 ···········140

二、土壤养分状况的综合评价 ·······················144

三、小结 ···147

参考文献 ··148

第六章　沙区高效生态经济圈层构建研究 ·················149

引言 ··149

第一节　生态经济圈层现状分析 ·······················150

一、生态经济圈层划分 ·······························150

二、生态经济圈层自然资源特征概况 ·················151

三、气候资源多年变化趋势 ···························153

四、NDVI 时空变化特征 ······························156

五、生态系统 NDVI 对气候因子的响应 ···············158

六、生态经济圈层经济发展状况 ·····················160

第二节　生态经济圈层景观特征分析 ···················162

一、景观分类 ···163

二、景观指数时空变化 ·······························164

三、景观类型景观指数变化 ···························166

四、景观动态研究 ···································167

五、碳排放动态分析 ·································169

第三节　水资源高效利用模式构建 ·····················170

第四节　低碳土地利用模式构建 ·······················172

一、不同圈层碳减排发展模式 ……………………………………………172

二、不同圈层碳减排对策 ……………………………………………………172

第五节　低碳景观结构优化模型构建 ………………………………………174

一、2020 年碳排放预测分析 ………………………………………………174

二、2020 年碳排放优化模型构建 …………………………………………176

三、基于 CLUE-S 模型的优化结果空间模拟 ……………………………179

四、低碳景观优化效应评价 ………………………………………………181

第一章 绪　论

第一节　国内外研究现状

一、水土耦合关系及其环境效应研究

1. 基于系统耦合的水土资源配置研究

目前，人类对现有土地资源的开发和利用与日俱增，城市化、工农业的发展，以及日益严重的水环境污染等问题，加剧了水资源的承载能力。我国西部干旱区，一方面，面临资源利用以供区域的发展；另一方面，脆弱的生态格局现状也要求在社会经济发展的同时，要对当地环境现状进行改善和维护（游进军等，2006）。"耦合"的概念最初起源于物理学，后来才被其他学科应用。"耦合"是指两种或两种以上系统要素（或子系统）之间相互作用、演变及其最后发展的结果（Arnalds and Barkarson，2003）。从一个问题的两个方面来讲，耦合与相悖是互为相反的生态过程，两者在生态位、时间和空间位三方面起作用，耦合是系统要素间紧密依存、互相促进的关系，最终强化系统的生态功能，而相悖则在系统要素之间表征为互相干扰、相互破坏关系，最终减弱系统的生产及生态功能（王红雷，2013）。

水土资源作为资源体系中的两个系统要素，具有耦合及相悖双重效应。农业生态系统是能量流、物质流、信息流交汇的耦合生态系统。区域水土资源配置在考虑时空布局的基础上，还要考虑景观生态等其他诸多因素。水土耦合关系研究，即以生态安全为前提，依据水土资源在时空尺度上的异质性和可持续发展原则，通过各种理论及先进的技术手段，实现区域有限水土资源耦合最大化和景观生态规划设计，目的在于维持生态系统的相对平衡，在资源可持续利用的基础上，达到经济、社会、生态综合效益的最优化（侯薇，2012）。

2. 基于模型及 RS/GIS 技术的水土耦合关系

国内外专家学者在水土资源耦合关系方面从早期定性研究逐渐发展为应用数学模型进行定量研究，主要包括基于系统工程理论的耦合模型，诸如"首都圈"防沙治沙和水土资源优化配置的灰色线性规划模型（王浩等，2010）；其次是基于

系统动力学理论的耦合模型,如王让会等(2005)根据生态水文学、生态学与植物生理学等相关学科及方法建立的生态用水量估算模型。任继周等(1995)将系统动力学与系统工程学理论结合,建立了绿洲-山地-荒漠耦合机制及其线性规划模型。徐学选等(2003)通过分析黄土丘陵区监测资料,在 ArcView 环境下对不同层次土壤水资源需求量的月动态变化进行统计,通过对土地利用演变的情景模拟,探索了农林草地利用格局改变后土壤水资源需求量的响应程度。

3. 区域土地利用及覆被变化的环境效应

区域土地利用及覆被变化是人类活动造成区域环境变化、生态格局改变的直接体现(马鹏,2011)。土地利用模式是通过直接改变土地覆被来影响区域环境。土地覆被对气候、生物化学循环、水土和水沙耦合及其相互作用有着非常重要的影响。近年来,诸多学者对区域土地利用导致土地覆被变化而产生的环境效应问题的研究日益增多,多数研究的主要方向包括对区域下垫面的水环境与土壤环境的影响机制等问题。

(1)土壤环境效应

土地利用及覆被变化是区域土地资源利用模式的直接表现,对土壤环境的负效应主要表现在对土壤质量的影响上,包括土壤环境系统结构破坏、土壤养分流失、土壤生产力下降等问题,随着土壤环境格局的破坏与失衡,则会产生不同形式的土壤功能及机理的退化,如土壤盐渍化、过度酸碱化、土壤物理退化如土壤紧实等。国际上对土壤退化影响的研究主要有从土壤退化的内因及外因等综合角度,对土壤退化原因及程度进行分级评价与制定退化指标等(耿艳辉和闵庆文,2004)。部分学者通过对区域土壤环境现状的研究,应用预测模型等手段,对未来土壤环境优劣进行模拟预测(董雯,2007)。

(2)水环境效应

从全球尺度来讲,水环境问题是制约一个地区经济发展的重要条件。水环境效应是指区域水质、水量、水循环及水资源可持续利用等综合问题。区域水环境的脆弱性现状直接导致该区域社会经济及生态环境建设与长效发展滞后。而单一地对区域水环境脆弱性进行研究与评价已经不能改善水环境的加速恶化。从系统耦合的角度出发,研究区域土地利用及覆被变化对水环境的影响机制已经成为当今水文研究的重点方向(Robert et al.,2006)。区域土地利用及覆被变化首先对区域土壤环境产生影响,在时空尺度上则会对区域水环境造成影响,如不合理的施肥及过度使用化学农药等,大量的化学营养元素则会对区域水质产生影响,造成区域水体污染;如区域土壤侵蚀,则会影响水体中悬浮物与沉积物的含量。由于不同的土地利用与覆被类型对降水的截留、阻挡、蒸发及下渗作用不同，因而土地利用及覆被变化不但导致地表或地下水量的变化，而且会改变区域水循环的方式。不同的土地利用类型会产生不同的水分循环特征，城市用地的扩展会减少水分的存留和下渗，加大了径流量，甚至增加了洪灾的频率（Bailey and Turok，2001）。

土地覆被及利用方式对水质、水量等的影响已经成为人为破坏水土环境的重要原因，在点源污染逐渐得到控制和治理之后，水体非点源污染及大时间尺度上的水环境恶化问题仍没有得到明显的改善（Meijers，2005）。这也要求我们研究工作者在以后的研究过程中，主要注重对非点源污染的治理及区域时间尺度污染的模拟和预测等方面。在研究方法上，在传统的监测、取样及实验分析等手段基础上，注重对水资源恶化的未来预测模型的构建，多元数据及 3S 技术的辅助等方面。在国际上，利用实测数据建模精度高，对水文水质监测、采样等也较为系统。国内的水文监测项目较少，时间尺度较短，忽略了水文过程的复杂性，对水文资料的获取也十分有限（Jerome et al.，1992）。

对区域水环境的研究中，水文资料的短缺也是阻碍水环境研究的重要原因之一（徐宗学和程磊，2010），而较多水文模型则需要有较长时间序列的资料，因而，利用 3S 技术结合分布式水文模型，对区域水文水环境进行模拟则是一个新的发展方向。

二、农林牧高效配置生态经济圈层构建及效应评价

1. 基于"经济圈层"理论的区域发展研究

经济圈层的概念起源于美国，其 1980 年开始施行的行政区规划新标准中将经济联系和城市功能作为大都市区的核心内涵，大都市区的功能地域概念首次体现在技术层面（施继元，2009）。其后西方各国也对经济圈层进行了大量的研究（李廉水等，2006；张京祥等，2001）。日本是对经济圈层研究最深入的国家。其中"三地带学说"认为城镇中心地域、城镇周边地域和市郊外缘广阔腹地共同组成经济圈层，分别对应城镇活动核心、核心周边地区与内部联系密切的居住生活圈、核心周边地区向外缘扩散的远郊地区（Jerome et al.，1992）。而国外关于经济圈层结构演化的研究则始于 20 世纪初。德国学者 Jerome 等（1992）在经济圈层结构演化过程的研究方面做出了很大贡献，他们从定量的角度探讨了经济圈层内人口和产业变动的空间过程，探索了经济圈层结构演化规律和机制（Robert et al.，2006；沈洁和张京祥，2004）。Robert 等（2006）将经济圈层结构形态分为六大经济圈层结构形态模式：同心圆模式、放射型模式、扇形模式、多核模式、花园城市模式、理想城模

式。Bailey 和 Turok（2001）认为中心城与外围地域之间相互联系并有一定空间层次、地域分工和景观特征的城镇体系就是都市经济圈层（Meijers，2005）。但随着生产、交通和通信方面的技术变革，生产和消费走向分散化，结果导致不仅发达国家城市经济结构调整和重组，而且在世界范围内出现对经济圈层结构特征及优化重构的研究热潮（高汝熹和罗明义，1998）。

参照国外都市经济圈的概念，中国学者相继对经济圈层进行了概念描述，如区域经济布局模式、城市经济区、引导区域合理发展的大都市协调区（邹军，2003；张京祥等，2001；周一星和史玉龙，1995）。在实践研究方面，20 世纪 90 年代末，由住房和城乡建设部立项、吴良镛院士主持完成的"京津冀地区城乡空间发展规划研究"项目是对首都圈结构首次全面系统的实证研究。崔功豪等（2000）明确指出圈层状结构是经济圈层结构的基础。谭成文等（2000）基于重力模型和场强模型，采用经济数据与交通数据进行了首都周边圈层的划分。罗有贤（2001）在对重庆市都市经济圈的结构研究方面，首次强调了圈层内部生态系统管理和环境质量管理的必然性，并对区域生态环境管理的目标进行了制定。陈航等（2005）运用因子分析法对首都圈内各城市职能进行定量分析，并结合首都圈内不同城市的优势基础对未来首都圈的发展提出建议。

西部经济圈研究的兴起开始于孙久文（2001），他提出构建西部十大都市经济圈的设想，将西部城市未来发展划分为以综合性中心城市、边境口岸城市、交通-工业城市、工业和矿业城市、旅游城市为目标的战略体系。黄森和蒲勇健（2010）基于空间经济学基本原理验证了西三角经济圈的合理性。乔旭宁等（2007）从经济联系强度视角研究了乌鲁木齐都市经济圈的空间结构，发现目前乌鲁木齐经济圈中经济联系强度差异很大，乌鲁木齐市对经济圈的带动作用主要集中于米东区和昌吉市，对于其他城市则很不明显，他提出建立"乌—米—昌"经济区来带动整个经济圈发展。

2. 圈层理论概念研究及拓展

圈层结构理论认为城市郊区的农业布局呈圈层分布，以城市为中心，分别为自由农作区、林业区、轮作农业区、谷草农作区、三圈农作区和畜牧业区，这种圈层空间结构模式被誉为"杜能环"（张金锁和康凯，1998）。其主要观点是：城市在区域经济发展中起主导作用，城市对区域经济的促进作用与空间距离成反比，区域经济发展应以城市为中心，以圈层状的空间分布为特点逐步向外发展（谢海垚，2009）。圈层结构中，城市是圈层结构的主体，实际上表明了乡村地域对城市的向心性，体现了城市的吸引能力；层则体现了城乡空间变化的层次分异的客观特征，体现了城市的辐射能力。圈层结构反映了城乡的社会经济活动空间由核心向外围呈规律性的向心空间层次分化。

圈层结构最初用于从经济学角度分析都市圈的研究，在经过 20 世纪的发展后，圈层概念不仅仅限于经济学的领域，已经向区域经济学、城市经济学、发展经济学、经济地理学扩展。圈层结构理论在社会系统、经济系统特别是区域经济学领域的引申应用，对于产业聚集的形成机理所做的详尽的理论分析和实际应用研究，为区域圈层构建模型及分析圈层对区域发展的效益预测的影响提供了坚实的理论支持。20 世纪 90 年代后期，我国许多地区开始了对圈层理论的研究与规划实践。在传统圈层研究领域，吴小波和曾铮（2007）基于经济地理学及产业聚集理论，从专业化分工的角度提出了一个关于区域协调发展的圈层经济结构理论模型和发展模式，以此深化和完善已有的区域经济发展理论，尝试从理论上解决长期以来我国区域发展不平衡的这一重大现实困境。在其他领域，程大林等（2003）以南京都市圈为案例，通过对多种经济、社会联系流的直接调查与相关联系强度的空间分析，对都市圈层进行了圈层地域定界。耿晨光等（2012）对长三角平原水网区的自由农作区进行了内部圈层划分，在此基础上建立了城郊循环农业圈层模式。南颖等（2012）在 3S 技术与城市规划布局图结合的基础上，对中小城市环城游憩地圈层进行了研究，对比分析了不同划分方法的适用性。目前圈层结构理论的研究已经从"城市圈"水平拓展到区域水平，研究区域中不同小圈层中的内部动态对整个圈层的效应及同级圈层或不同级圈层之间能量流、物质流的相互作用关系，在实际运用中指导区域"组团式"发展和经济集效圈的规划建设等新领域（Turner et al.，1995）。

3. 农业生态经济模式效益评价

农业生态经济模式效益评价指标体系的建立要依据一定的方法来进行。联合国开发计划署提出的"压力-状态-响应"（PSR）概念模型是最早提出的最为全面的概念模型（左伟等，2003）。该概念模型强调人与环境系统相互作用、相互影响，在指标构建时具有较强的系统性，且该模型具有综合性、灵活性的特点，同时它还强调了经济运作及其对环境的影响之间的联系。欧洲环境署在 PSR 框架中添加了两类指标："驱动力"指标和"影响"指标，提出 DPSIR 框架（左伟等，2002）。"驱动力"指标指推动环境压力增加或减轻的社会经济或社会文化因子。"影响"指标指由环境状况导致的结果。左伟等（2003）在广泛分析研究国内外生态评价指标体系方案案例的基础上，对 PSR 框架模型进行了扩展，制定了"驱动力-PSR"生态系统服务的概念框架。该模型扩展了原模型的压力模块的概念含义，使其含义更加广泛，并且更加中性化，既有来自人文社会方面的，也有来自自然界方面的。除该系列概念模型外还有我国学者冯玉广和王华东（2007）构建的"人口-资源-环境-经济"系统的 PREE 概念模型等。1992 年，美国国家环保局（USEPA）在其发起的综合风险评价研究项目中有关风险评价研究和风险管理与修复技术研究的两个次一级课题中，在地区、流域及国家等不同空间尺度上建立了相应的评价框架，提出了十分复杂和庞大的指标系统。王继军等（2000）从生态效益、经济效益、综合功能三方面，运用层次分析法建立了中尺度生态农业建设效益评价指标体系。2003 年，国家环境保护总局（现生态环境部）在《生态县、生态市、生态省建设指标（试行）》中所选用的指标包括经济发展、环境保护和社会进步三类，其中生态县建设指标共 14 项，生态市建设指标共 6 项，生态省建设指标共 22 项。李芬和王继军（2007）在纸坊沟流域建立农业生态安全评价指标体系；王振祥（2004）从结构和状态两方面入手，把具体的定量指标与高度综合性的目标相结合，以文明的社会生态、高效的经济生态和和谐的自然生态为目标层，包括 9 个准则层、64 个单项指标的农业生态经济模式效益评价指标体系。另外，国内外其他一些专家学者依据研究尺度分别从国家、区域和行业方面建立了指标体系（刘国彬和胡维银，2003；张坤民等，2003；杨伟光和付怡，1999）；一些学者依据研究对象从农业、湿地、土地资源、水资源、城市、旅游地等对农业生态经济模式效益评价指标体系进行了大量的研究与探索（王耕等，2007；曲格平，2002；周海林，1999；Oil，1997），这些指标体系从一定角度反映了生态系统与人类活动和社会需求的密切关系，反映了人类对生态系统的影响及生态系统管理的优劣程度。

三、沙区资源开发利用研究

国内外学者对土地沙漠化的研究表明，对环境的不合理的活动是造成土地沙漠化的根本原因，其中人类活动的影响又集中表现为对植被的滥垦、滥伐、滥牧等破坏行为。进一步深入分析其产生的原因发现，人口数量增加迅速、资源出现短缺、生产效率不高、管理方法有误和生态环境保护的概念尚未形成等都是造成人类破坏行为进而导致土地沙漠化的成因（Thirtle et al.，2003）。对于导致环境恶化的原因，需要采取针对性的解决方案，在防治沙漠化的同时，合理有效地对沙区资源进行开发，可以让沙区更好、更适合地发展。所以，通过环境保护与合理开发的有效结合体系，建立一套行之有效的发展模式需要：①有效降低人口压力，解决沙漠化问题的本质就是使人口数量在一个合理的范围之内；②提高人民的生态环境保护意识，使人们的生活活动与自然环境有机结合、和谐发展；③深入研究沙区生态环境的结构和功能，判断沙区资源开发程度与生态环境承载力的相关关系，为人类发展提供科学指导，遵循发展中"度"的原则（曲志正和王峰，1997）。

著名学者叶笃正曾经表明，气候脆弱的地区受全球气候变化的影响最大，我国干旱半干旱地区地处中纬度地区，其影响尤为严重。沙漠化的形成主要是降水与温度的共同影响导致气候变干所致。目前我国干旱半干旱地区的面积不断增大,湿润地区的面积却随之减小,整个北方的干旱情况将会越来越严重(孙宝林等,2005)。如今在我国的沙漠化地区,一种被称为"沙产业"的新型产业得到迅速的发展。著名学者钱学森表示,可以将沙漠看作一种土地资源,大力开发相应的沙产业,形成可持续化的发展,这样能够对土地沙漠化的控制与发展起到十分重要的作用。随着科学的发展与进步,人们通过新的途径研究沙漠化问题,深入分析沙漠化的治理方法,因此沙区今后的发展将会对整个世界有着至关重要的影响(李广毅等,1995)。我国生态学者马世骏在《生态学的发展趋势》一文中指出,随着人类社会与经济的不断发展,与生活活动相关的生态环境和资源的研究将会扩散到社会的各个地方,并对生态学的发展做出展望,认为生态学将会为政府及企业的经济发展提供科学的指导与决策,生态效益成为可持续性发展的评判准则,生态环境的合理利用也将成为社会发展的核心(李相银和沈达尊,1995)。

以沙漠地区太阳能为资源,通过植物的光合作用来形成各种相关产业,因为沙区最丰富的资源是太阳能资源,该区的日照时数属于我国的优势地区,但是对太阳辐射的利用率却不到 0.5%,因此具有很大的开发潜力,通过合理的科学技术,可以建立新型的沙产业(金建新,2008)。多年实地调查与大量的研究表明,利用微型藻类进行生物开发可以制造太阳能转化器,并且在部分地区已取得了一定的成果,同时利用现代化的科学技术已经可以从盐藻中提取出天然胡萝卜素,许多生物工程企业不断发展,生产了大量的相关生物产品,如保健食品、营养药物等(苏旭霞和王秀清,2002)。大量资料显示,沙区的生物资源将会成为未来新型食品的发展方向,并且通过利用沙漠地区太阳能资源的优势,建立高科技温室,对于植被与蔬菜的种植意义重大。沙区中河西走廊的一些区域,扬长避短,充分利用太阳能资源的优势,通过不断进步,为我国的蔬菜供应做出了巨大的贡献(赵元杰,2000)。

资源综合利用有很多情况,如对矿产资源中共生矿、伴生矿和尾矿等综合多次开采与利用,并且将开采中的废弃之物及产生的能量等加以有效利用,对社会经济发展过程中的垃圾与废弃物进行综合和可持续利用等(谢辉灿和刘秀丽,2006)。资源综合利用在节约资源的同时也对生态环境的保护十分有利,大力倡导可持续性的发展与节约有效的发展模式将是社会经济发展的方向。建立低碳经济需要我们综合地进行资源利用,采用合理的发展模式,全面提升人们的生态环境和谐发展与可持续性发展的意识,合理有效地利用资源。例如,深入研究产品的深加工技术,开发新能源,推动新技术的发展,降低消耗,节约原料,优化技术与工艺,从而提高资源的利用效率,形成资源合理利用和生态环境共同发展的产业结构与模式(Olesen and Petersen,1995)。

沙漠地区综合发展与生态环境的保持对于整个生态系统的情况十分重要。许多专家学者表示，沙区的生态环境非常重要，不应该加以开发，否则会导致情况恶化。同时社会经济的发展及沙区研究的进展，使得沙区自然环境系统中所蕴藏的潜力能够合理地开发，并减少对生态环境的破坏（吕月玲和赵延安，2000）。

传统的经济评价是通过投入与产出的量化方式来进行研究的，而环境资源评价则是利用输入和输出环境资源的数量来进行研究的，对其系统的有效性、利用率和可持续性进行评判，主要表现在同等的产出所需的投入较少，或是同等的投入下获得的产出较多（崔读昌，2001）。

资源利用的潜在价值主要有三个方面：一是资源自身属性的价值，如林木能做家具或柴火等。二是资源容量的价值，如环境资源自身循环与净化的能力，这种能力在生产生活中必不可少，但也十分脆弱。三是资源的审美价值（刘功文，2009）。利用生态经济学概念和方法对资源利用的环境效应进行评判由此判断资源利用是否造成了环境污染与生态破坏。环境资源是生产力的一部分，为了保护和发展生产力，就必然要求人们有偿地开发利用环境资源，即在开发利用环境资源时缴纳一定的费用（蓝盛芳等，2002）。

通过以下三个指标来判断资源利用是否符合生态环境的发展要求，应在一个适宜的尺度范围内进行开发，并发挥资源利用效益最大化：①社会使用可更新资源的速度不得超过资源本身的更新速度；②社会使用不可更新资源的速度不得超过其替代品的开发速度，且替代品必须是可更新资源；③社会排放污染物的速度不能超过环境对污染物的吸收速度（王宏广和刘巽浩，1987）。

植被资源潜力的研究主要是对植被净初级生产力（NPP）进行估算，进而描述植被资源的状况。研究 NPP 的方法主要有两种，第一种主要是建立在站点的实测基础之上，如野外收割法，即单位面积土地上收割该种植被，将其晾干后称重，以此测量出该种植被的生产力，还有 CO_2 测定法、放射性标记测定法、光合作用测定法、叶绿素测定法、pH 测定法和原料消耗量测定法等（李高飞等，2003）。许多研究都是利用站点植被的实测数据计算 NPP，并且利用数学方法扩展到更大的尺度上来进行研究。

第二种是模式模拟估算法，即通过模型中参数化计算来模拟植被生产力，是当今估算 NPP 的重要方法。该类方法主要分为三种，即统计模型、参数模型和过程模型（蔡承侠，2003）。统计模型是利用环境因子数据来估算植被 NPP，大部分统计模型计算的是潜在 NPP。气候模型主要有 Miami 模型、Thornthwaite Memorial 模型及其他一些模型，它们将 NPP 与年实际蒸散量联系起来。例如，利用 Miami 模型和 Thornthwaite Memorial 模型对我国各地植被气候产量作了定量估算，并绘制了植物气候产量图，估算了我国各地农业和林业气候产量及太阳能利用率（贺庆棠和 Baumgartner，1986）。利用 Chikugo 模型估算了我国的植物气候生产力，并且在 Chikugo 模型的基础上，用 751 组资料建立了估算自然植被 NPP 的解析模型，以环境因子的组合直接体现植被功能，可用于 NPP 本身及气候条件的宏观评价（朱志辉，1993）。以植被表面的 CO_2 通量方程与水汽通量方程之比作为植被对水的利用效率，结合地球表面水热平衡方程，推导出联系能量平衡方程和水量平衡方程的区域蒸散发模式，并利用 23 组世界各地的 NPP 数据及相应的气候要素建立了以植物生理生态特征为基础的 NPP 模型（周广胜和张新时，1996）。参数模型中 NPP 用植被吸收的光合有效辐射和光能转化效率两个参数来表达。光能利用率模型以 Monteith、Ruimy、Heimann 和 Prince 等所建的模型为代表。过程模型是基于植被生理生态学原理来估算植被的 NPP，主要过程有光合作用、呼吸作用、蒸散发作用、碳氮循环与物候变化等，其中主要有 CASA 模型、TEM 模型、BEPS 模型和 FOREST BGC 模型等。例如，利用 CASA 过程模型估算了我国 NPP 及其分布（朴世龙等，2001）。使用 GLOPEM 模型模拟的我国陆地 NPP 数据和同期气温、降水及土地利用数据，研究了我国陆地植被不同季节 NPP 的变化（崔林丽等，2005）。

目前利用遥感数据对植被 NPP 进行估算，是近来 NPP 模型研究方法的重要发展方向，由于遥感不受特定观测条件的影响，因而发展起来了遥感参数化模型。例如，用 NOAA 气象卫星的 AVHRR 遥感资料估算了中国的 NPP，并得出用遥感方法计算获得的中国 NPP 结果与用 Chikugo 模型计算出来的中国 NPP 等值线图的分布趋势基本一致（肖乾广等，1996）。利用 NOAA 数据和气温、降水等气象环境资料，对我国 NPP 进行了估算和分析，并对这些年来在 NPP 模型估算及其对气候变化的响应方面的研究进展做了概括性的评述（孙睿和朱启疆，2000；郝永萍等，1998）。利用 CASA 模型结合多光谱遥感数据和气候数据，研究了干旱半干旱地区黑河流域 NPP 的时空分布，并分析了其驱动因子（陈正华等，2008）。基于地理信息系统（GIS）和遥感技术（RS）的 CASA 模型在考虑了水分、温度与养分的胁迫作用条件下，通过遥感技术获取光合有效辐射吸收比（FPAR），以得到植被实际吸收的光合有效辐射（APAR），进而估算植被 NPP（Potter and Randerson，1993）。

1. 沙区资源价值评价

资源利用效率评价指标体系建立的基本思路为：由本底指标推算潜力指标，通过将现实生产力与潜力生产力对比计算出效率指标。其中，效率指标是评价指标体系的核心和关键（Liu and Zhuang，2000）。评价资源的开发潜力大小、质量、数量、单位产量及市场需求、环境效益等指标，同时利用生态资产价值的概念加以定量定性评判（李道亮等，1999）。

资源利用效率侧重于资源的经济效率，即主要是考察资源的单位消耗量和经济增长量等相关指标与关系。体现资源利用效率的指标主要有 3 个：①生产单位产品所需要的资源容量，如生产单位重量的物品所需能源的数量；②单位资源投入量与生产出的产品产量的比率，如每消耗一个单位的能源所产生的国内生产总值（GDP）；③资源承载力与更新能力，以及资源利用强度（张远，2005）。

评价资源时，将定性评价与定量评价紧密结合起来。资源的经济评价指标是由资源经济评价标准派生出来的，并且是可测定的。深入评价资源必然涉及资源的价值。合理利用资源，全面地保护资源，也涉及资源的价值。为了确定资源存在的总价值，必须考虑资源的现状受哪些因素影响（Cooper et al., 1998）。例如，资源的丰度（驱动力指标）、资源的区位（现状指标）、在自然资源上附加的人类劳动（能力指标），我们用"资源总价值"作为资源存在价值的综合指标。由于价值与经济因素密切相关，故资源的经济评价在一定程度上也是对资源现状及开发和经营效益的评价（谢高地等，2002；封志明等，2002）。

相对于构建模型来进行评价的方法，通过建立指标体系综合评价研究对象可以获得较好的效果，同时评价指标体系的建立也十分复杂，主要表现在部分指标数据难以获取，指标与指标之间的相关性及标准的不一致会使得评价体系中产生冗余或重复，降低其指示的效力，指标数量的判断也影响整个体系的运作，指标数量过多会影响速率，指标数量偏少也会影响最终的结果，另外在整个体系中确立各项指标的权重也是一个很大的难点（徐国泉，2008），目前主要的指标体系方法有 AHP 法和 Telphi 法等。

2. 资源利用模式

评价资源的利用是一个相对的概念，评判资源利用的指标值也是相对的，其指标值需根据不同的资源类型、所在地区、生产方式及技术方法等资源组合状况来确定，并进一步地进行综合分析和对比。综合指标值的确定采用加权平均法来计算（刘玉勋等，1994）。

运用评价资源利用情况的几种方法构建模型，主要通过比值分析法，利用资源消耗系数与利用率之间的函数关系来进行计算。还可以通过生产函数法，构建反映资源利用率的生产关系式，对比实际数值与理论最优值，分析各项参数对结果的影响能力。另外，包络分析法也能够依据数学统计方法和已掌握的样本资料，判断其对决策目标的有效作用，主要表现为投入和产出之比，以及技术与规模的效率（张远，2005）。许多研究中应用因子-能量评价等方法，也能够综合评价资源利用率等情况（杨旭，1994）。

对于资源的利用情况，近年来相关研究与评价渐渐发展起来，但是还有很多研究理论和方法的问题需要解决，如资源进一步的分类问题、资源利用评价的标准与定义等概念问题还需进一步的完善。由于看问题的角度不同，资源利用的评价还存在一些偏差，如在构建评价指标体系、层次及范围等方面都有所差异（徐勇，2001）。

3. 沙产业发展状况

我国沙化土地主要分布于老少边贫地区，沙化导致生态恶化，严重影响人们的生产、生活甚至危及生存，严重制约经济社会的可持续发展，是全面建成小康社会、建设生态文明的重要障碍。

在与沙漠化的长期"拉锯战"中，人们发现了沙地植物的产业价值，发现了沙区地上、地下蕴含的丰富资源。特别是自1984年著名科学家钱学森首次在我国提出"沙产业"的概念后，人类生活空间已扩展到沙漠、戈壁、沙漠化和风沙化土地。在"不毛之地"上利用物理、化学、生物等现代化技术，使沙地变害为宝的"沙产业"技术得到迅猛发展。经过近30年的发展，沙产业已由理论探索变成较大规模的生产实践，各地涌现出了一系列发展模式：中草药种植和产业化经营；林纸一体化经营与生物质能源产业化；沙区特种资源的综合开发及利用；沙区旅游资源开发；沙区经济植物种植与开发利用；节水灌溉和风能、太阳能利用等。沙区自然资源的综合开发利用已初具规模，逐步形成农业型沙产业、工业型沙产业、沙区清洁能源、沙漠旅游等产业共同发展的格局，沙产业悄然兴起。

发展沙产业是防治沙漠化的有效途径。多年实践证明，大规模种植防沙林、实施生态工程效果有限。沙区植树种草存活率低，往往出现"第一年绿，第二年黄，第三年当柴烧"的现象。由于沙区农牧民无法从生态工程中获得明显的经济利益，他们为了生存常常难以顾及生态保护，结果是越垦越穷、越穷越垦。沙区偷牧、夜牧现象依然存在，滥挖野生大芸、野生甘草等严重破坏生态的行为屡禁不绝。构筑现代沙产业体系，通过沙产业反哺防沙治沙，促进生态产业发展，是防治沙漠化、改善沙区生态环境和实现沙区人民脱贫致富的有效途径。

沙产业逐渐发展成为防沙治沙工程可持续运行和沙区人民群众脱贫致富及缩小东西部经济发展差距的突破口与重要支撑，如我国内蒙古地区的沙柳产业、亿利资源集团的甘草产业、甘肃民勤勤锋滩沙产业试验示范生态园等。在新疆沙区光热资源丰富，尽管也进行了一些沙产业实践，如和田策勒的红柳接种肉苁蓉，但仍存在产业化发展程度不够、模式较为单一等问题。新疆沙区由于其特殊的封闭式地形格局，干旱化趋势严重，为沙漠化极易发生发展区。目前，生态环境呈现的"两扩大一缩小"基本变化趋势，已严重威胁到绿洲的农业生产和人居环境的健康。在这种状况下，如何开展退化生态系统的恢复，并利用丰富的沙区资源发展沙产业，成为摆在人们面前的一个现实问题。

第二节 研究区概况

一、地理位置

古尔班通古特沙漠（44°11′～46°20′N，84°31′～90°00′E）位于新疆北部准噶尔盆地腹地，总面积约 4.88 万 km²，海拔为 300～800m，是全国第二大沙漠。

二、地形、地貌特征

古尔班通古特沙漠的沙粒主要来源于天山北麓各河流的冲积沙层。在沙漠中，固定沙丘和半固定沙丘面积占整个沙漠面积的 79%。沙漠内部地貌形态以沙垄为主，这些沙垄在沙漠的中部和北部，大致呈南北走向。在沙漠东南部呈西北东南走向，沙垄高度不等，为 10～50m，局部高达 80～100m。沙垄延伸长达 10km 左右，沙垄分布密集，大多数为线性沙垄，有些地方还具有树枝状、梁窝状、平行状和复合型沙垄。沙漠的西南部以沙垄和蜂窝状沙丘为主，南部有少数高大的复合型沙丘，而流动沙丘集中在沙漠东部，多属新月形沙丘和沙丘链。

三、农业资源概况

1. 气候资源

古尔班通古特沙漠地处亚欧大陆腹地，远离海洋，属于典型的温带大陆性荒漠气候。研究区冬季寒冷漫长，夏季高温炎热，昼夜温差较大，春、秋季气温变化剧烈。据气象数据统计，研究区年平均温度为 4.3～7.9℃，最低气温为-39.12℃，最高温度为 43.75℃，昼夜温差为 15.4℃，≥10℃年积温为 3400～3800℃；平均日辐射总量为 16.73MJ/m²，辐射随着太阳高度角变化而变化，日辐射最大值一般出现在正午之前；多年平均降水为 143mm，沙漠腹地降水为 70～120mm，年内降水分布不均匀，主要发生在 4～7 月，其他月份降水较少，降水年际变化不大；年潜在蒸散发能力为 2000～2800mm，年水面蒸发量为 1700～2200mm；冬季稳定积雪日为 100～160d，是我国冬季稳定积雪日最长的沙漠，积雪深度为 20～30cm，3 月中旬积雪融化；年日照时数为 2700～3100h；年无霜期为 156d；年平均风速为 1.4～2.7m/s，＞17.2m/s 的大风天数在 25～77d。

2. 水文资源

古尔班通古特沙漠是我国唯一一个在冬季为稳定积雪所覆盖的固定与半固定

沙漠。该沙漠亦是地表径流缺乏、水系网不发达和缺少地表水体的内陆干旱沙漠，没有地上河流深入沙漠腹地，只有特大洪水才能达到沙漠边缘，地表径流对沙漠区潜水补给极少。沙漠南缘地下水埋深为 8.5～10.5m，沙漠腹地则大于 16m，年际地下水位差为 15～30cm，地下水矿化度为 1.4～1.7g/L。每年 3～4 月积雪大量融化渗入土壤，最后在土壤下 1m 左右形成稳定湿沙层。

3. 土壤资源

沙漠由北向南，在 400～500m 深度，上部 0～200m 为风积沙，下部为第三系地层。含水层岩性为砾岩、砾质砂岩。研究区土壤以风沙土为主，占整个沙漠面积的 80%以上。风沙土以细沙和极细沙为优势粒级，在不同地貌部位粒级组成差异显著，黏土、粉沙在丘间地和背风坡高于坡顶与迎风坡，极细沙、细沙在迎风坡高于坡顶，中沙、粗沙及极粗沙在坡顶高于丘间地。固定沙区土壤表层广泛分布着以地衣植物为主的生物结皮，土壤结构松散，无明显团聚现象，上层土壤颜色浅黄，下层土壤颜色略深，垂直分布较为均一，干容重为 1.5～1.7g/cm^3，有机质含量在 0.3%以下。

4. 生物资源

这里分析的生物资源以植物资源为主。古尔班通古特沙漠植被结构相对简单、类型单调、群落不郁闭、分布稀疏，以超旱生灌木为优势种，但与其他沙漠比起来，古尔班通古特沙漠种类比较丰富，有 208 种高等植物、18 个植物群落类型和 11 类植物生活型。沙漠的西部和中部以中亚荒漠植被区系的种类占优势，广泛分布白梭梭、梭梭、苦艾蒿、白蒿、蛇麻黄、囊果薹草和多种短命植物等；沙漠西缘有甘家湖梭梭林国家级自然保护区，为中国唯一为保护荒漠植被而建立的自然保护区，面积上千公顷。古尔班通古特沙漠的梭梭分布面积达 100 万 hm^2，在古湖积平原和河流下游三角洲上形成"荒漠丛林"。沙漠中具有景观意义和代表性的梭梭荒漠、白梭梭荒漠、驼绒藜荒漠等都是以藜科植物为建群种所构建的。研究区内以旱生植物为主，仅极少数低洼部分地下水位较高的地方有少量中生或湿生性植物生长。研究区内存在 42 种长营养期一年生植物，分布有 66 种主要生长于沙质环境的短命植物和类短命植物，如沙地薹草、尖喙牻牛儿苗、线叶庭荠、琉苞菊和小画眉草等，不同植物群落盖度存在差异，基本为 20%～60%。研究区内还广泛分布着生物结皮。

5. 农牧业生产状况

准噶尔盆地南缘丰富的光热资源及土地资源为农牧业发展创造了有利条件，然而农牧业发展与生态环境保护之间的矛盾也日益突出。

准噶尔盆地南缘的绿洲主要起源于 20 世纪 50 年代，集中分布在大河沿岸，之后逐渐向沙漠边缘和山区发展，基本形成了绿洲外围轮廓。1978～2000 年，绿洲外围扩张已基本停止，而内部土地利用结构变化幅度逐渐增大。近 50 年来，随着准噶尔盆地南缘一些生产建设兵团的相继建成，绿洲面积不断扩张，农业水土开发强度不断增强，人类活动使得以荒漠稀疏草地、荒漠灌木林为主的生态系统遭到严重破坏。20 世纪 90 年代，新疆被列为西部大开发的重点区域，拉开了新一轮土地资源开发的序幕。由于法制不健全、组织管理体系不完善、科学技术成果转化水平不高等，新一轮"短期利益驱动"下的掠夺式水土资源开发，加大了对沙区天然资源肆虐的浪费的同时，植被和生态环境也受到了严重的破坏。

近几十年来，准噶尔盆地南缘绿洲城市化建设进程迅猛发展，人口数量迅速增长，油气和煤田开发、路桥修建等人类活动，使得许多人工地貌取代了自然地貌，人工地貌发展过程替代了自然地貌演变过程。如表 1-1 所示，截至 2015 年，研究区 11 个县市人工绿洲总面积（31 038km^2）是天然绿洲总面积（6942.4km^2）的 4.47 倍。11 个县市中仅乌苏市、精河县和阜康市人工绿洲面积占整个绿洲面积的比例不及 50%，而乌鲁木齐市、石河子市和吉木萨尔县人工绿洲面积占整个绿洲面积的 92% 以上。人类工程建设活动对原生地貌的影响主要表现在点、线、面状空间层次上。点状影响主要是旅游景点和矿产、煤气资源开发对生态景观的改变。旅游景点的开发，使得原生的草原、荒漠、森林生态系统受到影响。线状影响主要指输油（气）管道及电线的铺设，公路和铁路的修建，使得沿线原生植被彻底毁坏。面状影响则主要是城镇面积的扩张，居民生活、生产空间的迅速扩大，形成了以人类活动为主要外力作用的地貌过程。综上所述，人工绿洲的扩张直接带来的是水资源的过度消耗，外围天然绿洲面积的不断萎缩，并产生植被退化、土壤次生盐渍化等生态环境问题。

表 1-1 研究区部分行政单元绿洲面积（2015 年）

县/市	人工绿洲面积/km^2	天然绿洲面积/km^2	人工绿洲面积与整个绿洲面积的比值/%
乌苏市	1 321	1 965	40.20
精河县	461	1 105	29.44
奎屯市	192	113	62.95
沙湾县	2 388	739	76.37
石河子市	350	4.4	98.76
玛纳斯县	1 710	277	86.06
呼图壁县	1 271	425	74.94
乌鲁木齐市	20 182	175	99.14
阜康市	634	1 021	38.31
吉木萨尔县	817	67	92.42
奇台县	1 712	1 051	61.96
合计	31 038	6 942.4	81.72

参 考 文 献

蔡承侠. 2003. 植被净第一性生产力及其对气候变化响应研究进展[J]. 沙漠与绿洲气象, 26(6): 1-7.

陈航, 栾维新, 王跃伟. 2005. 首都圈内城市职能的分工与整合研究[J]. 中国人口·资源与环境, 15(5): 15-19.

陈浩. 2014. 基于 3S 技术的干旱区水土资源高效利用研究[J]. 中国电子商务, (6): 232.

陈正华, 麻清源, 王建, 等. 2008. 利用 CASA 模型估算黑河流域净第一性生产力[J]. 自然资源学报, 23(2): 263-273.

程大林, 李侃桢, 张京祥. 2003. 都市圈内部联系与圈层地域界定——南京都市圈的实证研究[J]. 城市规划, 27(11): 30-33.

崔读昌. 2001. 中国粮食作物气候资源利用效率及其提高的途径[J]. 中国农业气象, 22(2): 25-32.

崔功豪, 魏清泉, 刘科伟. 2000. 区域分析与规划[M]. 北京: 高等教育出版社: 381-387.

崔林丽, 史军, 唐娉, 等. 2005. 中国陆地净初级生产力的季节变化研究[J]. 地理科学进展, 24(3): 8-16.

董雯. 2007. 水资源承载力综合评价研究[D]. 乌鲁木齐: 新疆大学硕士学位论文.

封志明, 李飞, 刘爱民. 2002. 农业资源高效利用优化模式与技术集成[M]. 北京: 科学出版社.

冯玉广, 王华东. 1997. 区域人口-资源-环境-经济系统可持续发展定量研究[J]. 中国环境科学, 17(5): 402-405.

高汝熹, 罗明义. 1998. 城市圈域经济论[M]. 昆明: 云南大学出版社.

耿晨光, 王灿, 章明奎, 等. 2012. 长三角平原水网区城郊循环农业圈层模式研究[J]. 中国生态农业学报, 20(7): 956-962.

耿艳辉, 闵庆文. 2004. 西北地区水土资源优化配置问题探讨[J]. 水土保持研究, 11(3): 100-102.

国家环境保护总局. 2003. 生态县、生态市、生态省建设指标(试行)[J]. 环境保护, (9): 21-28.

郝永萍, 陈育峰, 张兴有. 1998. 植被净初级生产力模型估算及其对气候变化的响应研究进展[J]. 地球科学进展, 13(6): 564-570.

贺庆棠, Baumgartner A. 1986. 中国植被的可能生产力 农业和林业的气候产量[J]. 北京林业大学学报, (2): 84-98.

侯光良, 游松才. 1990. 用筑后模型估算我国植物气候生产力[J]. 自然资源学报, 5(1): 60-65.

侯薇. 2012. 基于 GIS 的关中地区水土资源优化配置研究[D]. 杨凌: 西北农林科技大学硕士学位论文.

黄森, 蒲勇健. 2010. 西三角经济圈的合理性分析——基于空间经济学基本原理[J]. 科技进步与对策, 27(7): 34-37.

金建新. 2008. 新疆统计年鉴[M]. 北京: 中国统计出版社.

蓝盛芳, 钦佩, 陆宏芳. 2002. 生态经济系统能值分析[M]. 北京: 化学工业出版社.

李道亮, 丁娟娟, 傅泽田, 等. 1999. 农业资源综合利用效率的评价方法及案例分析[J]. 中国农业大学学报, 4(2): 19-22.

李芬, 王继军. 2007. 黄土丘陵区农业生态安全评价指标体系初探[J]. 水土保持通报, 27(6): 184-188.

李高飞, 任海, 李岩, 等. 2003. 植被净第一性生产力研究回顾与发展趋势[J]. 生态科学, 22(4): 360-365.

李广毅, 周心澄, 吕悦来. 1995. 毛乌素沙地"沙产业"初探: 以陕晋蒙能源基地(B3区)为例[J]. 水土保持研究, 6(2): 154-157.

李廉水, Roger R Stough, 等. 2006. 都市圈发展——理论演化·国际经验·中国特色[M]. 北京: 科学出版社.

李相银, 沈达尊. 1995. 农业生产函数研究与应用中的几个问题[J]. 农业技术经济, (1): 19-22.

刘功文. 2009. 试论环境资源有偿使用原则[J]. 时代法学, 7(3): 67-72.

刘国彬, 胡维银. 2003. 黄土丘陵区小流域生态经济系统健康评价[J]. 自然资源学报, 18(1): 44-49.

刘玉勋, 李金, 吕锡铮, 等. 1994. DEA分析方法在农业生产单位相对效率评价中的应用[J]. 黑龙江八一农垦大学学报, 7(3): 104-108.

罗有贤. 2001. 重庆市都市圈生态系统管理的初步研究[J]. 人文地理, 16(4): 15-19.

吕月玲, 赵延安. 2000. 市场经济条件下沙区产业的初探[J]. 西北林学院学报, 15(3): 103-106.

马鹏. 2011. 水资源约束下的土地资源优化配置研究——以黄骅市为例[D]. 石家庄: 河北师范大学硕士学位论文.

南颖, 胡浩, 朱锋, 等. 2012. 中小城市环城游憩地圈层分析方法研究——以延吉市为例[J]. 人文地理, (2): 62-66.

朴世龙, 方精云, 郭庆华. 2001. 利用CASA模型估算我国植被净第一性生产力[J]. 植物生态学报, 25(5): 603-608.

乔旭宁, 杨德刚, 毛汉英, 等. 2007. 基于经济联系强度的乌鲁木齐都市圈空间结构研究[J]. 地理科学进展, 26(6): 86-95.

曲格平. 2002. 关注生态安全之一: 生态环境问题已经成为国家安全的热门话题[J]. 环境保护, (5): 3-5.

曲志正, 王峰. 1997. 宁夏盐池县土地沙质荒漠化的发展趋势及其防治[J]. 中国沙漠, 17(2): 173-179.

任继周, 贺达汉, 王宁, 等. 1995. 荒漠—绿洲草地农业系统的耦合与模型[J]. 草业学报, (2): 11-19.

沈洁, 张京祥. 2004. 都市圈规划: 地域空间规划的新范式[J]. 城市问题, (1): 23-27.

施继元. 2009. 都市圈效应研究[D]. 上海: 上海交通大学博士学位论文.

苏旭霞, 王秀清. 2002. 农用地细碎化与农户粮食生产——以山东省莱西市为例的分析[J]. 中国农村观察, (3): 22-28.

孙宝林, 魏琳, 杨瑾, 等. 2005. 新疆地下水资源量及开采潜力分析[J]. 地下水, 27(4): 266-267.

孙久文. 2001. 建立以十大都市圈为中心的西部发展新格局[J]. 中国人口·资源与环境, 11(2): 130-131.

孙睿, 朱启疆. 2000. 中国陆地植被净第一性生产力及季节变化研究[J]. 地理学报, 55(1): 36-45.

谭成文, 杨开忠, 谭遂. 2000. 中国首都圈的概念与划分[J]. 地理与地理信息科学, 16(4): 1-5.

王耕, 王利, 吴伟. 2007. 区域生态安全概念及评价体系的再认识[J]. 生态学报, 27(4): 1627-1637.

王浩, 仇亚琴, 贾仰文. 2010. 水资源评价的发展历程和趋势[J]. 北京师范大学学报(自然科学版), 46(3): 274-277.

王红雷. 2013. 基于3S技术的干旱区水土资源高效利用研究[D]. 北京: 北京林业大学博士学位论文.

王宏广, 刘巽浩. 1987. 黄淮海平原几个典型县农田生态系统能量分析[J]. 北京农业大学学报, 13(4): 475-483.

王继军, 郑科, 郑世清, 等. 2000. 中尺度生态农业建设效益评价指标体系研究[J]. 水土保持研究, 7(3): 243-247.

王让会, 于谦龙, 李凤英, 等. 2005. 基于生态水文学的新疆绿洲生态用水若干问题[J]. 水土保持通报, 25(5): 100-104.

王振祥. 2004. 安徽省沿淮地区生态安全评估和生态建设对策研究[D]. 合肥: 合肥工业大学硕士学位论文.

吴小波, 曾铮. 2007. "圈层"经济结构和我国区域经济协调发展——基于经济地理学产业集聚理论的分析框架[J]. 产业经济研究, (2): 47-56.

肖乾广, 陈维英, 盛永伟. 1996. 用 NOAA 气象卫星的 AVHRR 遥感资料估算中国的第一性生产力[J]. 植物学报, 38(1): 35-39.

谢高地, 章予舒, 齐文虎. 2002. 农业资源高效利用评价模型与决策支持[M]. 北京: 科学出版社.

谢海垚. 2009. 基于圈层结构理论的物流园区货运量增长模式及预测研究[D]. 北京: 北京交通大学硕士学位论文.

谢辉灿, 刘秀丽. 2006. 充分利用国家资源综合利用优惠政策促进企业的可持续发展[C]// 2006 中国科协年会.

徐国泉. 2013. 中国能源效率问题研究[M]. 北京: 经济科学出版社.

徐学选, 刘文兆, 高鹏, 等. 2003. 黄土丘陵区土壤水分空间分布差异性探讨[J]. 生态环境学报, 12(1): 52-55.

徐勇. 2001. 农业资源高效利用评价指标体系初步研究[J]. 地理科学进展, 20(3): 240-246.

徐宗学, 程磊. 2010. 分布式水文模型研究与应用进展[J]. 水利学报, 41(9): 1009-1017.

晏群. 2006. "都市圈"杂谈[J]. 城市, (1): 24-26.

杨伟光, 付怡. 1999. 农业生态环境质量的指标体系与评价方法[J]. 环境保护, (2): 42-43.

杨旭. 1994. DEA 方法在测定农业技术效率中的应用[J]. 西南农业学报, 7(4): 54-58.

姚华荣, 吴绍洪, 曹明明, 等. 2004. 区域水土资源的空间优化配置[J]. 资源科学, 26(1): 99-106.

游进军, 王浩, 甘泓. 2006. 水资源系统模拟模型研究进展[J]. 水科学进展, 17(3): 425-429.

张金锁, 康凯. 1998. 区域经济学[M]. 天津: 天津大学出版社.

张京祥, 邹军, 吴启焰, 等. 2001. 论都市圈地域空间的组织[J]. 城市规划, 25(5): 19-23.

张坤民, 温宗国, 杜斌, 等. 2003. 生态城市评估与指标体系[M]. 北京: 化学工业出版社.

张远. 2005. 自然资源利用效率的研究——仅以水资源和土地资源为例[J]. 价格理论与实践, (9): 25-27.

赵元杰. 2000. 策勒县农业气候资源及其利用效益提高途径[J]. 干旱区研究, 17(4): 57-62.

周广胜, 张新时. 1996. 全球气候变化的中国自然植被的净第一性生产力研究[J]. 植物生态学报, 20(1): 11-19.

周海林. 1999. 农业可持续发展状态评价指标(体系)框架及其分析[J]. 农村生态环境, 15(3): 6-10.

周一星, 史玉龙. 1995. 建立中国城市的实体地域概念[J]. 地理学报, 50(4): 289-301.

朱志辉. 1993. 自然植被净第一性生产力估计模型[J]. 科学通报, 38(15): 1422-1426.

邹军. 2003. 都市圈与都市圈规划的初步探讨——以江苏都市圈规划实践为例[J]. 现代城市研究, (4): 29-35.

左伟, 王桥, 王文杰, 等. 2002. 区域生态安全评价指标与标准研究[J]. 地理学与国土研究,

18(1): 67-71.

左伟, 周慧珍, 王桥. 2003. 区域生态安全评价指标体系选取的概念框架研究[J]. 土壤, (1): 2-7.

Arnalds O, Barkarson B H. 2003. Soil erosion and land use policy in Iceland in relation to sheep grazing and government subsidies[J]. Environmental Science & Policy, 6(1): 105-113.

Bailey N, Turok I. 2001.Central Scotland as a polycentric urban region: useful planning concept or chimera[J]. Urban Studies, 38(4): 697-715.

Cooper W W, Huang Z, Lelas V, et al. 1998. Chance constrained programming formulations for stochastic characterizations of efficiency and dominance in DEA[J]. Journal of Productivity Analysis, 9(1): 53-79.

Jerome D F, Arthur G, Judith G, et al. 1992. Human Geography: Landscapes of Human Activities[M]. 3rd ed. New York: McGraw-Hill.

Liu Z, Zhuang J. 2000. Determinants of technical efficiency in post-collective Chinese agriculture: evidence from farm-level data[J]. Journal of Comparative Economics, 28(3): 545-564.

Meijers E. 2005. Polycentric urban regions and the quest for synergy: Is a network of cities more than the sum of the parts[J]. Urban Studies, 42(4): 765-781.

Oil C O. 1997. Environmental Conflict and National Security in Nigeria: Ramifications of the Ecology-Security Nexus for Sub-Regional Peace[R]. ACDIS Occasional Paper, University of Illinois at Urbana-Champaign.

Olesen O B, Petersen N C. 1995. Chance constrained efficiency evaluation[J]. Management Science, 41: 442-457.

Potter C S, Randerson J T. 1993. Terrestrial ecosystem production: A process model on global satellite and surface data[J]. Global Biogeochemical Cycles, 7(4): 811-841.

Robert J S, Roger R S, Brian H R. 2006. Regional Economic Development: Analysis and Planning Strategy[M]. New York: Springer: 45-49.

Thirtle C, Piesse J, Lusigi A, et al. 2003. Multi-factor agricultural productivity, efficiency and convergence in Botswana, 1981-1996[J]. Journal of Development Economics, 71(2): 605-624.

Turner B L, Skole D, Sanderson S, et al. 1995. Cover change science/research plan[J]. Ambio, 23(1): 91-95.

第二章 沙区经济植物的抗逆生理特征及栽培技术研究

引　言

21世纪以来，土地沙化成为全球人类社会所面临的最严重的生态环境问题。我国是世界上最主要的沙漠化国家之一。截止到2014年，全国沙化土地面积为17 211.75万 hm^2，集中分布在新疆、内蒙古等5个省份，而新疆沙化土地面积与具有明显沙化趋势的土地面积分别占到全国沙化土地（含沙化趋势土地）面积的43.4%和15.68%（屠志方等，2016）。我国的沙漠化综合防治技术与模式主要包括生物治沙技术、工程治沙技术和化学治沙技术三类。运用植物材料治沙是"生物治沙技术"的主要内容，是实现沙漠治理最有效的途径。

因此，本研究以柠条（*Caragana korshinskii*）、花棒（*Hedysarum scoparium*）、沙木蓼（*Atraphaxis bracteata*）、沙柳（*Salix cheilophila*）、沙地桑（*Morus alba*）、红皮沙拐枣（*Calligonum rubicundum*）、梭梭（*Haloxylon ammodendron*）、俄罗斯聚合草（*Symphytum officinale*）等沙地植物为研究材料，比较分析了其生长特性、抗旱性、饲用价值等特性，优选出综合特性较好的植物品种，对其栽培、繁育及造林技术进行了探索，为干旱沙区防护林体系构建植物材料的确定提供了理论支撑，丰富了沙区农林型产业发展所需的植物资源。

第一节　沙区经济植物对环境的生理响应及抗旱性评价

干旱沙区植物的水分生理和光合特点直接决定了植物的生长特性与物种多样性水平，对维持沙地生态系统稳定意义重大。通过研究比较几种引进驯化植物及本土固沙植物的光合生理指标特性，探讨其对沙地生境的适应性。

在新疆博尔塔拉蒙古自治州精河县沙丘道班试验地，分别种植沙地桑、沙木蓼、罗布麻、沙枣、柠条、沙柳等树种的幼苗，根据不同试验要求设置小区试验，定期测定相关生理生态指标，所得结果如下。

一、沙地植物的光合日变化及其环境因子特征

1. 试验区环境因子日变化特征

许多研究表明，植物光合作用与光照强度、气温、空气湿度等因素有关（陈展宇等，2008；高英芬和陈艳丽，2003）。本试验地主要环境因子的日变化特征见图 2-1。光合有效辐射（PAR）日变化呈倒"V"形，在 16：00 达到峰值[2311.92μmol/(m^2·s)]。空气 CO_2 浓度（Ca）整体呈下降趋势，在 18：00 出现低谷值（307.63μmol/mol）后缓慢回升。空气温度（Ta）则随着 PAR 的增加而逐渐升高，18：00 出现最高值（37.83℃）。随着 Ta 和 PAR 的升高，相对湿度（RH）逐渐下降。PAR 的升高会引发一系列的环境因子变化，如大气温度升高、蒸发量增加、大气相对湿度降低，这说明太阳辐射是引起环境变化的根本原因。

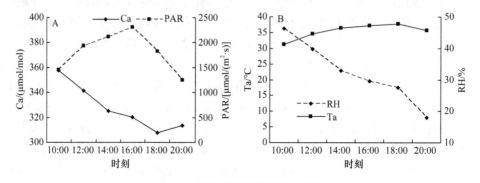

图 2-1　试验地环境因子的日变化

2. 植物光合参数的日变化动态特征

由图 2-2A 可知，沙地桑和沙枣的净光合速率（Pn）日变化呈"双峰型"曲线，有较为明显的光合"午休"现象，午休时间分别出现在 16：00 和 12：00。罗布麻的 Pn 日变化呈"单峰型"曲线，高峰出现在 12：00，Pn 值为 17.37μmol/(m^2·s)。沙木蓼的 Pn 日变化曲线呈下降趋势，Pn 最大值出现在 10：00，为 31.07μmol/(m^2·s)。在一定的环境条件下，植物叶片的最大 Pn 反映了植物叶片的最大光合能力（夏江宝等，2009），Pn 越大表明植物的光合能力也越强（李熙萌等，2011）。Redondo-Gómez 和 Mateos-Naranjo（2010）认为 Pn 较大的植物对盐碱和干旱的适应能力也较强。Pn 的大小在一定程度上可以反映植物对强光照环境的适应性强弱（李熙萌等，2011；Redondo-Gómez and Mateos-Naranjo，2010）。沙木蓼的 Pn 均值为 22.28μmol/(m^2·s)，

极显著高于其他 3 种植物($P<0.01$)，罗布麻的 Pn 均值最低，仅为 13.47μmol/(m²·s)，可推断沙地生境中沙木蓼的光合能力较强，同时对盐碱和干旱的适应能力也较其他三种植物强。

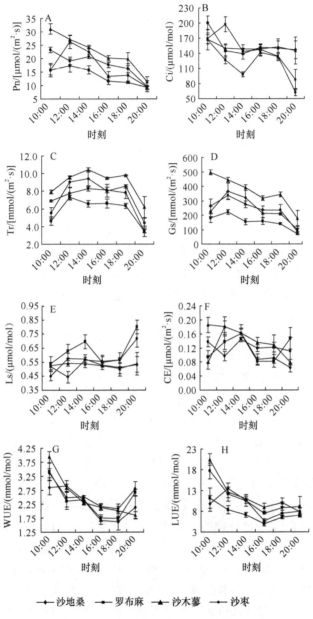

图 2-2 4 种沙地植物光合生理指标的日变化

由图 2-2B 可见，沙地桑、罗布麻和沙木蓼胞间 CO_2 浓度（Ci）日变化呈"降—升—降"的变化趋势，沙地桑和罗布麻 Ci 低谷值出现在 14：00，沙木蓼出现在 16：00，低谷值分别为 139.00μmol/mol、98.33μmol/mol 和 147.33μmol/mol。沙枣叶片 Ci 日变化呈现"升—降—升—降"的变化趋势，在一天中波动较大。蒸腾速率（Tr）是植物吸水的主要动力，同时有利于降低植物叶片温度，促进对 CO_2 的吸收和同化，在一定程度上反映了植物调节水分和适应干旱环境的能力（于永畅等，2013）。由图 2-2C 可知，沙地桑、罗布麻和沙木蓼的蒸腾速率（Tr）日变化曲线基本为"双峰型"，沙地桑和沙木蓼中午低谷值出现在 16：00，罗布麻出现在 14：00。沙枣的 Tr 在 14：00 出现了一次高峰，峰值为 8.27mmol/(m²·s)。

图 2-2D 可见，沙地桑和沙枣叶片气孔导度（Gs）日变化曲线为"单峰型"，罗布麻和沙木蓼为"双峰型"。沙地桑、沙木蓼和沙枣叶片的 Gs 变幅较大，罗布麻的变幅较小。根据 Farquhar 和 Sharkey（1982）的观点，造成植物叶片 Pn 午间降低的因素有气孔限制和非气孔限制，只有当 Pn 和 Ci 两者同时减小，且气孔限制值（Ls）增大时，才可以认为 Pn 的降低主要是由 Gs 引起的，即气孔限制因素，否则 Pn 的降低要归因于叶肉细胞羧化能力的降低，即非气孔限制因素。本研究表明，沙地桑在 12：00～16：00 时 Pn 值降低的主要原因是非气孔限制，而 18：00～20：00 则主要是受气孔限制；罗布麻在 12：00～14：00 和 16：00～20：00 时 Pn 值降低主要受气孔限制影响，14：00～16：00 主要受非气孔限制；沙木蓼在 10：00～14：00 和 18：00～20：00 时 Pn 值降低主要是受气孔限制，14：00～18：00 则受非气孔限制影响；沙枣在 10：00～12：00 和 14：00～16：00 时 Pn 值降低主要影响因素是非气孔限制，16：00～20：00 则受气孔限制影响。

图 2-2E 显示，沙地桑、罗布麻、沙木蓼叶片气孔限制值（Ls）日变化呈"双峰型"曲线，只是峰值出现的时间略有差异。沙地桑和沙木蓼第 1 次峰值出现在 12：00，分别为 0.57μmol/mol 和 0.54μmol/mol，罗布麻在 14：00 出现第 1 次峰值，为 0.70μmol/mol；3 种植物的第 2 次峰值均出现在 20：00。沙枣的 Ls 日波动较大，共出现 3 次峰值，分别出现在 10：00、14：00 和 20：00。沙木蓼羧化效率（CE）日变化为"单峰型"曲线（图 2-2F），10：00 出现峰值，随后逐渐下降；而沙地桑、罗布麻和沙枣的 CE 日变化趋势与其 Ls 日变化趋势基本一致，呈双峰型变化趋势。

由图 2-2G 可见，4 种植物的水分利用效率（WUE）日均值无显著差异，但不同植物的 WUE 日变化特征却不同。沙地桑 WUE 峰值出现在 12：00 和 20：00；罗布麻和沙枣峰值出现在 10：00、14：00 和 20：00；沙木蓼峰值出现在 10：00。

由图 2-2H 可见，沙木蓼和沙枣的光能利用率（LUE）日均值分别为 11.85mmol/mol 和 11.00mmol/mol，极显著高于沙地桑（9.20mmol/mol）（$P<0.01$），沙地桑则极显著高于罗布麻（7.56mmol/mol）（$P<0.01$），可见沙木蓼和沙枣对光能的利用率最高，罗布麻最低。4 种植物的 LUE 日变化均为"双峰型"曲线。

试验结果表明，4 种植物的 Pn 与 Tr 日变化趋势大多相似，其中沙木蓼的 Pn 最高。正午由于过高的光照强度和大气温度，导致叶片水汽压亏缺增大，Gs 和 Ci 急速下降，为减少水分过度消耗，蒸腾强度下降，导致叶面温度升高，而过高的叶温又使光合作用关键酶 Rubisco 的活性受到抑制（高云和傅松玲，2011）。WUE 是评价植物对环境适应能力的综合指标，在同样的环境条件下，WUE 值越大，表明其固定单位质量 CO_2 所需的水量越少，植物耐旱能力越高（张诚诚等，2013；张岁岐和山仑，2002）。4 种植物的日均 WUE 无显著性差异（$P>0.05$），但一天中不同时间段的 WUE 值存在差异，这可能与植物净光合产物的积累有关，其机理还有待进一步研究。

3. 植物净光合速率与其他生理因子的相关性分析

为了解 4 种沙地植物的 Pn 与其他生理因子的相关性，对 Pn 及同步测定的其他生理因子进行相关分析。由表 2-1 可见，沙地桑的 Pn 与 Tr、Gs、WUE、LUE、Ls 和 CE 呈正相关，其中与 CE 的相关系数最大（0.94），而与 Ci 呈负相关；罗布麻 Pn 与 Tr、Gs、WUE、LUE 和 CE 呈极显著（$P<0.01$）或显著（$P<0.05$）正相关，其中与 Gs 的相关系数最大（0.76），与 Ls 呈负相关；沙木蓼的 Pn 与 7 个生理因子均呈正相关，其中与 Gs 相关系数最大（0.95）；沙枣的 Pn 与 Ci、Tr、Gs、WUE、LUE 和 CE 呈正相关，其中与 Gs 相关系数最大（0.78）。由此可见，Pn 与上述 7 种生理因子均存在一定的相关性，总体而言 Gs 和 LUE 对 Pn 的影响较大。这表明 4 种沙地植物光合作用是一个复杂的过程，是各生理因子综合作用的结果，而不同阶段各生理因子的影响不尽相同。

表 2-1 新疆 4 种沙地植物净光合速率（Pn）与其他生理因子的相关系数

植物种	相关系数						
	Ci	Tr	Gs	WUE	LUE	Ls	CE
沙地桑	−0.32	0.70**	0.92**	0.58**	0.86**	0.49*	0.94**
罗布麻	0.29	0.51*	0.76**	0.48*	0.60**	−0.18	0.42*
沙木蓼	0.18	0.44*	0.95**	0.84**	0.89**	0.07	0.93**
沙枣	0.62**	0.71**	0.78**	0.38	0.63**	−0.60**	0.40

* $P<0.05$，** $P<0.01$。下同

4 种植物光合日变化进程中 Pn 与 Gs 呈极显著正相关，这表明植物 Gs 的强弱直接影响 Pn 的大小，气孔对 4 种植物光合作用中碳的固定具有主导控制作用，这与余红兵等（2013）对花叶芦竹的研究结果基本一致。与沙地桑 Pn 日变化相关性最大的生理因子是 CE，说明与 CE 相关的 Rubisco 酶活性和 Rubisco 含量对 Pn 产生了较大影响（郑元等，2013）。

为了定量了解生理因子对 4 种沙地植物 Pn 的影响，应用逐步多元回归法，建立了饱和水汽压亏缺值（VPD）（X_1）、Ta（X_2）、叶片温度（TL）（X_3）、Ca（X_4）、相

对湿度（RH）（X_5）与 Pn（Y）的回归方程。结果（表 2-2）显示，5 个生理因子对 4 种沙地植物的 Pn 都有不同程度的影响，从各生理因子前的系数值来看，TL 与 4 种植物 Pn 的相关性最高，即 TL 对 Pn 的影响最大，而 Ca 对 Pn 的影响最小。

表 2-2　生理因子对新疆 4 种沙地植物净光合速率（Pn）影响的回归方程

植物种	回归方程	R 值	F 值
沙地桑	$Y=53.53+0.63X_1+5.73X_2+6.94X_3+0.21X_4+0.62X_5$	0.91	18.22**
罗布麻	$Y=43.25+0.35X_1+1.92X_2+2.69X_3+0.17X_4+0.20X_5$	0.64	3.25*
沙木蓼	$Y=52.67+1.04X_1+2.67X_2+3.75X_3+0.12X_4+0.75X_5$	0.92	20.15**
沙枣	$Y=73.76+1.81X_1+2.60X_2+5.55X_3+0.25X_4+0.23X_5$	0.87	12.47**

4. 植物净光合速率对环境因子的通径分析

采用通径方法对各环境因子对 Pn 日变化直接及间接作用的大小进行分析，结果见表 2-3，由直接通径系数的绝对值来看，各环境因子对沙地桑 Pn 的影响程度大小为：Ta＞TL＞RH＞VPD＞Ca＞PAR；对罗布麻 Pn 的影响程度大小为：TL＞Ta＞Ca＞VPD＞RH＞PAR；对沙木蓼 Pn 的影响程度大小为：VPD＞TL＞Ta＞Ca＞PAR＞RH；对沙枣 Pn 的影响程度大小为：VPD＞TL＞Ta＞Ca＞RH＞PAR。

表 2-3　环境因子对新疆 4 种沙地植物净光合速率（Pn）的通径分析结果

植物种	环境因子	简单相关系数	直接通径系数	间接通径系数 X_1	X_2	X_3	X_4	X_5	X_6	合计
沙地桑	X_1（VPD）	0.70	0.75		1.52	−1.59	−0.52	−0.87	0.01	−1.45
	X_2（Ta）	0.03	2.37	0.48		−1.63	−0.57	−0.60	−0.03	−2.35
	X_3（TL）	0.36	1.85	0.66	2.09		−0.54	−0.68	−0.02	1.50
	X_4（Ca）	0.29	0.64	−0.61	−2.11	1.57		0.81	0.00	−0.35
	X_5（RH）	0.59	0.93	−0.70	−1.54	1.35	0.55		−0.02	−0.34
	X_6（PAR）	0.47	0.08	−0.10	0.93	−0.45	−0.02	0.19		0.55
罗布麻	X_1（VPD）	−0.64	0.79		0.98	−1.29	0.73	−0.46	0.09	0.06
	X_2（Ta）	−0.38	1.24	0.62		−1.29	−0.77	−0.37	0.22	−1.60
	X_3（TL）	−0.44	−1.41	0.72	1.14		0.72	0.39	0.24	3.20
	X_4（Ca）	0.60	0.86	−0.67	−1.13	1.18		0.44	−0.12	0.21
	X_5（RH）	0.72	0.50	−0.73	−0.93	1.10	0.76		0.01	0.21
	X_6（PAR）	0.24	0.45	0.17	0.62	−0.75	0.23	0.01		0.27
沙木蓼	X_1（VPD）	−0.91	−1.17		0.56	0.75	0.20	−0.11	−0.03	1.37
	X_2（Ta）	−0.66	0.78	−0.84		0.74	0.24	−0.08	0.06	0.12
	X_3（TL）	−0.76	0.84	−0.93	0.69		0.22	−0.09	0.03	−0.09
	X_4（Ca）	0.72	−0.26	0.92	−0.72	−0.72		0.09	−0.03	−0.46
	X_5（RH）	0.94	0.11	1.14	−0.59	−0.72	0.22		0.03	0.07
	X_6（PAR）	0.29	0.17	0.22	0.30	0.13	0.05	−0.02		0.69

续表

植物种	环境因子	简单相关系数	直接通径系数	间接通径系数						
				X_1	X_2	X_3	X_4	X_5	X_6	合计
沙枣	X_1（VPD）	−0.84	−3.11		0.75	1.85	0.76	0.41	0.01	3.77
	X_2（Ta）	−0.37	−1.15	−2.02		1.77	0.74	0.25	0.05	0.79
	X_3（TL）	−0.52	2.17	−2.65	0.94		0.57	0.27	0.05	−2.69
	X_4（Ca）	0.68	−0.96	0.45	0.88	−1.30		−0.39	0.00	−0.36
	X_5（RH）	0.84	−0.46	2.78	0.63	−1.30	0.83		0.02	1.30
	X_6（PAR）	0.25	0.09	−0.27	−0.66	1.15	0.02	−0.08		0.16

综合直接通径系数和间接通径系数，对沙地桑 Pn 直接影响较大的是 Ta、TL，而 Ta、TL、VPD 的间接影响较大；TL、Ta 对罗布麻的 Pn 的直接影响和间接影响均较大；VPD 对沙木蓼的 Pn 直接影响和间接影响均较大；对沙枣的 Pn 而言，直接影响较大的是 VPD、TL、Ta，其中 VPD、TL 的间接影响也较大。因此，可以断定 VPD、TL、Ta 是影响 4 种植物 Pn 的主要环境因子。

各环境因子中，Ta、TL、VPD 是影响 4 种沙地植物 Pn 日变化的主要因素，它们通过直接和间接的交互作用对植物的光合生理过程产生综合性影响，这与郑元等（2013）对无籽刺梨的研究结论基本一致。Ta、TL 对沙地桑和罗布麻的直接与间接影响均较大。有研究表明，温度决定光合作用生化反应的速度和叶片与空气之间的 VPD，不仅能够直接影响植物光合产物的合成、CO_2 的羧化及光合酶的活性，而且可以通过影响暗呼吸、气孔导度而间接影响植物的光合气体交换（潘瑞炽，2004）。已有研究证明，饱和 VPD 对 Pn 具有显著负相关影响（Day，2000；Pettigrew et al.，1990），温度则对 Pn 呈正相关非显著性影响（Horton et al.，2001），且两者经常耦合在一起对 Pn 产生综合影响。

二、沙地植物光合碳同化对环境因子的生理响应

不同植物对环境条件变化的响应存在显著差异，这种差异是植物生存和竞争策略的一部分，并显著影响植物的资源获取、利用和分配（孙伟等，2004）。而本研究结果显示，三种沙地植物叶片的光合碳同化对光照强度、二氧化碳浓度和温度、湿度的响应过程及机制也不尽相同。

1. 植物对光照强度的响应

Pn-PAR 响应曲线拟合结果如图 2-3 所示，3 种植物曲线拟合度 R^2 均达到了 0.986 以上。从曲线的走势来看，无论是植物长势较旺的 7 月，还是生理活动开始减缓的 9 月，低 PAR 下三种植物的 Pn 均随 PAR 的增大而递增，而当 PAR ≥ 1200μmol/(m²·s)

之后 Pn 逐渐趋于平缓。PAR 在 $600\sim2000\mu mol/(m^2 \cdot s)$，两个月份参试植物的 Pn 排序分别为沙木蓼＞罗布麻＞沙地桑和沙木蓼＞罗布麻＞沙地桑，即沙木蓼的 Pn 始终比其他两种植物高，罗布麻在 9 月的 Pn 高于 7 月。

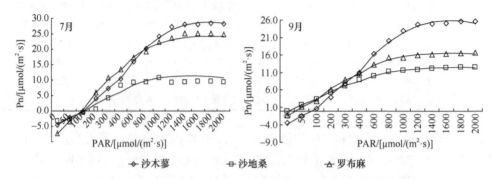

图 2-3　7 月和 9 月三种沙地植物的净光合速率对光合有效辐射的响应

用直角双曲线的修正模型计算出三种沙地植物光响应特征参数（表 2-4），比较植物种间的差异发现，7 月和 9 月沙地桑的光饱和点（LSP）都最高，最大净光合速率（P_{max}）则是沙木蓼最高，说明沙地桑的光合作用对强光的利用能力强，而沙木蓼潜在的光合能力最大。7 月罗布麻的光补偿点（LCP）较其他两种植物高，表明对弱光的利用能力较强，9 月则大幅降低，而沙木蓼的 LCP 随生长月份变化的幅度较小。对同种植物不同生长时期的差异进行比较，与 7 月相比，9 月罗布麻的 LSP 显著上升，LCP 显著下降，说明罗布麻在初秋光合作用的光适应幅有增大的趋势。随着秋季的临近，气温开始缓慢降低、光强逐渐减弱，沙地桑的 LCP、P_{max} 和暗呼吸速率（Rd）都（极）显著降低。

表 2-4　7 月和 9 月 3 种沙地植物净光合速率（Pn）对光合有效辐射（PAR）响应曲线的特征参数

月份	植物种	表观量子效率（AQY）	光饱和点（LSP）/[$\mu mol/(m^2 \cdot s)$]	最大净光合速率（P_{max}）/[$\mu mol/(m^2 \cdot s)$]	光补偿点（LCP）/[$\mu mol/(m^2 \cdot s)$]	暗呼吸速率（Rd）/[$\mu mol/(m^2 \cdot s)$]
7 月	沙木蓼	0.038a（a）	1663.3a（a）	29.0a（a）	78.2b（a）	2.9a（a）
	沙地桑	0.055a（a）	1718.7a（a）	25.2a（a）	56.9b（a）	2.9a（a）
	罗布麻	0.060a（b）	1268.2b（b）	10.1b（b）	88.8a（a）	2.8a（a）
9 月	沙木蓼	0.043a（a）	1699.1a（a）	26.0a（a）	70.2a（a）	2.9a（a）
	沙地桑	0.043a（a）	1788.7a（a）	12.4b（b）	4.4c（b）	0.2b（b）
	罗布麻	0.056a（a）	1677.5a（a）	16.5a（a）	26.8b（b）	1.4a（b）

　　注："（）"外的字母表示相同生长时期不同植物种间的差异，"（）"内的字母表示同种植物在不同生长时期的比较，不同小写字母表示差异显著（$P<0.05$）。下同

梁开明等（2008）的研究显示多数阳生植物的 LSP 为 1500～2000μmol/(m²·s)，LCP 为 50～100μmol/(m²·s)。蒋高明和朱桂杰（2001）的研究认为阳生草本的 P_{max} 一般为 15～30μmol/(m²·s)，表观量子效率（AQY）为 0.04～0.07。本研究中，三种沙地植物的 LSP、LCP、P_{max} 及 AQY 均在上述范围内甚至高于阈值的上限，表明三种植物利用强光的能力较强，向阳性较强，在受到强光刺激时不易发生光抑制，从而能够忍耐高温，但不同植物种间仍有差异。与沙木蓼和罗布麻相比，沙地桑具有较高 AQY 和 LSP，说明其具有更宽的光强生态幅和更强的弱光利用能力，但在相同光强条件下，沙地桑的 Pn 明显较低。这可能是不同生长结构的植物长期适应沙区强光辐射的结果，即叶片较大或者光合面积较大的沙地桑的光合碳同化对光能的利用效率低，而叶片较小或光合面积较小的沙木蓼和罗布麻等植物类型对光能的利用效率反而更高。

2. 植物对胞间二氧化碳浓度的响应

由图 2-4 可知，两个月份三种沙地植物的 Pn-Ci 实测值与拟合值相似度较高（$R^2 \geqslant 0.997$），Pn 与 Ci 均表现出正相关的关系，曲线呈现出先缓慢上升达到饱和点后逐渐趋平的走势。但不同月份间差异较大，7 月沙木蓼的 Pn-Ci 曲线位于最上方，沙地桑次之，罗布麻最次；而至 9 月，罗布麻的光合碳同化对二氧化碳的利用能力明显上升，主要表现在罗布麻 Pn-Ci 曲线的位置上调至最上方。

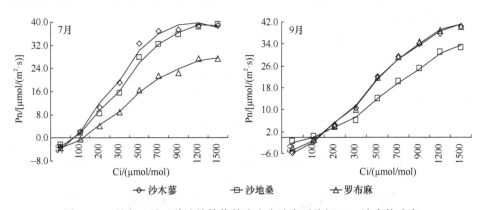

图 2-4　7 月和 9 月三种沙地植物的净光合速率对胞间 CO_2 浓度的响应

由表 2-5 可知，两个月份中各植物的 Pn-Ci 曲线特征参数表现出较大差异。7 月罗布麻的 CO_2 饱和点（CSP）和 CO_2 补偿点（CCP）显著高于沙木蓼；9 月沙木蓼的 CSP 和 CCP 最大，且对应的 P_{max}、羧化效率（CE）和光呼吸速率（Rp）也较大。整体来看，与 7 月相比，9 月三种植物的 CSP 和 P_{max} 都有所增大，CE 则都有所下降，说明随着秋季的到来，三种植物利用低浓度 CO_2 进行光合碳同化的能力在减弱，而对高浓度 CO_2 的利用能力在增强，三种植物中罗布麻的 Pn 对

高浓度 CO_2 的利用能力最强，具有最高的 P_{max}。

研究显示，CO_2 浓度缓慢升高的过程中，三种沙地植物的 Pn 也随之上升，这与 Sims 等（1999）及 Ward 和 Strain（1999）的研究结论（CO_2 浓度增加在短期内能促进植物的光合作用）一致。同时，三种植物 CCP 均大于 80μmol/mol，比一般植物的 CCP（30～70μmol/mol）上限值高（潘瑞炽，2004），说明自然环境中三种植物的 CO_2 同化能力较弱，不利于光合产物的积累。本研究仅在 PAR 为 1200μmol/(m²·s) 的条件下，分析了 CO_2 浓度对三种植物光合碳同化的影响，而对不同 PAR 下各植物的光合生理变化尚需深入研究。

表 2-5　7 月和 9 月三种沙地植物净光合速率对胞间 CO_2 浓度响应的特征参数

月份	植物种	最大净光合速率 （P_{max}） /[μmol/(m²·s)]	羧化效率 （CE） /[μmol/(m²·s)]	CO_2 饱和点 （CSP） /(μmol/mol)	CO_2 补偿点 （CCP） /(μmol/mol)	光呼吸速率 （Rp） /[μmol/(m²·s)]
	沙木蓼	39.9a (a)	0.098a (a)	1127.9a (a)	81.1a (a)	7.5a (a)
7 月	沙地桑	39.1a (a)	0.098a (a)	1321.0ab (a)	81.9a (a)	6.5a (a)
	罗布麻	27.6b (a)	0.090b (a)	1553.5b (a)	110.6b (a)	6.3a (a)
	沙木蓼	42.2a (a)	0.093a (a)	1866.3a (b)	124.3a (b)	9.1a (b)
9 月	沙地桑	41.4a (a)	0.069b (b)	1563.9b (b)	118.2b (b)	7.3b (a)
	罗布麻	33.7b (b)	0.036c (b)	1614.1c (b)	102.6c (b)	3.4c (b)

3. 植物对大气温度的响应

图 2-5 为三种植物在 7 月的 Pn-T 和 WUE-T 曲线变化特征。整体来看，Pn-T 曲线波动幅度较小，WUE-T 曲线波幅较大。同一温度下，三种植物以沙木蓼的 Pn 值最大；在温度上升过程中，沙木蓼的 Pn 值降幅也最大，20℃与 40℃对应的 Pn 差值达 4.4μmol/(m²·s)，说明在相同温度下该植物的光合碳同化能力较强，光合碳同化受温度的影响较大。罗布麻的 Pn-T 曲线最为平缓，温度从 20℃升至 40℃

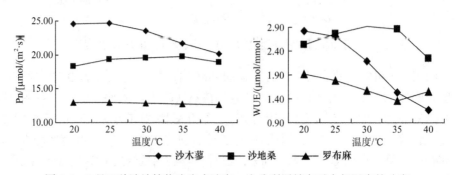

图 2-5　7 月三种沙地植物净光合速率、水分利用效率对大气温度的响应

的过程中，Pn 值变化很小，且 Pn 较大值出现在低温区。沙地桑的最大 Pn 值出现在 35℃附近。另外，从 WUE-T 的弯曲程度来看，温度对三种沙地植物的水分利用效率有较大影响，且对沙地桑和沙木蓼的影响程度明显高于罗布麻。

温度对光合作用有双重效应，它影响光合作用生化过程的同时，也影响叶片与大气之间 CO_2 和 H_2O 的交换，即影响光合作用的物理过程（Charlesedwards，1981；Gatherum et al.，1967）。从有关环境温度对光合作用影响的研究结果（项文化等，2004；张小全等，2000；Battaglia et al.，1996）来看，不同种类植物对光合温度的敏感性差异较大。而本研究结果也显示，温度对净光合速率和水分利用效率的影响在三种沙地植物间存在差异，沙地桑的光合作用对温度的生态适应幅较宽，且水分利用效率较高；沙木蓼的净光合速率及水分利用效率受高温影响较大；罗布麻的光合作用对温度变化不敏感。

4. 植物对空气相对湿度的响应

图 2-6 显示了三种沙地植物在 7 月的 Pn-RH 和 WUE-RH 曲线变化特征，可以看出，随着空气相对湿度（RH）的增加，沙木蓼和沙地桑的 Pn 值变幅不大，且 Pn 始终较大，罗布麻 Pn 的变幅较大，且 Pn 值始终较小。三种植物的 WUE 整体上均随着空气 RH 的增加而上升，且沙木蓼和沙地桑的 WUE-RH 曲线走势相近，均呈近直线递增的趋势，沙地桑则呈曲线上升。整体分析，三种植物以沙木蓼的 WUE 最高，罗布麻最低，沙地桑介于中间。

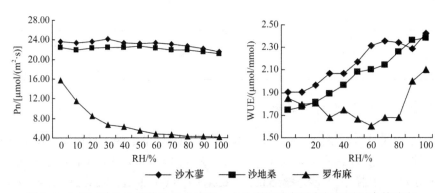

图 2-6 7 月三种沙地植物净光合速率、水分利用效率对空气相对湿度的响应

RH 对光合作用的响应与土壤湿度有相似性，干燥的空气导致叶片失水，并关闭气孔（张小全等，2002）。某些针叶树种的针叶随空气的蒸汽压差的提高，会导致 Pn 的直线下降（Sandford and Jarvis，1986），而本试验中罗布麻也表现出了相似的变化趋势，即随着空气相对湿度的增大，净光合速度有所降低。本研究各生理生态指标对温度、湿度的响应值只是瞬时效应，有学者认为（Battaglia et al.，1996），光合作

用的瞬时效应是基于对环境温度、湿度的响应，当环境温度、湿度瞬间偏离最适温度和湿度后，将导致光合酶的活性下降；当恢复到最适温度和湿度时，光合能力又接近最大值。而本研究中三种植物对温度、相对湿度的响应只限于短时间处理，环境长期恒定的温度或湿度对碳同化过程的影响机制，还有待于进一步研究。

5. 光合参数与光照、气温、相对湿度的相关性分析

对 7 月和 9 月三种植物的光合参数与主要环境因子的相关性进行分析，结果见表 2-6，就 Pn 而言，仅沙木蓼的 RH 与之表现出极显著正相关关系，沙地桑的 PAR 与之表现出显著正相关关系，4 种环境因子对罗布麻的 Pn 影响较小。同时，三种沙地植物的 Tr 与 Ta、RH 呈显著或极显著正相关。另外，4 种环境因子中，Ta 对三种植物的 Gs 影响均较大，而对罗布麻和沙木蓼的 Gs、Tr 影响较大的还有 VPD、RH。整体来看，三种沙地植物的 Pn 受环境因子的影响较小，Tr 和 Gs 与环境因子的关系更为密切，受环境因子影响的程度较重。

表 2-6   三种沙地植物光合参数与主要环境因子的相关系数

相关系数 (R)	植物种	光合有效辐射 （PAR）	气温 （Ta）	相对湿度 （RH）	水汽压亏缺值 （VPD）
净光合速率 （Pn）	罗布麻	0.21	0.12	0.25	−0.12
	沙地桑	0.56*	−0.28	−0.40	−0.31
	沙木蓼	0.25	0.08	0.62**	0.18
蒸腾速率 （Tr）	罗布麻	0.63*	0.93**	0.65**	−0.58*
	沙地桑	0.15	0.96**	0.81**	−0.51
	沙木蓼	0.20	0.80**	0.50*	−0.13
气孔导度 （Gs）	罗布麻	0.24	0.78**	0.48	−0.67**
	沙地桑	−0.20	0.91**	0.40	−0.84**
	沙木蓼	−0.04	0.54*	0.69**	−0.21

6. 光合参数与环境因子的回归拟合

为了定量分析环境因子对参试灌木光合生理特性的影响，采用线性逐步多元回归法，拟合出了 VPD （X_1）、Ta （X_2）、TL （X_3）、Ca （X_4）、RH （X_5）与三种沙地灌木 Pn（Y）的关系模型：Y 沙地桑=53.53+0.63X_1+5.73X_2+6.94X_3+0.21X_4+0.62X_5（R=0.91，F=18.22**）、Y 红麻=43.25+0.35X_1+1.92X_2+2.69X_3+0.17X_4+0.20X_5（R=0.64，F=3.25*）和 Y 沙木蓼=52.67+1.04X_1+2.67X_2+3.75X_3+0.12X_4+0.75X_5（R=0.92，F=20.15**）。

由表 2-7 通径系数值可以看到，VPD 对沙木蓼的 Pn 直接影响和间接影响均较大；对于沙地桑 Pn 直接影响最大的是 Ta、TL，间接影响较大的是 Ta、TL、VPD；Ta、TL 对红麻的 Pn 的直接影响和间接影响均较大，由此可以推断 VPD、TL、Ta 是影响参试灌木 Pn 的主要环境因子。

表 2-7　环境因子对三种沙地灌木净光合速率的通径系数

灌木种	通径系数	X_1	X_2	X_3	X_4	X_5	X_6
沙地桑	直接	0.75	2.37	1.85	0.64	0.93	0.08
	间接	−1.45	−2.35	1.5	−0.35	−0.34	0.55
红麻	直接	0.79	1.24	−1.41	0.86	0.5	0.45
	间接	0.06	−1.6	3.2	−0.29	0.21	0.27
沙木蓼	直接	−1.17	0.78	0.84	−0.26	0.11	0.17
	间接	1.37	0.12	−0.09	−0.46	0.07	0.69

三、沙地植物对干旱胁迫的生理生态响应

选取 5 种沙地灌木为研究对象，采用大田试验，设置 4 个灌溉梯度，分别在控水前、中、后期测定灌木的生理生化指标，从而探讨 5 种沙地灌木对干旱胁迫的长期生理生态适应机理，对 5 种沙地灌木综合抗旱性进行了评价，建立了沙地灌木耐旱性评价指标。

每次灌水前用土壤水分速测仪逐一测定 0～20cm、20～40cm、40～60cm 三个土层的含水量（图 2-7）。随着灌溉水量的减少，各土层的土壤含水量逐渐降低，根据灌溉水量及土壤含水量的变化将 T1、T2、T3、T4 分别定义为对照、轻度干旱胁迫、中度干旱胁迫和重度干旱胁迫。

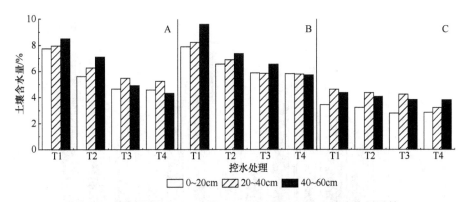

图 2-7　控水前期（A）、中期（B）和后期（C）土壤含水量比较

1. 植物的光合生理响应

方差分析结果显示，干旱胁迫对参试灌木的 Pn、蒸腾速率（Tr）及 Gs 产生了极显著的影响（$P < 0.01$），不同物种的胞间 Ci、Pn 和 Gs 均存在极显著差异（$P < 0.01$）；而在干旱胁迫的不同阶段（控水阶段），Pn、Tr 和 Ci 有极显著差异（$P < 0.01$），Gs 有显著差异（$P < 0.05$）（表 2-8）。

表2-8 物种、干旱胁迫和控水阶段对不同物种生理影响的多因素方差分析

测定指标	干旱胁迫	物种	控水阶段
净光合速率（Pn）	<0.001	0.003	0.001
蒸腾速率（Tr）	<0.001	0.093	<0.001
气孔导度（Gs）	<0.001	0.003	0.011
胞间 CO_2 浓度（Ci）	0.409	<0.001	<0.001
茎水势	<0.001		0.023
叶绿素（SPAD）	0.001	<0.001	0.144
超氧化物歧化酶（SOD）	0.195	<0.001	—
过氧化物酶（POD）	0.1	<0.001	—
可溶性糖	0.096	<0.001	—
脯氨酸（Pro）	0.004	<0.001	—
丙二醛（MDA）	0.014	<0.001	—
可溶性蛋白	0.637	<0.001	—

注：表中数字为多因素方差分析各因素的 P 值，$P<0.05$ 表明该处理因素对该指标产生显著影响，$P<0.01$ 表明该处理因素对该指标产生极显著影响

如图 2-8 所示，控水前期正常灌水（T1）处理下，柠条和红皮沙拐枣的 Pn 显著低于沙柳（$P<0.05$），控水前期重度干旱胁迫（T4）处理下，各物种的 Pn

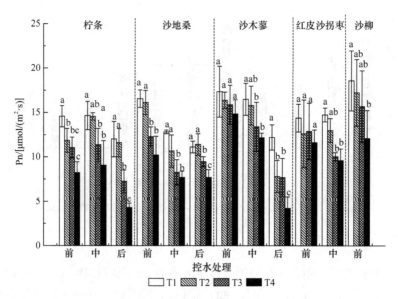

图 2-8 不同控水处理下 5 种沙地灌木的净光合速率比较

不同的字母代表 4 种控水处理间差异显著（$P<0.05$）；

实验后期，因干旱导致苗木死亡，所以部分物种没有中、后期观测数据。下同

大小排序为柠条＜沙地桑＜沙木蓼（$P<0.05$）；随干旱程度的加剧，各物种在不同控水时期的 Pn 基本呈下降趋势，其中控水后期 T4 处理的柠条和沙木蓼与 T1处理差异最大，分别为 T1 处理的 36%和 33%；而从整个控水期来看，柠条和沙木蓼的 Pn 在控水前期至控水中期无显著变化，控水后期显著降低（$P<0.05$）；沙地桑的 Pn 随控水时间的延长而逐渐降低。

如图 2-9 所示，控水前期沙木蓼的 Tr 显著高于其他物种（$P<0.05$），T1 处理下达 9.67mmol/($m^2·s$)；干旱胁迫导致各物种的 Tr 逐渐下降，其中控水前期，红皮沙拐枣的 Tr 在不同控水处理间差异最小，但其在控水中期的差异最大，T4 处理仅为 T1 处理的 41%；在整个控水过程中，柠条和沙地桑的 Tr 呈现先显著上升后显著下降的趋势，沙木蓼的 Tr 表现为逐渐降低的趋势。

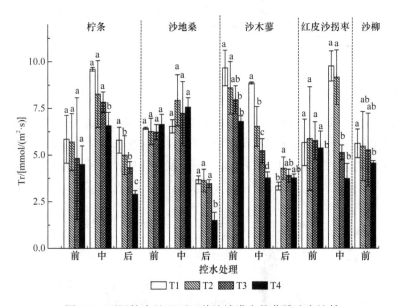

图 2-9 不同控水处理下 5 种沙地灌木的蒸腾速率比较

如图 2-10 所示，T1 处理下，在控水前期沙木蓼的 Gs 显著（$P<0.05$）大于其他参试物种；随着干旱程度的加剧，除控水前期的红皮沙拐枣和沙地桑外，所有物种不同控水时期的 Gs 均为逐渐下降趋势，并且沙木蓼在控水后期差异最大，T4 处理导致其 Gs 下降至 T1 处理的 21%；在 T1 处理下，柠条、沙地桑的 Gs 均随控水时间呈现先升高后下降趋势，而 T4 处理下，沙木蓼的 Gs 在整个控水时期为逐渐下降趋势，柠条的 Gs 表现为逐渐上升趋势，沙地桑的 Gs 呈先显著上升后下降趋势。

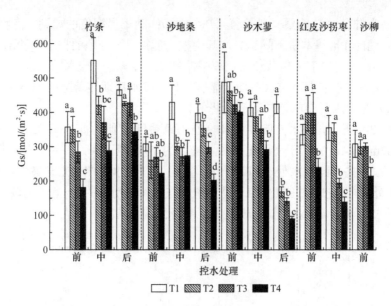

图 2-10　不同控水处理下 5 种沙地灌木的气孔导度比较

如图 2-11 所示，T1 处理下，控水前期各物种 Ci 无显著差异（$P > 0.05$），为 152.75～190μmol/mol，控水中期沙地桑的 Ci 显著低于其他物种，控水后期柠条的 Ci 达到最大值（380μmol/mol）；随干旱程度的加剧，除控水前期沙木蓼、控水中期红皮沙拐枣及控水中后期柠条的 Ci 显著降低外（$P < 0.05$），其他物种在各时

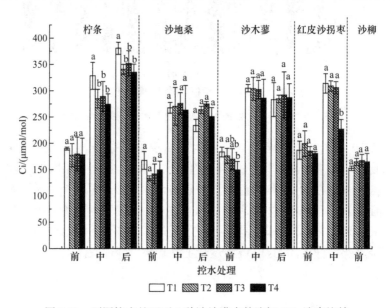

图 2-11　不同控水处理下 5 种沙地灌木的胞间 CO_2 浓度比较

期的 Ci 并未呈显著下降趋势（$P > 0.05$）；沙地桑和沙木蓼的 Ci 随控水时间的延长而先升高后降低，柠条则表现为显著升高。

随着灌溉水量的减少，参试物种的净光合速率（Pn）均呈现下降趋势，而就胞间 CO_2 浓度（Ci）而言，各物种没有表现出一致的变化趋势（图 2-11），沙地桑的 Ci 在控水前期先下降后上升，控水后期的沙木蓼和控水前期的沙柳均则表现为先升后降的趋势，这与汪本福等（2014）的观点类似，在轻度干旱胁迫下，Pn 下降由气孔开合度变小、气体交换受阻等气孔限制因素主导，而在重度干旱胁迫下，Pn 的降低主要由光合器官的光合活性降低等非气孔限制因素引起，这时 Ci 会有所回升或保持稳定。

植物气孔运动在维持体内水分平衡和气体交换中起着至关重要的作用（赵文赛，2016），本研究结果表明，各物种在控水期间的蒸腾速率（Tr）和气孔导度（Gs）变化规律一致，即气孔导度越大，物种的蒸腾速率越大，一般认为当植物受到水分限制时，体内水势降低，引起气孔关闭，从而降低蒸腾速率以防止水分散失（罗永忠和成自勇，2011）；其中柠条的 Tr 和 Gs 在控水前期至中期升高，控水后期又显著降低，与此相对应，Pn 在控水前期至中期保持较为稳定的水平，控水后期显著降低，这可能是因为气孔导度不仅对水分变化有响应，也受到温度、光照等因素的影响，同时植物会通过提高反应底物 CO_2 的浓度维持稳定的光合作用，因此其气孔导度有所上升，同时引起蒸腾速率增大。

2. 植物叶绿素相对含量变化响应

不同水分处理、不同物种导致叶绿素相对含量有极显著变化（$P < 0.01$），而不同控水阶段未对叶绿素造成显著影响（$P < 0.05$）（表 2-8）。

如图 2-12 所示，红皮沙拐枣的叶绿素相对含量显著低于其他物种（$P < 0.05$），干旱胁迫导致多数试验组的叶绿素相对含量低于 T1 处理组，其中 T4 处理组导致控水前期的柠条、沙木蓼和沙柳，控水中期的沙地桑和红皮沙拐枣，以及控水后期的柠条和沙木蓼均显著（$P < 0.05$）低于 T1 处理组。各物种控水前期的叶绿素相对含量差异远大于控水后期，其中柠条的变幅最大，在控水的前、中、后期，T4 处理组分别比 T1 处理组下降了 58%、15.7% 和 37%；随控水时间的推进，柠条的叶绿素相对含量先升高后降低，红皮沙拐枣在控水前期至中期无显著变化，控水后期显著降低，沙柳的叶绿素相对含量在控水中后期显著下降，仅为前期的一半左右，沙地桑和沙木蓼的叶绿素相对含量无明显变化。

在干旱胁迫下，5 种沙地灌木的光合和水势的变化特征反映其对干旱胁迫的不同响应机制（刘长成等，2011）。随着控水时间的延长，沙柳和红皮沙拐枣叶片发黄、萎蔫甚至大量脱落，相应地控水后期红皮沙拐枣及控水中期沙柳的叶绿素相对含量都大幅下降，分别为控水前期的 0.47 和 0.51，可能是干旱胁迫下叶绿

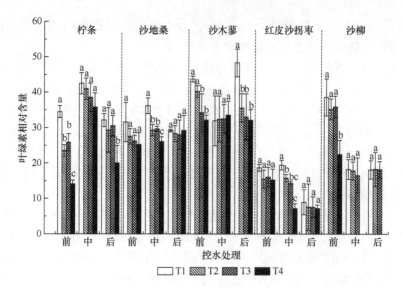

图 2-12　不同控水处理下 5 种沙地灌木的叶绿素相对含量比较

体膜遭到破坏所致（Anjum et al.，2011）；5 种沙地灌木中，沙地桑的叶绿素相对
含量在干旱胁迫下变幅最小，表明沙地桑在水分亏缺的状态下能够较好地维持正
常的光合生理活动。随着干旱程度的加剧，沙木蓼的叶绿素相对含量逐渐增高，
可能是叶片含水量的下降导致叶绿素浓缩；红皮沙拐枣叶绿素相对含量随干旱程
度先上升后降低，这与前人的研究结果相似（潘昕等，2014；Manivannan et al.，
2007）；在控水期内柠条、沙地桑和沙木蓼的叶绿素相对含量与其 Pn 变化趋势并
不同步，可能是由于叶绿素对植物光合作用的影响有滞后作用。

3. 植物茎水势的响应

　　不同水分处理下、不同控水阶段、不同物种间植物茎水势均有显著（$P<0.05$）
差异（表 2-8）。

　　控水前期,各物种的茎水势之间无显著差异,为$-0.093\sim-0.023$MPa（图 2-13），
而至控水中、后期，各物种茎水势大幅下降，且沙地桑的茎水势始终较其他物种
高（$P<0.05$）；随着干旱程度的加剧，在控水前期柠条、沙地桑及红皮沙拐枣均
能维持稳定的茎水势，而 T4 处理下沙木蓼的茎水势均显著（$P<0.05$）低于 T1
处理，在控水中期和后期，除红皮沙拐枣能保持较稳定的茎水势外，T4 处理导致
其他物种茎水势均显著下降（$P<0.05$）；随着控水时间的推进，控水前期各物种
茎水势保持较高水平，控水中后期显著下降（$P<0.05$），红皮沙拐枣降幅最大，
其 T4 处理组茎水势下降至-2.23MPa，降幅较小的是沙地桑，控水后期各物种均
未出现明显下降趋势。

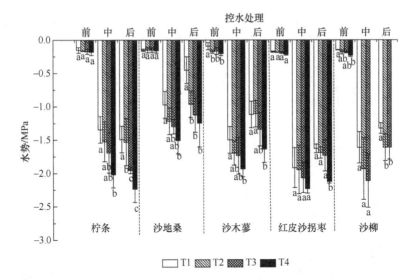

图 2-13　不同控水处理下各物种的茎水势比较

在控水过程中，中后期各物种茎水势较前期大幅降低，而与土壤含水量在控水时间上的规律并不一致，可能与大量的水分运输至叶片以维持光合作用有关。与刘长成等（2011）的研究相同，本研究中 5 个物种的茎水势均随干旱胁迫的加剧而逐渐降低。在控水后期，柠条较其他物种降幅更大，表明其在控水后期受干旱胁迫的影响更大，一般认为，水势与其渗透调节能力相关。

4. 植物渗透调节物质、抗氧化酶活性响应

双因素方差分析结果表明，干旱胁迫仅对各物种的脯氨酸（Pro）和丙二醛（MDA）含量产生显著影响（$P<0.05$），而不同物种之间的渗透调节物质含量、抗氧化酶活性和 MDA 含量均有显著差异（$P<0.05$）（表 2-8）。

在控水后期，随着干旱程度的加剧，柠条、沙地桑、沙木蓼和沙柳的可溶性糖含量逐渐升高，其中 T4 水平下柠条和沙地桑可溶性含量均显著（$P<0.05$）高于其他水平并分别为 T1 处理的 1.5 倍和 1.2 倍；红皮沙拐枣 T3 水平可溶性糖含量最高，各处理间无显著性差异（$P>0.05$）（图 2-14A）。

控水后期 T1 处理下，各物种 Pro 含量有显著性差异（$P<0.05$），柠条显著高于其他物种（$P<0.05$），达到 68.72U/g，沙柳 Pro 含量最低，为 15.66U/g，仅为柠条的 0.23；随着干旱程度的加剧，柠条的 Pro 含量逐渐升高，其中 T4 水平下的 Pro 含量显著（$P<0.05$）高于 T1 并为 T1 的 1.48 倍，红皮沙拐枣的 Pro 含量先升高后降低，T2 水平 Pro 含量最高，为 T1 的 2.07 倍，干旱导致试验组红皮沙拐枣的 Pro 含量均高于 T1（图 2-14B）。

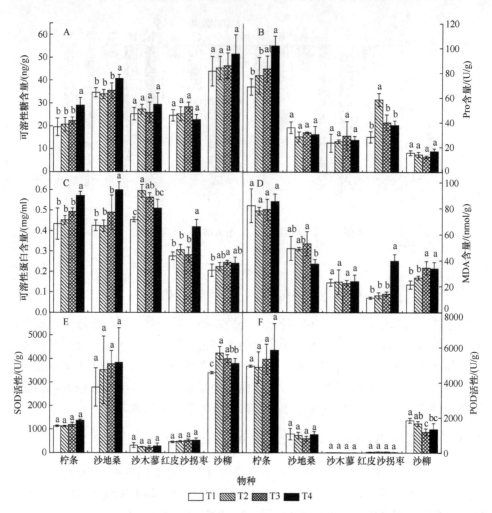

图 2-14 控水后期 5 种灌木的可溶性糖含量（A）、脯氨酸含量（B）、可溶性蛋白含量（C）、
丙二醛含量（D）、超氧化物歧化酶活性（E）和过氧化物酶活性（F）比较

控水后期相同灌水处理下，沙木蓼、柠条及沙地桑的可溶性蛋白含量显著高
于其他两个物种（$P<0.05$）。随着干旱程度加剧，沙木蓼和沙柳的可溶性蛋白含
量先升高后降低，最大值分别出现在 T2、T3 处理，高于 T1 处理；柠条、沙地桑、
红皮沙拐枣的可溶性蛋白含量则逐渐升高，重度干旱导致其可溶性蛋白含量显著
（$P<0.05$）高于 T1 处理（图 2-14C）。

控水后期正常灌溉条件下，各物种 MDA 含量差异较大，含量最高的是柠条，
高达 82.1nmol/g，最低的是红皮沙拐枣，仅为柠条的 0.15；随着灌溉水量的减少，
沙柳和红皮沙拐枣的 MDA 含量基本呈逐渐升高的趋势，最大值分别为 T1 处理的
1.61 倍和 3.47 倍，沙地桑的 MDA 含量先升高后显著降低（$P<0.05$），红皮沙拐

枣 T4 水平下显著（$P<0.05$）低于 T1 处理，沙木蓼 MDA 含量无显著变化（$P>0.05$）变化（图 2-14D）。

在控水后期，正常灌溉条件下，各物种的超氧化物歧化酶（SOD）活性的大小顺序为沙柳＞沙地桑＞柠条＞红皮沙拐枣＞沙木蓼，最大值为最小值的 10 倍；随着灌溉水量的减少，柠条、沙地桑和红皮沙拐枣的 SOD 活性逐渐升高，除 T4 处理下沙柳的 SOD 活性显著高于 T1 处理外，其余物种的 SOD 活性均无显著变化（$P>0.05$）（图 2-14E）。

各物种过氧化物酶（POD）活性差异较大，柠条的 POD 活性最高，其 T4 水平 POD 活性达 5820U/g，沙木蓼 POD 活性最低，其最大值仅为 18U/g。随着灌溉水量的减少，柠条 POD 活性逐渐升高，但未达到显著水平（$P>0.05$），沙地桑、红皮沙拐枣和沙木蓼变化不显著（$P>0.05$），沙柳 POD 活性基本呈逐渐降低的趋势，其中 T3 和 T4 水平下的 POD 活性均低于 T1 处理（图 2-14F）。

控水后期沙地桑的 Pn 下降幅度较小，相对其他几种灌木而言能保持较高的 Pn，是由于其拥有较稳定的渗透调节能力，渗透调节可以使植物维持一定的膨压，从而在干旱胁迫下保证正常的气孔开放、光合作用等生理活动。可溶性糖、MDA 和可溶性蛋白是重要的渗透调节物质，已有的研究证明，干旱胁迫下植物体内 Pro 和 MDA 的积累速率与抗旱性呈正相关关系（刘文兰等，2015；谢小玉等，2013）。本研究中，随着干旱程度的加剧，柠条和沙地桑的可溶性糖含量显著且持续升高，而其余物种均未表现出显著的变化，这表明柠条和沙地桑具有更好的渗透调节能力。Chaves 等（2003）的研究发现，Pro 的积累不仅有利于增强植物渗透调节能力，而且可以防止蛋白质结构受到破坏，以稳定抗氧化酶的活性和功能。干旱胁迫下柠条的 Pro 含量显著（$P<0.05$）高于其余物种，从而保证了其具有较高的 POD 活性，这一结果在对所有物种进行相关性分析的结果中也得到了佐证（$R=0.774$，$P<0.01$）（表 2-9）。可溶性蛋白是重要的渗透调节物质和营养物质，干旱胁迫下，各物种的可溶性蛋白含量不同程度的上升，保证了植物代谢的正常进行。

表 2-9　12 个生理生化因子的相关系数

指标	SOD	MDA	POD	可溶性糖	Pro	茎水势	叶绿素	可溶性蛋白	Pn	Tr	Gs	Ci
SOD	1											
MDA	0.086	1										
POD	0.056	0.894**	1									
可溶性糖	0.856**	−0.268	−0.227	1								
Pro	−0.379	0.782**	0.774**	−0.61	1							
茎水势	0.526*	−0.054	−0.082	0.609**	−0.294	1						
叶绿素	−0.023	0.387	0.232	−0.029	0.156	0.257	1					
可溶性蛋白	−0.343	0.297	0.122	−0.453	0.310	−0.021	0.655**	1				

续表

指标	SOD	MDA	POD	可溶性糖	Pro	茎水势	叶绿素	可溶性蛋白	Pn	Tr	Gs	Ci
Pn	0.326	−0.26	−0.263	0.619**	−0.362	0.290	0.104	−0.427	1			
Tr	−0.326	0.111	−0.086	−0.225	0.260	−0.044	0.212	0.065	0.403	1		
Gs	−0.210	0.395	0.290	−0.173	0.493*	0.030	0.557*	0.278	0.394	0.792**	1	
Ci	−0.715**	0.477*	0.342	−0.847	0.754**	−0.373	0.369	0.645**	−0.442	0.495*	0.570**	1

植物受到干旱胁迫后，体内过氧化物质增加，导致细胞膜发生过氧化，其可反映植物受干旱胁迫的影响程度，膜脂过氧化产物 MDA 的含量与细胞膜的伤害程度呈正相关关系（高润梅等，2015），干旱胁迫下 MDA 的变化程度就能很好地反映植物的抗旱性。为了应对干旱胁迫下活性氧自由基积累导致的膜脂过氧化，植物会提高抗氧化酶活性，如 SOD 和 POD 活性，其变化幅度与植物清除活性氧的能力有显著的相关性。重度干旱胁迫下，试验组红皮沙拐枣的 MDA 含量显著高于 T1 处理，且变化幅度较大，而随干旱程度的加深，其 SOD 和 POD 活性均无显著变化，红皮沙拐枣的 MDA 含量与 SOD 和 POD 活性相关系数分别为 0.458 和−0.427，均未表现出显著的正相关关系（$P > 0.05$）。这表明重度干旱胁迫已对红皮沙拐枣造成了较为严重的膜质过氧化。

5. 植物抗旱性综合评价

主成分分析结果表明（表 2-10），主成分 1、2、3、4 解释的方差分别占总方差的 40.60%、20.60%、16.95%和 11.80%，其累积贡献率达到 89.95%，即其可解释原始 12 个变量的 89.95%。第一主成分与 Ci、Pro 有强烈的正相关性，与可溶性糖呈极强的负相关关系，与 MDA、可溶性蛋白有较强的正相关关系，与 SOD 呈较强的负相关关系；第二主成分与 Gs、Pn 和叶绿素相对含量呈较强的正相关关系；第三主成分与 POD 呈较强正相关关系，与 Tr 呈较强的负相关关系；第四主成分与可溶性蛋白表现为较强的正相关关系。

表 2-10 干旱胁迫对 5 个物种生理生化指标影响的主成分分析

测定指标	主成分 1	主成分 2	主成分 3	主成分 4
SOD	−0.634	0.459	0.512	−0.016
MDA	0.657	0.357	0.596	−0.171
POD	0.564	0.244	0.693	−0.295
可溶性糖	−0.823	0.501	0.177	0.009
Pro	0.861	0.074	0.282	−0.318
茎水势	−0.405	0.577	0.170	0.360
叶绿素	0.404	0.604	−0.007	0.580

续表

测定指标	主成分 1	主成分 2	主成分 3	主成分 4
可溶性蛋白	0.616	0.045	−0.010	0.732
Pn	−0.446	0.656	−0.419	−0.293
Tr	0.394	0.454	−0.670	−0.284
Gs	0.565	0.693	−0.363	−0.154
Ci	0.960	−0.052	−0.202	0.082
贡献率	40.60%	20.60%	16.95%	11.80%
累积贡献率	40.60%	61.20%	78.15%	89.95%

　　根据各物种各生理指标的值和主成分的特征向量的乘积累加，并用贡献率与累加之和相乘进行加权，将同一种植物的各个生理指标加权值求和，计算得出各物种在不同灌溉水平下的综合得分，得分越高，抗旱性越强。如表 2-11 所示，在 T4 水平下所有物种的因子得分均为负值；柠条、沙地桑的和沙木蓼在不同干旱胁迫梯度下综合得分的平均值分别为 0.95、0.12 和 0.16，其抗旱性较强，沙柳和红皮沙拐枣的综合得分均为负值，抗旱性较差。

表 2-11　5 种沙地灌木抗旱性综合评价

干旱胁迫处理	物种				
	柠条	沙地桑	沙木蓼	沙柳	红皮沙拐枣
T1	2.329 758 9	0.373 577 9	0.404 687 4	−1.071 163	−0.458 346
T2	1.467 202 3	0.024 611 4	0.311 515	−1.143 657	−0.622 26
T3	1.449 773 2	0.109 082 3	0.088 501 2	−1.085 138	−0.737 568
T4	−1.445 805	−0.026 93	−0.159 334	−1.131 362	−1.219 345
综合得分	0.950 232 4	0.120 085 3	0.161 342 4	−1.107 83	−0.759 38
抗旱位次	1	3	2	5	4

四、小结

　　综上研究结果可见：①沙地桑和沙枣 Pn 日变化呈双峰曲线，有明显的光合"午休"现象，沙木蓼和罗布麻呈单峰曲线，其中沙地桑和罗布麻 Pn 日变化最大峰值出现在 12：00，分别为（26.23±2.46）μmol/(m²·s)和（17.37±2.44）μmol/(m²·s)，沙木蓼和沙枣出现在 10：00，分别为（31.07±1.97）μmol/(m²·s)和（23.17±1.07）μmol/(m²·s)；4 种植物的日均 WUE 无显著性差异（$P > 0.05$），但不同时间段 WUE 值存在差异；沙木蓼和沙枣的 LUE 日均值极显著高于沙地桑和罗布麻（$P < 0.01$）。4 种植物对高温和高光强的沙生环境的适应能力为沙木蓼＞沙枣＞沙地桑＞罗布麻。②Pn 与 Gs、LUE 生理因子相关性最大，并存在极显著性差异（$P < 0.01$），与 Tr 相关性次之；综合直接通径系数和间接通径系数得出 Ta、TL、VPD 等环境因子对 4 种植物的 Pn 影响较大。

与低光强[0～400μmol/(m²·s)]区和低胞间 CO₂ 浓度（0～200μmol/mol）区相比，高光强区和高胞间 CO₂ 浓度区范围内 3 种植物的光合特征差异较大，7 月和 9 月沙木蓼的净光合速率对光照和湿度的响应曲线均位于沙地桑和罗布麻的上方。同种植物的光合特征在 7 月和 9 月的不同生长时期内也有差异，沙木蓼和沙地桑在 7 月的光合作用较强，而罗布麻的光合能力在 9 月较强。沙木蓼的光合碳同化生理活动对高光强、高浓度二氧化碳及高温具有较强的适应性，阳生植物特征明显；沙地桑的光合碳同化对温度变化较敏感，有一定耐荫性；罗布麻对高光强的适应力及 CO₂ 同化能力都较弱，但在生育期内光合碳同化持续的时间较长。

采用主成分分析法，筛选出的评价供试物种抗旱性指标可溶性糖含量、胞间 CO₂ 浓度和脯氨酸含量，能较好地指示 5 种沙地灌木的抗旱能力；在干旱胁迫下，各物种通过增加渗透调节物质含量及抗氧化酶活性来提高自身的适应性，但重度干旱导致各物种光合、蒸腾等生理活动降低。柠条因具有较高的脯氨酸含量、可溶性蛋白含量及 POD 活性而表现出较强的抗旱性；沙地桑和沙木蓼在整个控水期间保持了较为稳定的水势和叶绿素相对含量，保证了其生理活动的正常进行，二者的抗旱性次之；而沙柳及红皮沙拐枣抗旱性较差，在控水中后期，植株生长和生理活性严重受抑。因此在沙区植被恢复工程建设中，采用的植物应以柠条、桑和沙木蓼等耐旱性较强的物种为主。

第二节　沙区经济植物的生长特性分析

一、俄罗斯聚合草引种试验

2012 年 10 月，从俄罗斯科学院西伯利亚分院苏卡切夫林业研究所引进俄罗斯聚合草新品种，为带根的完整植株。

2013 年 3 月 25 日，俄罗斯聚合草开始萌发，4 月 23 日开始开花，花簇生，花冠喇叭状，后端膨大。花红白色，花期一直持续到 10 月 26 日。植株高度 75～92cm。5 月 15 日开始结实，6～8 月观察结实情况，种子不成熟。叶片长卵形，平均叶长约 10.2cm，叶宽约 4.5cm，叶片肥厚，叶柄和叶片的正反面均有白色的刚毛。肉质根系，分枝较多，当年根深 40～60cm。老根表皮为黑褐色，幼根为白色。

2013 年 4 月 10 日进行俄罗斯聚合草繁育技术试验，采用截根繁殖法。将肉质根挖出，将老根和新根均截成 2cm 长的根段，按株行距 50cm×50cm 进行穴状栽植，每穴放入一个根段，栽植深度约 3cm，栽完后立即浇透水。最早出苗时间为 4 月 28 日，最晚出苗时间为 6 月 20 日。萌发率 100%。出苗后约 35d，长成完整的植株，并正常开花。

2013 年 5 月 20 日，开始对俄罗斯聚合草进行刈割，并进行干鲜草的产量测定。每隔 30d 刈割一次，全年共收割 6 次。从单丛植株中选择小丛、中丛、大丛

3 个水平进行标记，每株进行干、鲜质量测定并求平均值，结果见表 2-12。

表 2-12　俄罗斯聚合草单丛产量（g）

刈割时间	小丛		中丛		大丛		平均值	
	鲜质量	干质量	鲜质量	干质量	鲜质量	干质量	鲜质量	干质量
05-20	327.5	46.6	523.0	63.8	736.7	78.4	529.1	62.9
06-20	383.9	51.7	670.6	86.0	932.6	104.8	662.4	80.8
07-20	451.7	55.8	817.8	108.6	1151.3	117.5	806.9	94.0
08-20	491.0	61.8	918.8	123.7	1238.0	151.0	882.6	112.2
09-20	584.5	80.1	1032.4	146.9	1567.1	172.2	1061.3	133.0
10-20	455.9	63.5	712.4	98.7	908.9	94.7	692.4	85.6
合计	2694.5	359.5	4675.0	627.7	6534.6	718.6	4634.7	568.5

从表 2-12 可以看出，俄罗斯聚合草具有越割长势越旺的特性，6～9 月产量呈递增趋势，9 月该草的产量最高，5 月最低，7～8 月产量增幅最小。单丛全年鲜草平均产量为 4634.7g，干质量平均值为 568.5g，干鲜比为 1：8.2。按株行距 50cm×50cm 进行栽植来推算，鲜草产量将达到 185.4t/hm^2，干草产量将达到 22.7t/hm^2。本产量是在试验区的局部条件下得到的，为了获取更加真实的产量，下一步将在大田粗放环境中进行产量测定。

通过 1 年多的区域试验，俄罗斯聚合草在准噶尔盆地南缘荒漠区可正常越冬，同时也能适应沙漠气候环境，在 7～8 月的高温季节，生长情况正常，叶片没有被高温灼伤，能正常开花结实，但种子不成熟。

俄罗斯聚合草肉质根再生能力强，可采用截根法进行无性繁殖，栽植后约 35d 可长成完整的植株，并正常开花。俄罗斯聚合草具有越割长势越旺的特性，全年可刈割 6 次以上。

多年的区域试验说明，俄罗斯聚合草具有较好的适应性，在新疆奇台县荒漠区可完成正常的生长周期，同时也能适应该地区的沙漠气候环境，能正常生长、开花结实，并正常越冬。俄罗斯聚合草在奇台县荒漠区能正常开花结实，但是种子不能成熟，是该物种对引种地气候还不适应，或是其他原因所致，将在后续试验中深入研究。7～8 月，试验区温度较高，俄罗斯聚合草生长速度缓慢，产量增幅也较低，这应该是该物种对沙区环境的自我适应。

二、沙地桑和黑果枸杞生长、生理特性分析

1. 沙地桑生长特性分析

选择 3 种具有较大发展潜力的荒漠植物，对其生长特性、表型特征进行了调查分析。

表 2-13 显示，人工种植的 1 年生、2 年生、3 年生沙地桑株高平均值分别为 31.13cm、65.09cm 和 94.91cm，年均生长量达 21.26cm，其中 1 年生苗株高最小值 15cm，3 年生幼树株高最高达 156cm，由此可见，沙地桑引至此地，生长特性还是比较强的。

表 2-13 沙地桑株高统计学参数

树龄/年	平均值/cm	标准差	峰度	偏度	最小值/cm	最大值/cm	变异系数
1	31.13	13.20	−0.50	0.68	15.00	61.00	0.42
2	65.09	16.35	−1.08	0.21	40.00	98.00	0.25
3	94.91	28.27	−0.07	0.68	50.00	156.00	0.30

表 2-14 中 1 年生、2 年生、3 年生沙地桑冠幅平均值分别 14.04cm、45.27cm 和 74.10cm，冠幅年均生长量达 20.02cm。综合表 2-13 和表 2-14 可以看出，沙地桑早期株高和冠幅的生长量均较大，可以较快起到防风固沙的效果，同时较大的生长量，又保障了经济用途，对原材料的供应。

表 2-14 沙地桑冠幅统计学参数

树龄/年	方向	平均值/cm	标准差	峰度	偏度	最小值/cm	最大值/cm	变异系数
1	东西	13.90	5.02	1.08	1.18	8	28	0.36
	南北	14.17	5.87	3.32	1.51	7	34	0.41
	平均	14.04	5.45	2.20	1.35	7.50	31.00	0.39
2	东西	44.41	15.05	0.23	0.86	20	84	0.34
	南北	46.12	16.56	1.33	1.06	19	97	0.36
	平均	45.27	15.81	0.78	0.96	19.5	90.5	0.35
3	东西	73.35	20.54	0.34	0.04	28	125	0.28
	南北	74.85	22.68	−0.86	−0.30	30	110	0.30
	平均	74.10	21.61	−0.26	−0.13	29	117.5	0.29

2. 沙地桑光合生理特性分析

在精河县沙地桑种植基地选择 1 年生、2 年生、3 年生健康幼树各 10 株，在其生长旺盛期（8 月），选择晴朗日，分别在 10：00、12：00、15：00、18：00、19：00、20：00 测定 1 次，选取中上部叶片，采用 CIRUS-II 便携式光合仪光合测定系统定时、定位测定光合参数，利用叶绿素速测仪测定每个样株上样叶的叶绿素相对含量。

如图 2-15A 所示，不同树龄沙地桑 Pn 日变化均属单峰型，但峰值出现的时间及变化趋势不尽相同。1 年生和 2 年生沙地桑 Pn 日变化大致呈降—升—降的趋势，峰值均出现在 18：00。3 年生沙地桑 Pn 在 12：00 达到峰值，且 12：00～15：00 的 3 年生沙地桑 Pn 高于 1 年生和 2 年生沙地桑。

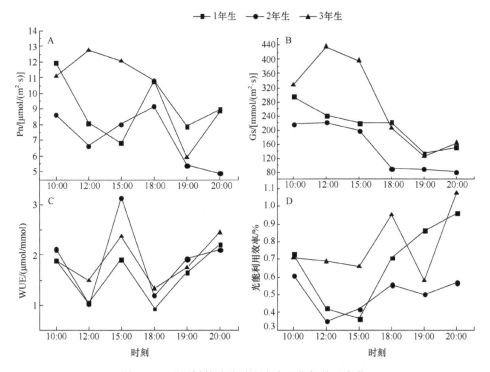

图 2-15　不同树龄沙地桑光合生理指标的日变化

如图 2-15B 所示，1 年生和 2 年生沙地桑 Gs 变化趋势相似，总体呈慢—快—慢的下降趋势。3 年生沙地桑 Gs 日变化呈先升后降的趋势，且 12：00～15：00 时 3 年生沙地桑 Gs 明显高于 1 年生和 2 年生沙地桑。

由图 2-15C 可知，不同树龄沙地桑 WUE 均呈 W 形变化，15：00 时不同树龄沙地桑 WUE 均达峰值，此时其大小依次为 2 年生＞3 年生＞1 年生，随后不同树龄沙地桑 WUE 迅速下降，而后随时间变化逐渐上升。

由图 2-15D 可知，不同树龄沙地桑 LUE 大致呈先降后升的变化趋势，正午时分沙地桑 LUE 处于一天中的较低值。总体上看，2 年生沙地桑 LUE 变化幅度小于 1 年生和 3 年生沙地桑。

从表 2-15 可以看出，3 年生的沙地桑瞬时 Pn 最大，与 1 年生和 2 年生的沙地桑 Pn 有显著差异，1 年生与 2 年生的沙地桑 Pn 没有显著差异。不同树龄沙地桑瞬时 Tr 表现为：3 年生＞1 年生＞2 年生，2 年生与 3 年生的沙地桑 Tr 存在显著差异，其余二者间无显著差异。不同树龄沙地桑瞬时 Gs 表现为：3 年生＞1 年生＞2 年生，1 年生、2 年生与 3 年生之间均有显著差异，但 1 年生与 2 年生之间无显著差异。不同树龄沙地桑瞬时 Ci 表现为：2 年生＞1 年生＞3 年生，三者之间均无显著差异。方差分析表明，种植年限对 Pn、Tr 和 Gs 有显著影响（$P<0.05$），

而对 Ci 影响不显著（$P > 0.05$）。

表 2-15　不同树龄沙地桑光合作用比较

树龄	净光合速率（Pn）/[μmol/(m²·s)]	蒸腾速率（Tr）/[μmol/(m²·s)]	气孔导度（Gs）/[μmol/(m²·s)]	胞间 CO_2 浓度（Ci）/(μmol /mol)
1	12.63±1.14b	5.77±0.52ab	255.00±36.24b	265.33±5.29a
2	9.98±0.95b	4.63±0.27b	214.00±22.62b	267.67±10.60a
3	17.65±1.12a	6.25±0.31a	475.00±33.49a	263.67±3.21a
均值	13.42±0.97	5.55±0.26	314.67±32.58	265.56±3.86
F	13.156	4.687	20.059	0.08
P	0.001	0.026	<0.001	0.923

　　沙地桑叶绿素相对含量随树龄增长，表现出先升后降的变化趋势，1 年生沙地桑叶绿素相对含量最高，2 年生沙地桑叶绿素相对含量最低，不同树龄沙地桑叶绿素相对含量均存在差异，且达到显著水平（$P < 0.05$）（图 2-16）。

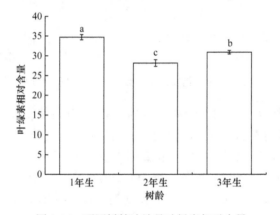

图 2-16　不同树龄沙地桑叶绿素相对含量

　　如图 2-17A 所示，不同树龄沙地桑 Pn 随着光合有效辐射（光强）增加的变化趋势相似。在光强小于 500μmol/(m²·s)时，不同树龄沙地桑净光合速率随光强增加迅速增加，而后随光强增加，Pn 增加速度逐渐减缓，3 年生沙地桑 Pn 甚至出现下降趋势。

　　如图 2-17B 所示，不同树龄沙地桑 Gs 存在差异，1 年生和 2 年生沙地桑 Gs 相近，3 年生沙地桑 Gs 明显高于 1 年生和 2 年生沙地桑。2 年生与 3 年生沙地桑 Gs 随光强增加变化趋势相似，均表现为先随光强增加逐渐增加而后逐渐降低，1 年生沙地桑 Gs 呈先降后升的变化趋势。

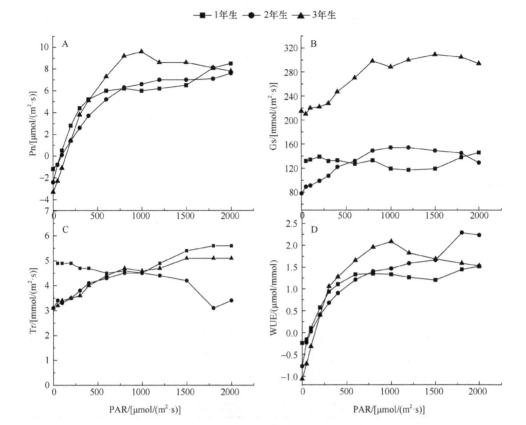

图 2-17　不同树龄沙地桑光合响应曲线

由图 2-17C 可知，1 年生沙地桑 Tr 呈先降后升的变化趋势，2 年生沙地桑 Tr 变化趋势与 1 年生沙地桑相反，3 年生沙地桑 Tr 随光强增加逐渐上升。当光强小于 600μmol/(m²·s)时，不同树龄沙地桑 Tr 大小依次为 1 年生＞2 年生＞3 年生，光强为 600～1000μmol/(m²·s)时不同树龄沙地桑 Tr 差异不大，光强大于 1000μmol/(m²·s)后不同树龄沙地桑 Tr 大小依次为 1 年生＞3 年生＞2 年生。

由图 2-17D 可知，当光强小于 500μmol/(m²·s)时，不同树龄沙地桑幼苗 WUE 随光强增加呈线性增加趋势，且不同树龄沙地桑 WUE 差别不大，当光强大于 500μmol/(m²·s)后，不同树龄沙地桑 WUE 大小大致为 3 年生＞2 年生＞1 年生，但当光强大于 1500μmol/(m²·s)后，2 年生沙地桑 WUE 迅速增加。

3. 黑果枸杞天然群落生长情况调查分析

表 2-16 中黑果枸杞天然种群生长指标的测定结果显示，黑果枸杞天然种群的平均盖度为 6.18%，其中最大为 8.22%，最小为 3.84%，平均密度为 0.45 株/m²，株高

和冠幅的平均值分别为（42.86±20.75）cm 和（34.83±14.82）cm，株高在 14～108cm，变幅较大，冠幅在 8～72cm，株高和冠幅均表现为中等变异。

表 2-16 黑果枸杞盖度、密度、株高和冠幅的统计学参数

指标	平均值	标准差	最小值	最大值	峰度	偏度	变异系数
盖度	6.18%	1.37	3.84%	8.22%	1.07	−0.36	0.22
密度	0.45 株/m²	0.10	0.28 株/m²	0.60 株/m²	1.07	−0.36	0.22
株高	42.86cm	20.75	14.00cm	108.00cm	1.69	0.96	0.48
冠幅	34.83cm	14.82	8.00cm	72.00cm	-0.66	0.24	0.43

第三节　沙区经济植物栽培、繁育及造林技术研究

一、生长特性及经济性状分析

1. 生长特性比较

为了丰富干旱沙区防风固沙优良植物材料，以生长特性、经济用途为主要评价指标，将 5 种拟选的固沙林木良种与本土常用固沙植物材料进行了比较，同时对其栽培、繁育、造林技术进行了探索，结果如表 2-17 所示。

表 2-17　几种旱生灌木的生长指标统计

树种	树龄/年	株高/cm	地径/cm	冠幅/cm
梭梭	9	180.1	3.61	144.8
柠条	9	270.9	3.92	147.6
刚毛柽柳	9	198.1	3.12	231.7
花棒	7	241.7	5.10	321.5
枸杞	8	151.5	2.91	137.8
沙枣	8	223.5	6.87	174.2
白榆	9	391.6	7.34	247.0

采用植苗造林的方式，对 4 种 2 年生造林灌木的成活率进行了调查，结果如表 2-18 所示，柠条造林成活率明显高于本土灌木树种梭梭和红柳。

直播和塑杯扣播两种方式造林，在 6～9 月对柠条的成活率进行调查，结果如表 2-19 所示，采用塑杯扣播的造林方式明显比直播造林好，具体表现为造林成活率高，幼苗生长量也较大。

表 2-18　几种旱生灌木的造林成活率统计

树种	造林方式	树龄/年	调查数/株	成活数/株	成活率/%
柠条	植苗	2	107	97	90.7
乔木状沙拐枣	植苗	2	51	50	98.0
梭梭	植苗	2	117	80	68.4
红柳	植苗	2	53	45	84.9
沙木蓼	植苗	2	50	42	84.0

表 2-19　不同造林方式的柠条成活率统计

调查日期	播种天数/d	播种方式	调查数/株	成活数/株	成活率/%	高生长量/cm
6 月 6 日	24	塑杯扣播	600	589	98.20	5～6
	24	直播	235	68	28.90	2～3
6 月 16 日	34	塑杯扣播	596	581	97.50	—
	34	直播	316	89	27.80	—
6 月 26 日	44	塑杯扣播	586	576	98.29	7～8
	44	直播	486	132	27.16	3～4
7 月 26 日	74	塑杯扣播	592	577	97.46	9～11
	74	直播	450	116	25.78	4～5
8 月 26 日	94	塑杯扣播	606	589	97.19	11～12
	94	直播	631	132	22.92	6～7
9 月 26 日	124	塑杯扣播	613	590	96.25	—
	124	直播	600	123	20.50	—

注："—"为无数据

对几个 1 年生固沙造林树种的生长情况进行了调查，结果如表 2-20 所示，沙木蓼 1 年生苗生长势较好，株高、地径都比柠条、多枝柽柳高，株高也高于两种沙拐枣。

表 2-20　几种旱生灌木 1 年生苗的生长指标统计

树种	树龄/年	株高/cm	地径/cm	冠幅/cm
沙木蓼	1	106.8	0.79	75
柠条	1	94.3	0.61	34.3
多枝柽柳	1	87.8	0.62	67.5
头状沙拐枣	1	100.8	1.52	81.9
红皮沙拐枣	1	86.8	1.26	81.0

对 3 年生固沙造林树种生长情况进行了调查，结果如表 2-21 所示，沙木蓼造林前期生长势较好，3 龄幼树的株高超过了梭梭。

表 2-21　几种旱生灌木 3 年生苗的生长指标统计

树种	树龄/年	株高/cm	地径/cm	冠幅/cm
沙木蓼	3	176.5	1.35	131.5
柠条	3	189.8	1.67	111.5
柽柳	3	180.9	1.62	141.8
沙拐枣	3	177.8	1.88	159.8
梭梭	3	110.0	1.10	107.5

2005 年，对精河县沙丘道班不同年份人工种植的 8 个治沙树种生长量进行了调查，如表 2-22 所示，7 年生和 11 年生花棒的高生长量仅次于柠条，而明显高于红柳、梭梭、沙拐枣、沙木蓼，在沙生生境中表现出了良好的生长特性。

表 2-22　几种不同龄旱生灌木高生长量统计

树龄/年	高生长量/cm							
	柠条	梭梭	花棒	红柳	沙拐枣	沙木蓼	白榆	沙枣
1	94.3	—	—	87.8	—	106.8	—	—
4	228.2	—	—	196.8	132.5	183.8	—	—
6	225.1	—	—	221.2	124.6	202.9	—	—
7	289.8	92.3	209.7	150.4	133.1	202.1	—	—
11	370.9	280.1	341.7	—	—	—	491.6	323.5

注：由于树死亡，"—"为未测到数据

而对 4 个典型沙漠树种的抗旱性进行比较测定发现：梭梭＞乔木状沙拐枣＞红皮沙拐枣＞花棒。由此可推断，花棒是通过高的耗水量来满足其较强的生长势。

1997 年在精河沙山子护路工程中，采用几个树种的幼苗在流动沙丘边缘造林，并于次年对成活率调查显示：红皮沙拐枣为 60.8%，花棒、梭梭不及 10%。由此可见，红皮沙拐枣造林初期对风沙的抗性较强。

2. 饲用特性比较

采用标准株的方法，在秋季收获人工栽培的不同植物种单株全部嫩枝叶称重，结果如表 2-23 所示，作为饲用而言，柠条单株和亩产都明显高于其他三种灌木。而引进的红皮沙拐枣嫩枝叶产量不高。

新疆是我国最大的牧区之一，各族人民历来就有利用各种树木的叶、果作为冬季牲畜补充饲料的习惯，而且新疆在历史上就是以牧业为主的农牧地区，因此研究引进树种的饲用价值也是有必要的。将柠条、红皮沙拐枣的全年营养成分的平均值与本土的梭梭、柽柳、骆驼刺等旱生灌木进行了比较，结果如表 2-24 所示，5 种固沙灌木中，柠条具有最高的脂肪、粗纤维、淀粉含量，而红皮沙拐枣具有

表 2-23　几种旱生灌木的嫩枝叶产量

树种	树龄	株高/cm	平均冠幅/cm	嫩枝叶鲜重	
				单株/（kg/株）	亩产/（kg/亩①）
柠条	4	183	192	4.65	306.9
红皮沙拐枣	4	128	233	2.03	133.9
梭梭	3	164	185	3	198.0
柽柳	4	207	210	2.60	171.5

最高的总糖含量。如果将优良的牧草紫花苜蓿中营养成分设为 100%，那么柠条占到了 63.2%，明显高于比其他几个植物种，而红皮沙拐枣也占到了 46.3%，微低于骆驼刺，高于梭梭和柽柳，由此可见，如果从饲料营养价值的角度来考虑，柠条和红皮沙拐枣具有一定的饲用价值。

表 2-24　几种旱生植物的营养成分

植物种	营养成分/%						
	脂肪	粗蛋白	粗纤维	前三项养分占比	总糖	淀粉	水分
柠条	4.44	2.32	23.1	63.2	3.86	0.44	6.59
红皮沙拐枣	1.93	2.195	17.72	46.3	5.10	0.04	7.27
梭梭	2.77	2.81	14.56	42.6	2.15	—	6.61
柽柳	2.8	2.3	13.87	40.2	3.35	0.36	9.80
骆驼刺	3.41	2.67	17.13	49.1	3.41	0.035	9.55
紫花苜蓿	2.68	11.30	33.25	100	—	—	—

注："—"为无数据

综上，采用嫩枝叶产量和营养成分两个指标来评价饲用特性，尽管引进的柠条和红皮沙拐枣具备较高的饲用价值，但是在干旱荒漠条件下，由于灌草植物具有较低的生物生产量和较高的生态价值，引进树种还应以保护为主，最大限度地发挥其防风固沙功能。

二、栽培繁育技术

1. 苗木繁育技术

2013 年、2014 年春季，采集 2～3 年生健壮休眠枝条，采用生根粉浸泡处理、铺膜处理，进行扦插。2014 年 4 月底采用铺膜和不铺膜两种处理方式进行扦插育苗，7 月 1 日调查成活率与生长量，发现沙柳扦插苗早期生长量不大（表 2-25）。

---

① 1 亩≈666.7m²

表 2-25　几种灌木在不同处理方式下的成活率统计

植物种	不同处理方式	成活率/%	生长量/cm
沙木蓼	粉浸泡	100	41.16
	无浸泡	96.67	40.45
红皮沙拐枣	铺膜扦插	37.69	20.13
	不铺膜扦插	35.38	20.15
沙柳	铺膜扦插	23.85	9.19
	不铺膜扦插	69.17	7.08

柠条播种育苗技术：柠条果荚坚硬呈黄棕色，枝上部果荚里有二、三粒种子呈米黄色即可采种。从果实成熟到裂果时间很短，单株 2～4d，因此要随熟随采。采回的荚果经过晒干锤打，除去荚壳和夹杂物，即得纯净种子。优良的种子黄绿色或米黄色，有光泽，纯度可达 94%左右，存放 3 年种皮变暗灰色，开始离皮，发芽率下降至 30%左右，4 年后则失去发芽能力，因此在播种前要对种子进行检验。在黏重土壤上播种，出苗效果不好。沙质土壤播种易全苗。若为了促其迅速发芽，减少鼠害，在播种前还要对种子进行药物处理，可用 30℃水浸种 12～24h，捞出后用 10%的磷化锌拌种。但要掌握好墒情，防止烧芽。一般采用条播，每亩播种量要达到 1500～2000g。柠条种子破土能力差，覆土厚度要在 3cm，不能太厚。当柠条苗长到 10～15cm 高，直径 2～3cm 时，就可以起苗定植。

花棒播种育苗技术：花棒以种子繁殖为主，也可根蘖繁殖。不宜在黏重的土壤中育苗，沙质或沙壤质土地上播种期一般在 4 月初，沙地上育苗则种子无须处理，沙壤土地育苗则种子需要在凉水或温水中浸泡 1～2d，混入湿沙，堆放催芽，适当加水并保持湿润，当 10%种子露白时，按照每亩 20～25kg 的播种量进行条播，行距 10～15cm，播种深度 1.5～2cm。花棒育苗以 7～10d 出苗为好，发芽出土越慢失败率越高。一年生苗 40～60cm 高时即可出圃，二年生苗根系庞大、挖苗困难、易拉伤，影响造林成活率。

沙木蓼扦插、播种育苗技术：沙木蓼扦插育苗时，5 月下旬前是插穗愈伤生根阶段，应适时浇水，保持床面湿润，生根后延长灌水间隔期。6 月初至 7 月中旬，生根数量最多，苗木快速生长，应加强水分管理，并松土除草。7 月中旬至 8 月中旬是苗木一年中的生长高峰期，应注意追肥，综合管理。8 月下旬以后则应停止施肥、灌水，以促进木质化。当苗木生长到 40～45d 时，用 0.5%浓度的尿素进行根外追肥，之后每隔 15d 施一次，共三次。

沙木蓼播种育苗时，其种子于 4 月中旬在苗圃播种后，幼苗出土迅速且整齐，1 周内基本上出土完毕。实生苗成活率达 76%，扦插苗成活率为 65%，当年生苗平均高 1.5～2m，平均地径 0.76cm。生长迅速，而且在整个干旱季节成活率并不下降，即使在流沙上栽植生长仍然很旺盛，生活力很强。为防止徒长，在苗木生长至 50cm 左右时进行打顶，培育优质壮苗。沙木蓼在繁育过程中没有病虫害现象发生，对肥水的要求不严格，育苗地只需将草除净，越冬前灌足冬水即可。

红皮沙拐枣播种、扦插育苗技术：播种育苗时苗圃地应选择盐碱轻、地下水位低、便于排灌的沙土或沙质壤土，最好在春季播种。播种前半个月左右用凉水浸泡种子三昼夜，然后用三倍于种子的湿沙混合堆积在向阳处进行催芽，待少数种子露白时，采用条播，行距 30cm，覆土 3～5cm，每米落种 50～60 粒，每亩用种 5～10kg。播种前灌足底水，之后可根据土壤墒情少量多次进行补水。

红皮沙拐枣硬枝扦插育苗时，在春季树体萌动前，选择粗 1cm 左右的 1～2 年生枝条，太细的枝条不宜使用，截成长 10～15cm 的插穗，用凉水浸泡 6～12h 充分吸水。按 20cm×40cm 的株行距扦插，扦插后立即浇水。扦插后的 2 个月内，每隔 10～15d 浇水一次，之后视土壤墒情、天气状况，将灌水间隔延长至 20～30d。

沙柳扦插、播种育苗技术：沙柳扦插是一种成活率较高的无性繁殖方式。选择背风向阳、地势平坦的沙壤土地深翻后整平，按南北行向做畦。采集长度为 1～2m，基部粗度 0.5cm 以上，芽眼饱满、生长健壮、无病虫害和机械损伤的插条，在清水冲洗浸泡 4～6h，剪成 10～15cm 的插穗。插前在畦内覆盖地膜，插穗斜插入畦内，上端略高于地面，插后及时灌水。一般 2 周后开始发芽，3～4 周开始生根，苗期可及时灌水、除草，以保证苗全苗旺。如采用种子繁殖，当地下水位在 50cm 左右，地表无干沙层，沙柳种子才能发芽。一般如果地表盐碱过重，种子可能腐烂，即使发芽生长，幼苗也易被蚀死。

白刺硬枝扦插育苗技术：在白刺芽未萌动前，采集植株长势良好、萌蘖能力强的 1～2 年生木质化枝条，截成 15～20cm 长的插条。扦插前，用浓度为 100～150μg/g 的 4-吲哚乙酸溶液浸泡插条基部 1/3～1/2 处 12h。扦插时将全穗浸入多菌灵（50%可湿性粉剂）100 倍液中 1min，取出即可进行扦插。株行距为 10cm×20cm，扦插深度为 7～10cm，顶部 1～2 个饱满芽需露出，一垄交互式（品字形）扦插两行，先用钢钎在地膜上打孔，之后将处理好的插条逐个插入孔中，扶正插条并压实插孔，及时浇水。当地面以下 5cm 深度土壤温度超过 30℃时，移去地膜，之后进行常规管理即可。翌年开春苗木即可出圃。

黑果枸杞播种、扦插育苗技术：播种育苗时，宜在果实变为深紫色、颗粒饱满后采种。播种前 1d 用高锰酸钾溶液对种子消毒，再用 30～40℃的温水浸种 24h 以提高发芽率。播种期在 4～5 月，提前将白色塑料地膜按 10～15cm 的株行距打成直径约 4cm 的孔备用。采用穴播方式，将种子均匀地撒在每个孔里，每穴 10～15 粒种子，用 1.0～1.5cm 的沙覆盖。采用条播方式，每隔 30cm 开一条宽 3cm、深 1cm 的浅沟，将黑果枸杞种子与细沙按 1∶100 的比例配好混匀撒在沟内，覆土整平。播种后每天观察，发现苗床干时，可适当灌 1 次透水。

黑果枸杞硬枝扦插时，3月中下旬在母树上选树冠中上部、粗0.4~1cm、木质化程度高、无病虫害、无机械损伤的一年生中间枝、徒长枝或结果枝作种条，剪成13~15cm长的插条捆好，放入流动的清水中浸泡12~24h，吸足水取出，待表皮水阴干后，用100mg/kg的ABT生根粉溶液浸泡插条下剪口端3~5cm处，时间为2h。3月中旬到4月上旬，在做好的田垄上按照株距10cm，行距60~70cm进行扦插。扦插完后立刻灌第一次水，7~10d后灌第二次水，苗高15~20cm时灌第三次水，以后视天气状况和土壤墒情，每15~20d灌一次水。8月上旬开始控水，10月下旬灌足越冬水。结合灌水，6月中旬每667m²追施尿素15kg，7月中旬追施复合肥25kg，8月中旬开始，连喷2~3次0.3%磷酸二氢钾溶液，每10d喷1次，促进苗木加粗生长和枝条木质化。翌年3月下旬至4月上旬黑果枸杞萌芽前苗木可出圃。

沙地桑扦插育苗技术：在4月萌芽前采集粗度0.3~0.8cm、芽体饱满的当年生枝条，剪成有3~4个芽、长15~20cm的插穗，基部浸入100mg/kg的ABT生根粉溶液中处理2h以上。当苗圃地20cm深度处土壤温度达到10℃时（4月中下旬至5月上旬）开始扦插。做垄高15~20cm、宽30~50cm、垄距40cm的坪床，坪床基质用2份沙土与1份壤土混合而成，覆盖地膜，插条直插或斜插，斜插时插穗与地面夹角70°~80°，株行距（15~20）cm×30cm，每垄2行。插后及时灌水，7~8d后灌第2次水，再隔5d灌第3次水，以后浇水时间视土壤墒情而定。立秋后控制灌水，落叶后灌足越冬水，翌年春季可起苗出圃。

2. 栽培造林技术

柠条栽植造林技术：柠条造林，在半固定和沙化土地造林时可以不用整地而直接栽植，带状栽植一般带间距宽为1.5~2m，穴状栽植每亩栽333株，且一穴两株，栽植时最好用特制的植苗锹，采用窄缝栽植法，最大限度地减少动土量，并促进苗木与土壤紧密接触，以免水分被流动的空气带走。柠条在幼苗阶段生长缓慢，因此最好先围封三年，促进幼苗生长。柠条的寿命较长，可以一年种植多年利用，当生长8年后，植株表现衰老，生长缓慢，此时如枯枝或病虫害严重，应及时平茬，具体方式是在休眠期把地上部枝条全部割掉，以延长其寿命，使其恢复生机，重新繁茂地生长。往往越是沙化严重的区域，柠条生长得越好。

红皮沙拐枣植苗造林技术：在造林前整地，栽植密度为2m×3m，栽深60cm为宜，此深度下土壤湿度较稳定，利于苗木成活与生长。荒漠造林时选择壮苗，若其根系太短易被吹出或因处于干沙层，使得根干枯；若根太长，栽植坑深度不够，常常出现窝根，根系伸展不开，影响成活率，一般苗高60cm以上留根35~50cm为宜。沙地造林，提高成活率的关键是深栽（≥50cm），栽苗时扒去干沙层，把根栽在稳定的湿沙层中并踏实，有利于成活，一般造林株行距为1m×1m或2m×2m。

红皮沙拐枣植苗造林技术：在春季积雪融化时抢墒造林。用一年生健壮苗（地径＞0.45cm，主根长度＞20cm）植苗造林，可采用穴植或缝植。缝植省力、省工，对土壤扰动小，深栽 50cm 以上，苗木成活率比穴植高 40% 左右。如果设置网格沙障、使用保水剂、封育管护等措施，栽植成活率更高。据观测，红皮沙拐枣盖度达 50%～60% 时，可完全制止风蚀和固定流沙。若要在 2～3 年达到这个盖度，则每亩需保存 50～75 株。若造林保存率为 50%，则每亩需种植 100～150 株。造林密度依需要的盖度而定。

沙柳裸根苗造林技术：沙柳多以带根植苗造林为宜。在含水率 24% 以上的沙地造林，成活率可达 75% 以上，当含水率降至 23% 时，成活率仅为 13%，由此可见，沙柳在浅地下水的沙地上生长良好。其生长速度主要在造林后的 2～3 年最快，之后生长缓慢，并逐渐衰退。可 3 年平茬一次，促进生长，有利于萌发大量枝条，更新复壮。如果不砍枝干，到不了 7 年就会成为枯枝。

沙地桑裸根苗沙地造林技术：造林前启动滴灌系统，使其正常运行 2～3h，即待滴头处湿土（沙）表层直径达 30～40cm 宽时，停止滴灌，也可在造林前 4h 采用大水漫灌造林地。采用栽苗器，将沙地桑 1 年生幼苗栽入湿土（沙）中。如果春秋造林，栽后 10～15d 后，待 0～20cm 土层土壤墒情急剧下降，抓一把湿土用手捏一下不能成团时，可以进行补水。如果夏季造林，栽后每隔 4～6d 可补水一次。造林 25～30d 后，待造林苗木有新的毛根长出后，逐渐延长灌水周期至 10～15d，促进新生根系快速生长，之后采用常规水肥管理。

参 考 文 献

陈展宇, 吴磊, 凌凤楼, 等. 2008. 旱稻叶片净光合速率日变化及其与影响因子关系的研究[J]. 吉林农业大学学报, 30(3): 237-240.

高润梅, 石晓东, 王林, 等. 2015. 当年生华北落叶松幼苗的耐旱性[J]. 林业科学, 51(7): 148-156.

高英芬, 陈艳丽. 2003. 影响植物新陈代谢的因素[J]. 高师理科学刊, 23(2): 92.

高云, 傅松玲. 2011. 两个美国山核桃品种的光合生理特性比较[J]. 南京林业大学学报(自然科学版), 35(4): 34-38.

蒋高明, 朱桂杰. 2001. 高温强光环境条件下 3 种沙地灌木的光合生理特点[J]. 植物生态学报, 25(5): 525-531.

李熙萌, 卢之遥, 马帅, 等. 2011. 沙生植物差巴嘎蒿光合特性及其模拟研究[J]. 草业学报, 20(6): 293-298.

梁开明, 曹洪麟, 徐志防, 等. 2008. 台湾青枣及野生种的光合作用日变化及光响应特征[J]. 园艺学报, 35(6): 793-798.

刘文兰, 师尚礼, 马晖玲, 等. 2015. 兰州市 4 种常见园林观花地被植物抗旱性比较研究[J]. 草地学报, 23(4): 780-784.

刘长成, 刘玉国, 郭柯, 等. 2011. 四种不同生活型植物幼苗对喀斯特生境干旱的生理生态适应性[J]. 植物生态学报, 35(10): 1070-1082.

罗永忠, 成自勇. 2011. 水分胁迫对紫花苜蓿叶水势、蒸腾速率和气孔导度的影响[J]. 草地学报, 19(2): 215-221.

潘瑞炽. 2004. 植物生理学[M]. 第 5 版. 北京: 高等教育出版社.

潘昕, 邱权, 李吉跃, 等. 2014. 干旱胁迫对青藏高原 6 种植物生理指标的影响[J]. 生态学报, 34(13): 3558-3567.

孙伟, 王德利, 王立, 等. 2004. 贝加尔针茅不同枝条叶片蒸腾特性与水分利用效率对瞬时 CO_2 和光照变化的响应[J]. 生态学报, 24(11): 2437-2443.

屠志方, 李梦先, 孙涛. 2016. 第五次全国荒漠化和沙化监测结果及分析[J]. 林业资源管理, (1): 1-5.

汪本福, 黄金鹏, 杨晓龙, 等. 2014. 干旱胁迫抑制作物光合作用机理研究进展[J]. 湖北农业科学, 53(23): 5628-5632.

夏江宝, 田家怡, 张光灿, 等. 2009. 黄河三角洲贝壳堤岛 3 种灌木光合生理特征研究[J]. 西北植物学报, 29(7): 1452-1459.

项文化, 田大伦, 闫文德, 等. 2004. 白栎光合特性对二氧化碳浓度增加和温度升高的响应[J]. 浙江农林大学学报, 21(3): 247-253.

谢小玉, 张霞, 张兵. 2013. 油菜苗期抗旱性评价及抗旱相关指标变化分析[J]. 中国农业科学, 46(3): 476-485.

于永畅, 王厚新, 李承秀, 等. 2013. 四倍体与二倍体紫薇光合特性研究[J]. 中国农学通报, (22): 10-14.

余红兵, 曾馨, 肖润林, 等. 2013. 花叶芦竹光合特性日动态及其影响因素分析[J]. 湖南农业大学学报: 自然科学版, 39(2): 200-203.

张诚诚, 文佳, 曹志华, 等. 2013. 水分胁迫对油茶容器苗叶片解剖结构和光合特性的影响[J]. 西北农林科技大学学报(自然科学版), 41(8): 79-84.

张岁岐, 山仑. 2002. 植物水分利用效率及其研究进展[J]. 干旱地区农业研究, 20(4): 1-5.

张小全, 徐德应, 赵茂盛, 等. 2000. CO_2 增长对杉木中龄林针叶光合生理生态的影响[J]. 生态学报, (3): 390-396.

赵文赛, 孙永林, 刘西平. 2016. 干旱-复水-再干旱处理对玉米光合能力和生长的影响[J]. 植物生态学报, 40(6): 594-603.

郑元, 吴月圆, 辛培尧, 等. 2013. 环境因子对无籽刺梨光合生理日变化进程的影响研究[J]. 西部林业科学, 42(3): 21-27.

Anjum S A, Xie X Y, Wang L C, et al. 2011. Morphological, physiological and biochemical responses of plants to drought stress[J]. African Journal of Agricultural Research, 6(9): 2026-2032.

Battaglia M, Beadle C, Loughhead S. 1996. Photosynthetic temperature responses of *Eucalyptus globulus* and *Eucalyptus nitens*[J]. Tree Physiology, 16(1-2): 81-89.

Charlesedwards D A. 1981. The mathematics of photosynthesis and productivity[J]. Quarterly Review of Biology, 39(4): 304.

Chaves M M, Maroco J P, Pereira J S. 2003. Understanding plant responses to drought — from genes to the whole plant[J]. Functional Plant Biology, 30(3): 239-264.

Day M E. 2000. Influence of temperature and leaf-to-air vapor pressure deficit on net photosynthesis and stomatal conductance in red spruce (*Picea rubens*)[J]. Tree Physiology, 20(1): 57-63.

Farquhar G D, Sharkey T D. 1982. Stomatal conductance and photosynthesis[J]. Annual Review of

Plant Physiology, 33: 317-345.

Gatherum G E, Gordon J C, Broerman B F S. 1967. Effects of clone and light intensity on photosynthesis, respiration and growth of Aspen poplar hybrids[J]. Silvae Genet, 16(4): 128-132.

Horton J L, Kolb T E, Hart S C. 2001. Leaf gas exchange characteristics differ among Sonoran Desert riparian tree species[J]. Tree Physiology, 21(4): 233-241.

Manivannan P, Abdul J C, Kishorekumar A, et al. 2007. Changes in antioxidant metabolism of *Vigna unguiculata* (L.) Walp. by propiconazole under water deficit stress[J]. Colloids & Surfaces B: Biointerfaces, 57(1): 69-74.

Murthy R. 2007.Leaf- and stand-level responses of a forested mesocosm to independent manipulations of temperature and vapor pressure deficit[J]. New Phytologist, 174(3): 614-625.

Pettigrew W T, Hesketh J D, Peters D B, et al. 1990. A vapor pressure deficit effect on crop canopy photosynthesis.[J]. Photosynthesis Research, 24(1): 27-34.

Redondo-Gómez S, Mateos-Naranjo E. 2010. Photosynthetic responses to light intensity of *Sarcocornia taxa* (Chenopodiaceae)[J]. Russian Journal of Plant Physiology, 57(6): 887-891.

Sandford A P, Jarvis P G. 1986. Stomatal responses to humidity in selected conifers[J]. Tree Physiology, 2(1-2-3): 89-103.

Sims D A, Cheng W, Lou Y, et al. 1999. Photosynthetic acclimation to elevated CO_2 in a sunflower canopy[J]. Journal of Experimental Botany, 50(334): 645-653.

Ward J K, Strain B R. 1999. Elevated CO_2 studies: Past, present and future[J]. Tree Physiology, 19(4-5): 211-220.

第三章　沙区植被-土壤耦合特征及植被
保育技术研究

引　言

植被重建的过程是植物与土壤相互影响和相互作用的过程，植被与土壤之间是一种相互依赖和相互制约的关系。土壤为植物生长提供水分和养分及矿质元素，其含量甚至对植物类型、分布和动态产生重要影响；土壤理化性质及种子库特征等影响植被发育和演替速度；植被的土壤养分效应与植物群落的地上和地下生物量的大小、保存率及周转率等是分不开的，植物通过吸收和固定 CO_2、群落生物量的积累与分解等使得土壤养分在时间和空间尺度上出现了各种动态变化过程。植被与土壤的相互关系随时间尺度的变化而变化，有研究表明，植被恢复过程中土壤养分含量有所提高，而土壤养分的改善又会促进植被的恢复。

古尔班通古特沙漠属于易受破坏的生态脆弱区，亦是风沙危害最严重的区域，早在 20 世纪七八十年代，该区的天然荒漠林就遭到严重破坏，局部地区生态系统退化表现明显，为了恢复受损的荒漠植被生态系统，荒漠人工林的重建和植被恢复工作从那时起就从未间断过，如今已在绿洲边缘建成了庞大的固沙林网，绿洲生态环境得到明显改善。然而在全球气候变暖的大背景下，该区域生态环境依然很脆弱，土壤干旱等影响因素依然制约着重建植被的存活和生长，因此，加强人工植被的优化管理和可持续发展仍是一项紧迫而艰巨的任务。鉴于此，以优良固沙树种为研究对象，分析不同植被盖度、不同植被配置结构下植被生长过程中植被-土壤的协同变化特征，同时总结提出相应的植被恢复保育措施，为干旱沙区植被稳定提供理论指导和技术参考。

第一节　荒漠区植被与土壤特性分析

一、不同盖度天然梭梭林地土壤养分、盐分累积特征

1. 林地土壤养分垂直空间分布

比较表 3-1 中 4 种盖度[C≥70%（高盖度，HC）、50%≤C≤69%（中盖度，

MC）、30%≤C≤49%（低盖度，LC）和无林地（NL）]下梭梭林地土壤养分质量分数的差异，可见土壤有机质对地上植被盖度表现较为敏感，其次为全氮，而全磷和全钾几乎没有变化，说明植被恢复过程对土壤中全钾和全磷的影响具有滞后性。土壤中有机质质量分数均不高，分别为 6.90g/kg、2.80g/kg、2.70g/kg 和 3.38g/kg，在垂直空间上的变幅（最大值与最小值之差）为 2.66g/kg、2.19g/kg、2.46g/kg 和 2.43g/kg；4 种林地土壤中全氮的质量分数分别为 0.30g/kg、0.18g/kg、0.18g/kg 和 0.26g/kg，对应剖面上的变幅为 0.17g/kg、0.06g/kg、0.16g/kg 和 0.17g/kg；4 种盖度下速效氮质量分数分别为 24.25μg/kg、12.94μg/kg、19.00μg/kg 和 56.06μg/kg，在剖面上的变幅为 14.00μg/kg、7.57μg/kg、22.00μg/kg 和 56.10μg/kg。

表 3-1　4 种盖度下梭梭林地各土层土壤养分质量分数

土壤养分指标	土层深度	质量分数			
		HC	MC	LC	NL
有机质/（g/kg）	0～10 cm	7.68	2.95	4.57	4.01
	10～20 cm	7.02	4.18	3.43	4.78
	20～40 cm	8.62	3.63	2.65	4.91
	40～60 cm	6.62	2.81	2.63	2.64
	60～100 cm	5.96	1.99	2.11	2.48
	加权平均	6.90	2.80	2.70	3.38
全氮/（g/kg）	0～10 cm	0.35	0.14	0.29	0.17
	10～20 cm	0.37	0.20	0.13	0.34
	20～40 cm	0.40	0.20	0.17	0.26
	40～60 cm	0.29	0.19	0.15	0.17
	60～100 cm	0.23	0.17	0.19	0.30
	加权平均	0.30	0.18	0.18	0.26
全磷/（g/kg）	0～10 cm	0.52	0.36	0.41	0.37
	10～20 cm	0.46	0.34	0.39	0.32
	20～40 cm	0.43	0.33	0.36	0.40
	40～60 cm	0.45	0.28	0.37	0.38
	60～100 cm	0.46	0.29	0.35	0.48
	加权平均	0.46	0.31	0.37	0.42
全钾/（g/kg）	0～10 cm	14.94	14.37	15.36	13.19
	10～20 cm	15.68	13.85	15.94	13.28
	20～40 cm	14.99	14.18	15.23	12.71
	40～60 cm	16.71	14.82	16.33	14.45
	60～100 cm	16.19	13.82	14.81	13.21
	加权平均	15.88	14.15	15.37	13.36

续表

土壤养分指标	土层深度	质量分数			
		HC	MC	LC	NL
速效氮/（μg/kg）	0～10 cm	35.57	18.67	34.17	28.00
	10～20 cm	21.57	11.50	29.47	38.80
	20～40 cm	24.10	11.10	22.63	28.00
	40～60 cm	21.90	13.30	16.20	50.70
	60～100 cm	23.33	12.60	12.17	84.10
	加权平均	24.25	12.94	19.00	56.06
速效磷/（μg/kg）	0～10 cm	23.07	10.23	15.70	15.30
	10～20 cm	10.77	5.20	7.00	3.10
	20～40 cm	11.27	2.57	4.53	1.80
	40～60 cm	8.93	2.83	3.37	2.70
	60～100 cm	11.43	2.97	4.40	7.00
	加权平均	12.00	3.81	5.61	5.54
速效钾/（μg/kg）	0～10 cm	362.33	120.33	151.33	228.00
	10～20 cm	253.67	90.00	88.00	45.00
	20～40 cm	144.33	78.33	57.67	34.00
	40～60 cm	123.33	68.00	60.67	38.00
	60～100 cm	80.33	49.00	56.00	64.00
	加权平均	147.27	69.90	70.00	67.30

进一步比较土壤养分在垂直空间上的差异可以看出（表 3-1），在 0～100cm 土层，整体上各养分积聚特征在土壤剖面的垂直空间变异性较大，且上层土壤养分质量分数高于下层土壤养分质量分数。4 种盖度下梭梭林地土壤中速效磷和速效钾表聚现象明显，0～20cm 土层中土壤速效磷质量分数分别占整个土壤剖面（0～100cm）的 51.7%、64.8%、64.9%和 61.5%，速效钾质量分数则分别占整个土壤剖面的 63.9%、51.8%、57.9%和 66.7%。土壤中有机质主要分布在 0～60cm 土层中。另外，全钾主要分布在较深层土壤中，且在 40～60cm 土层中积聚最多。

2. 土壤氮素、磷素、钾素与有机质之间质量分数的关系

土壤中有机质质量分数与氮、磷、钾质量分数的相关性分析显示（图 3-1），全氮、全磷和速效氮、速效磷、速效钾与有机质呈极显著正相关（$P<0.01$），且全氮、全磷与有机质的比值相近（0.033g/kg、0.0332g/kg），说明全氮、全磷随有机质增加的幅度相近；速效氮与有机质的比值（2.469g/kg）远大于速效磷与有机质的比值（1.100g/kg），说明增加相同的有机质，前者的增量是后者的增量的 2

倍多。另外，有机质与全钾之间也呈直线正相关的关系，只是未达到极显著水平。在常年的自然作用下，全磷和全钾受梭梭盖度影响较小，且在土壤垂向剖面上变异较小；速效磷和速效钾的垂直分布体现了梭梭对速效磷和速效钾的表聚性，另一个原因是梭梭根系对下层土壤吸收转移的养分较多。

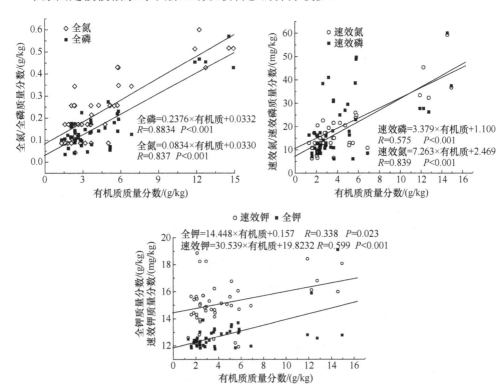

图 3-1　梭梭林地土壤中氮磷钾与有机质质量分数的相关性

3. 土壤盐分质量分数及 pH 比较

由表 3-2 可知，4 种盖度下梭梭林地土壤的 pH 差异不大，盐离子的质量分数则有差异。随着植被盖度的降低，K^+ 质量分数逐渐降低，而总盐和其他 6 种盐离子质量分数均呈先减后增的趋势，NL 土壤中总盐质量分数最高（2.06g/kg），分别比 HC、MC、LC 三种林地高 40.78%、77.35% 和 29.13%。另外，相同盖度林地土壤中各离子质量分数也高低不同，金属阳离子中 Na^+ 和 Ca^{2+} 的质量分数明显高于 K^+ 和 Mg^{2+}；4 种阴离子质量分数高低依次为：SO_4^{2-}、Cl^-、HCO_3^-、CO_3^{2-}。各层土壤中 CO_3^{2-} 的质量分数均很少，一方面可能是因为研究区的土壤呈碱性，CO_3^{2-} 容易与 Ca^{2+}、Mg^{2+} 形成碳酸盐沉淀，另一方面是部分 CO_3^{2-} 会水解成 HCO_3^-。

表 3-2　4 种盖度下梭梭林地各土层土壤盐分质量分数和 pH

植被盖度	土层深度/cm	pH	土壤盐分含量/（g/kg）								
			总盐	CO_3^{2-}	HCO_3^-	Cl^-	SO_4^{2+}	Ca^{2+}	Mg^{2+}	Na^+	K^+
HC	0~10	8.59	1.27	0.03	0.24	1.16	1.46	0.04	0.01	0.15	0.07
	10~20	8.46	1.27	0.01	0.19	0.75	0.81	0.13	0.02	0.27	0.05
	20~40	8.26	1.13	0.01	0.21	0.77	1.06	0.08	0.01	0.25	0.02
	40~60	8.17	1.03	0.00	0.21	0.91	1.14	0.12	0.04	0.26	0.02
	60~100	8.22	1.40	0.01	0.21	1.11	1.01	0.15	0.04	0.24	0.01
	加权平均	8.28	1.25	0.01	0.21	0.97	1.07	0.12	0.03	0.24	0.02
MC	0~10	8.19	0.57	0.01	0.19	0.40	0.97	0.05	0.02	0.03	0.03
	10~20	8.34	0.63	0.01	0.17	0.48	0.89	0.05	0.03	0.05	0.01
	20~40	8.27	0.00	0.01	0.16	0.52	0.53	0.07	0.01	0.17	0.02
	40~60	7.99	0.23	0.00	0.17	0.57	0.65	0.08	0.02	0.15	0.01
	60~100	8.03	0.90	0.01	0.14	0.40	0.65	0.08	0.02	0.15	0.01
	加权平均	8.12	0.53	0.01	0.16	0.46	0.68	0.07	0.02	0.13	0.01
LC	0~10	8.48	2.30	0.01	0.21	0.98	2.07	0.15	0.04	0.18	0.04
	10~20	8.69	1.83	0.04	0.22	1.09	1.26	0.09	0.03	0.14	0.01
	20~40	8.42	0.87	0.02	0.17	0.86	1.18	0.17	0.04	0.42	0.01
	40~60	8.30	1.37	0.00	0.18	0.95	1.62	0.25	0.07	0.44	0.01
	60~100	8.35	0.93	0.02	0.13	0.86	1.06	0.12	0.04	0.40	0.01
	加权平均	8.40	1.23	0.02	0.16	0.91	1.31	0.16	0.04	0.36	0.01
NL	0~10	8.43	1.10	0.00	0.31	0.41	1.58	0.04	0.07	0.18	0.06
	10~20	7.88	1.20	0.00	0.12	0.41	0.97	0.08	0.02	0.20	0.00
	20~40	8.25	3.00	0.00	0.19	0.68	1.22	0.12	0.02	0.64	0.00
	40~60	8.72	0.60	0.00	0.19	0.41	0.97	0.08	0.02	0.37	0.00
	60~100	8.46	7.70	0.00	0.19	1.57	2.44	2.20	0.12	0.08	0.00
	加权平均	8.41	4.03	0.00	0.20	0.93	1.67	0.93	0.07	0.27	0.01

进一步分析土壤中主要盐离子在剖面上的分布特点（表 3-2）可见，Na^+、Ca^{2+}、SO_4^{2-}、Cl^-在梭梭林地中存在明显的表聚和下聚现象，即在 0～10cm 和 60～100cm 土层土壤中的积累量明显较 20～60cm 土层高。Ca^{2+}的下聚特征最明显，0～100cm 土壤剖面有 60.73%的 Ca^{2+}富集在 60～100cm 土层中。就各盐离子在垂直空间分布变异性大小而言，NL 属中等至强变异性，这说明无林地土壤水溶性盐离子在垂直方向上的变化异常复杂。而 HC 林地为弱变异性，即有植被覆盖的林地各土层土壤盐离子质量分数的垂直空间变异性小。

4. 土壤盐碱指标间相关性分析

对各离子间的相关性分析，可揭示盐分在土体中的存在形态，也可在一定程度上反映出盐分的运动趋势。Pearson 相关性分析结果（表 3-3）表明，土壤中总盐质

量分数和 HCO_3^-、Cl^-、SO_4^{2-}、Ca^{2+}、Mg^{2+} 质量分数呈极显著正相关（$P<0.01$），说明总盐质量分数随着 HCO_3^-、Cl^-、SO_4^{2-}、Ca^{2+}、Mg^{2+} 质量分数的增加而增加；SO_4^{2-} 与 HCO_3^-、Cl^- 呈极显著正相关（$P<0.01$），与 CO_3^{2-} 呈负相关，阳离子中 Ca^{2+}、Mg^{2+} 和 Na^+ 也与 CO_3^{2-} 呈负相关，同时 Ca^{2+}、Mg^{2+} 和 Na^+ 与 Cl^- 呈显著或极显著正相关。

表 3-3　梭梭林地土壤盐离子相关系数及显著性分析

指标	pH	总盐	CO_3^{2-}	HCO_3^-	Cl^-	SO_4^{2-}	Ca^{2+}	Mg^{2+}	K^+	Na^+
pH	1.00									
总盐	0.17	1.00								
CO_3^{2-}	0.20	0.08	1.00							
HCO_3^-	0.47**	0.39**	0.15	1.00						
Cl^-	0.36**	0.61**	0.20	0.56**	1.00					
SO_4^{2-}	0.25	0.65**	−0.15	0.43**	0.54**	1.00				
Ca^{2+}	0.06	0.67**	−0.12	0.08	0.43**	0.39**	1.00			
Mg^{2+}	0.13	0.53**	−0.11	0.21	0.38**	0.44**	0.56**	1.00		
K^+	0.29*	0.12	0.16	0.50**	0.16	0.21	−0.12	−0.12	1.00	
Na^+	0.03	0.28	−0.09	0.11	0.28*	0.400**	0.07	0.21	−0.14	1.00

　* $P<0.05$，** $P<0.01$

5. 土壤生态化学计量特征差异

表 3-4 显示，土壤 C：N 仅在 40～60cm 和 60～100cm 土层存在显著差异，HC 显著高于 MC（$P<0.05$）。不同盖度梭梭林土壤 C：P 差异较大，且在各土层均为高盖度下 C：P 最大。比较不同盖度梭梭林土壤 C：K，发现高盖度下 N：K 最大，方差分析表明，除 10～20cm 外，其余各土层 HC 显著高于 MC 和 LC。梭梭林地 N：P 在 10～60cm 各土层均为 HC 最高，显著高于 LC。相同土层不同盖度梭梭林地 K：N 存在一定差异；各土层 K：N 变化规律不一，0～10cm：MC＞LC＞HC；10～60cm 各土层：LC＞MC＞HC。不同盖度梭梭林地 K：P 差异不显著（$P>0.05$）。从整个剖面平均值来看，不同盖度梭梭林土壤 C：N 之间差异不显著；高盖度 C：P 显著低于低盖度和中盖度；高盖度 C：K 显著低于低盖度和中盖度；高盖度 N：P 显著高于低盖度，而其 K：P 显著低于中盖度；低盖度 K：N 显著高于高盖度（$P<0.05$）。

梭梭林地土壤全碳、全氮、全磷、全钾平均质量分数分别为 4.46g/kg、0.23g/kg、0.39g/kg、15.04g/kg，均低于全国全碳、全氮、全磷、全钾平均水平（11.12g/kg、1.06g/kg、0.65g/kg、16.6g/kg），说明该地区土壤较为贫瘠，尤其 C、N、P 缺乏。

表 3-4　相同土层不同盖度梭梭林地土壤生态化学计量比

深度/cm	盖度/%	C∶N	C∶P	C∶K	N∶P	K∶N	K∶P
0～10	LC	17.11±3.98[a]	11.21±2.10[ab]	0.30±0.06[b]	0.70±0.27[a]	60.83±24.50[b]	38.00±3.51[a]
	MC	19.48±1.32[a]	8.07±0.55[b]	0.20±0.03[b]	0.42±0.05[a]	97.02±17.14[a]	39.86±3.05[a]
	HC	19.48±4.24[a]	13.31±3.03[a]	0.45±0.08[a]	0.70±0.17[a]	43.31±6.27[b]	29.48±2.97[b]
10～20	LC	27.18±6.60[a]	8.66±1.83[a]	0.21±0.06[a]	0.32±0.03[b]	132.35±35.95[a]	41.87±7.46[a]
	MC	20.05±8.51[a]	12.36±7.14[a]	0.30±0.16[a]	0.60±0.11[ab]	69.89±7.56[b]	41.27±4.39[a]
	HC	19.04±0.83[a]	15.33±4.00[a]	0.45±0.13[a]	0.81±0.24[a]	45.62±17.16[b]	34.30±2.04[a]
20～40	LC	15.63±1.56[a]	7.34±0.74[b]	0.17±0.02[b]	0.48±0.09[a]	89.61±2.51[a]	42.67±8.39[a]
	MC	17.62±5.08[a]	11.14±4.24[a]	0.25±0.09[b]	0.62±0.08[a]	72.49±12.21[a]	45.00±11.34[a]
	HC	22.35±4.95[a]	20.35±1.32[a]	0.58±0.09[a]	0.95±0.25[a]	40.35±15.95[b]	35.71±4.95[a]
40～60	LC	17.69±3.74[ab]	7.13±2.85[b]	0.16±0.03[b]	0.40±0.12[a]	112.74±22.11[a]	44.00±8.46[a]
	MC	14.90±3.59[b]	9.94±2.99[ab]	0.19±0.07[b]	0.66±0.07[a]	80.56±11.84[a]	52.89±3.70[a]
	HC	22.90±3.26[a]	15.02±2.89[a]	0.40±0.11[a]	0.67±0.17[a]	59.21±10.44[b]	40.59±17.98[a]
60～100	LC	13.74±8.00[b]	5.94±0.94[b]	0.14±0.04[b]	0.54±0.29[a]	89.85±34.76[a]	42.26±5.77[a]
	MC	12.64±3.67[b]	7.14±1.97[b]	0.14±0.02[b]	0.62±0.33[a]	91.52±38.65[a]	49.67±10.3[a]
	HC	32.06±4.67[a]	15.41±2.74[a]	0.39±0.05[a]	0.49±0.12[a]	82.86±3.48[a]	40.28±8.19[a]
0～100	LC	18.27±4.78[a]	8.06±1.69[b]	0.20±0.04[b]	0.49±0.16[a]	97.08±23.96[a]	41.76±6.72[ab]
	MC	16.94±4.43[a]	9.73±3.38[b]	0.22±0.07[b]	0.58±0.13[ab]	82.29±17.48[a]	45.74±6.56[a]
	HC	23.16±3.59[a]	15.89±2.79[a]	0.45±0.09[a]	0.72±0.19[a]	54.27±10.66[b]	36.07±7.23[b]

注：每一列后同一土层不同字母表示不同盖度土壤化学计量比差异显著（$P<0.05$）

比较相同土层不同盖度梭梭林土壤营养元素发现，有机碳和全氮的变化规律基本相似，并在不同盖度之间呈现为 HC＞MC＞LC 的趋势；全磷和全钾基本相似，并呈现为 HC＞LC＞MC 的趋势。这说明梭梭林能够提高土壤肥力，且植被盖度较高的林地对环境的改善作用更大。梭梭林区 N∶P 为 0.49～0.72，且高盖度林地 N∶P 明显高于低盖度，但均远小于全国土壤 N∶P（5.2）。这说明该区域营养元素限制状况中，N 相较于 P 更严重。

二、甘家湖梭梭林的防风固沙功能评价

根据精河县与乌苏市森林资源二类调查资料，从中获取甘家湖梭梭林国家级自然保护区林地资料。保护区主要树种为梭梭、胡杨和怪柳，土壤类型为风沙土、灰漠土、盐碱土和棕钙土。林地面积 534.3712km²，其中有林地 39.7307km²、疏林地 10.8318km²、灌木林地 302.1036km²、苗圃地 0.0737km²、宜林地 96.6599km²、沙生灌丛 84.9715km²。有林地最高郁闭度为 0.5，灌木林地最高盖度为 65%。根据《森林资源规划设计调查主要技术规定》判定，中郁闭度（0.40～0.69）的有林

地面积为 1.3939km²，仅占有林地面积的 3.51%；中盖度（50%～69%）的灌木林地面积 27.197km²，仅占灌木林地面积的 9.00%。

参照《荒漠生态系统服务评估规范》（LY/T 2006—2012）中的公式来计算固沙物质量。

$$G_{固沙}=A_{有植被}（Q_{无植被}-Q_{有植被}）$$

式中，$G_{固沙}$ 为荒漠生态系统总固沙量，单位：t/年；$A_{有植被}$ 为有植被覆盖或结皮的荒漠生态系统面积，单位：km²；$Q_{有植被}$ 为有植被覆盖或结皮的荒漠生态系统单位面积输沙量，单位：t/(km²·年)；$Q_{无植被}$ 为无植被覆盖或结皮的荒漠生态系统单位面积输沙量，单位：t/(km²·年)。无植被覆盖区，棕钙土、盐碱土 $Q_{无植被}$ 为 6214.7t/(km²·年)，风沙土、灰漠土 $Q_{无植被}$ 为 6700 t/(km²·年)。

甘家湖梭梭林国家级自然保护区年固沙量 1 939 609.52t，单位面积年平均固沙量 3629.7t/km²。不同林地单位面积年固沙量（表 3-5）为灌木林地＞沙生灌丛＞有林地＞疏林地，说明灌木林地防风固沙能力大于有林地。该区域有林地整体郁闭度不高，郁闭度最高为 0.5，且中郁闭度的有林地面积仅占有林地面积的 3.51%。而灌木林地最高盖度为 65%，中盖度灌木林地占灌木林地面积的 9.00%，即灌木林地平均盖度高于有林地，从而灌木林地固沙能力大于有林地。植被盖度仅为 20% 的沙生灌丛防风固沙能力却大于有林地，这是因为 99.79% 的有林地分布于棕钙土或盐碱土区域，55.85% 的沙生灌丛分布于为风沙土或灰漠土区域，而无植被风沙土、灰漠土区域土壤侵蚀强度大于无植被棕钙土、盐碱土区域，即同等盖度下风沙土、灰漠土区域的（$Q_{无植被}-Q_{有植被}$）值大于棕钙土、盐碱土区域，且有林地郁闭度偏低，致使有林地防风固沙功能偏弱。

表3-5　甘家湖梭梭林国家级自然保护区不同林地年固沙量

林地类型	面积/km²	年固沙量/t	单位面积年固沙量/（t/km²）
有林地	39.730 7	149 130.89	3 753.54
疏林地	10.831 8	34 496.03	3 184.7
灌木林地	302.103 6	1 392 920.08	4 610.74
沙生灌丛	84.971 5	363 062.51	4 272.76

由于中盖度灌木林地占比（9.00%）大于中郁闭度有林地占比（3.51%），该区域灌木林地防风固沙功能大于有林地，说明提高中高盖度有林地占比有利于促进有林地防风固沙功能的提升。灌木林地面积仅占 55.53%，年固沙量却占 71.81%，单位面积年固沙量（4610.74t/km²）是区域（3629.7t/km²）的 1.27 倍，灌木林地防风固沙功能较其他林地尤为突出。因此，宜采取更加有效的生态恢复措施，促进宜林地向灌木林地演替，扩大灌木林地面积，以提高保护区整体的防风固沙功能。

三、人工促进天然罗布麻群落植被恢复技术研究

1. 喷灌补水对天然罗布麻恢复效果测评

喷灌条件下罗布麻的生长特点：由表 3-6 可见，采取人工喷灌措施 2 年后，白麻种群的平均盖度为 25.1%，最小值 15.1%，最大值为 38.7%，变异系数为 0.32，属于中等变异；白麻平均密度为 0.89 株/m²，最大值为 1.37 株/m²，最小值为 0.53 株/m²；白麻株高为 80.96cm，其中最大值高达 131cm，最小值仅为 48cm，变异系数为 0.21，属中等变异；白麻冠幅平均值为 51.34cm，最大值和最小值分别为 100cm、15cm，相差较大，变异系数为 0.33。

表 3-6　喷灌条件下白麻、红麻生长指标统计学参数

品种	指标	平均值	标准差	最小值	最大值	峰度	偏度	变异系数
白麻	盖度	25.1%	7.92	15.1%	38.7%	−0.99	0.47	0.32
	密度	0.89 株/m²	0.28	0.53 株/m²	1.37 株/m²	−0.99	0.47	0.32
	株高	80.96cm	17.03	48cm	131cm	0.55	0.55	0.21
	冠幅	51.34cm	17.13	15cm	100cm	0.18	0.54	0.33
红麻	盖度	5.17%	1.51	2.11%	7.73%	−0.8	−0.09	0.29
	密度	0.28 株/m²	0.08	0.11 株/m²	0.42 株/m²	−0.8	−0.09	0.29
	株高	92.07cm	15.98	58cm	124cm	−0.41	−0.04	0.17
	冠幅	41.17cm	14.51	18cm	86cm	0.69	1.08	0.35

红麻平均盖度为 5.17%，远小于白麻；红麻密度为 0.28 株/m²，分布稀疏，样方内最大密度为 0.42 株/m²，变异系数为 0.29，属于中等变异；红麻平均株高为 92.07cm，其中最大值为 124cm，最小值为 58cm，变异系数为 0.17，表现出弱变异性；冠幅平均值为 41.17cm，冠幅最大值达到 86cm，最小值仅为 18cm。

对喷灌条件下白麻和红麻的生长指标进行 t 检验，如表 3-7 所示，白麻的盖度、密度和冠幅比红麻分别高 19.93%、0.61 株/m² 和 10.17cm，且差异达到极显著（$P<0.01$），同时红麻株高极显著高于白麻 11.11cm。

表 3-7　喷灌条件下白麻、红麻生长指标均值的 t 检验

喷灌区	df	均值差值	t 值	显著性水平（P 值）
盖度	14.00	19.93	9.23	0.00
密度	14.00	0.61	7.87	0.00
株高	91.00	−11.11	−3.24	0.00
冠幅	181.00	10.17	4.36	0.00

自然生长状态下罗布麻的生长特点有如下几个方面。

表 3-8 显示，野生状态下未采取喷灌措施的白麻种群盖度为 3.3%～10.45%，平均为 5.5%，属稀疏分布，变异系数为 0.38，属于中等变异。白麻平均密度为 0.4 株/m²，最大值和最小值分别为 0.76 株/m²、0.24 株/m²。白麻株高平均值为（59.55±19.33）cm，其中最大株高达 96cm，最小值为 15cm，变异系数为 0.32，属于中等变异。冠幅范围为 12～80cm，差异较大，其平均值为（36±12）cm。

表 3-8　自然生长状态下白麻、红麻生长指标统计学参数

品种	指标	平均值	标准差	最小值	最大值	峰度	偏度	变异系数
白麻	盖度	5.50%	2.10	3.30%	10.45%	4.26	1.85	0.38
	密度	0.40 株/m²	0.15	0.24 株/m²	0.76 株/m²	4.26	1.85	0.38
	株高	59.55cm	19.33	15.00cm	96.00cm	0.03	−0.51	0.32
	冠幅	36.00cm	12.00	12.00cm	80.00cm	1.34	0.38	0.33
红麻	盖度	19.00%	4.00	12.00%	27.00%	−0.49	0.17	0.23
	密度	0.38 株/m²	0.09	0.24 株/m²	0.52 株/m²	−0.49	0.17	0.23
	株高	97.71cm	20.00	55.00cm	145.00cm	0.29	0.10	0.20
	冠幅	68.98cm	25.43	27.00cm	158.00cm	1.59	1.12	0.37

红麻平均盖度为 19%，变幅为 12%～27%，变异系数为 0.23，属中等变异。红麻密度为 0.38 株/m²，样方内最大密度为 0.52 株/m²，变异系数为 0.23，属于中等变异。红麻株高与冠幅的平均值分别为（97.71±20）cm 和（68.98±25.43）cm，冠幅为 27～158cm，差异较大。株高和冠幅均属于中等变异。

在自然生长环境中，白麻的盖度、株高、冠幅均显著低于红麻（$P<0.05$），白麻密度高于红麻，但差异不显著（$P>0.05$）（表 3-9）。

表 3-9　自然生长状态下白麻、红麻生长指标均值的 t 检验

天然生长区	df	均值差值	t 值	显著性水平（P 值）
盖度	13.00	−13.50	−8.75	0.00
密度	12.00	0.02	0.42	0.34
株高	86.00	−38.16	−3.24	0.00
冠幅	142.00	−32.98	−11.42	0.00

喷灌条件与自然生长状态下罗布麻生长特性包括以下几个方面。

比较喷灌区和自然生长区罗布麻的株高、冠幅，由表 3-10 和表 3-11 可见，喷灌区白麻高度为 80.96cm，高于自然生长区 21.41cm，且差异达到极显著（$P<0.01$）。喷灌区白麻冠幅为 51.34cm，自然生长区为 36.00cm，均值差为 15.34cm，差异亦达到极显著（$P<0.01$）。喷灌区白麻的盖度和密度分别为 25.1%、0.89 株/m²，较自然生长区分别增加了 3.56 倍和 1.23 倍，且增值达到了显著性水平（$P<0.05$）。

由此可知，人工喷灌措施可显著提高白麻株高、冠幅、盖度和密度等表征生长的指标，对种群的恢复有明显的促进作用。

表 3-10　喷灌条件和自然生长状态下白麻与红麻株高、冠幅均值的 t 检验

品种	指标	df	均值差值	t 值	显著性水平（P 值）
白麻	株高	82.00	21.41	5.52	0.00
	冠幅	164.00	15.34	7.02	0.00
红麻	株高	82.00	−4.67	−1.30	0.10
	冠幅	164.00	−26.85	−9.34	0.00

表 3-11　喷灌条件和自然生长状态下白麻与红麻盖度、密度均值的 t 检验

品种	指标	df	均值差值	t 值	显著性水平（P 值）
白麻	盖度	16.00	19.60	8.73	0.00
	密度	21.00	0.49	5.35	0.00
红麻	盖度	10.00	−14.04	−9.75	0.00
	密度	17.00	−0.10	−3.02	0.00

喷灌区红麻高度为 92.07cm，自然生长区为 97.71cm，两者间差异不显著（$P>0.05$）。喷灌区红麻冠幅为 41.17cm，较自然生长区下降了 39.74%，降幅极显著（$P<0.01$）。喷灌区红麻的盖度和密度分别为 5.17% 和 0.28 株/m²，自然生长区分别为 19.00% 和 0.38 株/m²，二者盖度和密度间差异均达到了显著性水平（$P<0.05$）。

2. 天然罗布麻人工促进恢复技术措施

若采用喷灌补水措施，每亩灌溉定额为 40m³。

若采用仿生种植措施，具体操作方法如下。

补播：罗布麻种子小，每克种子内有 2000 粒，发芽后不易出土，故宜在含盐碱较轻的沙壤土上进行直播，4 月上旬整地做畦，浇足水，每公顷播 7.5kg，将其与湿沙拌匀播下，浅覆土约一指深。切忌表土板结，造成缺苗、死苗。幼苗出土后，除草松土，加强管理，可每公顷留苗 15 万余株，其余幼苗可移栽到别处。

播种育苗后移栽补植：选肥沃疏松土壤，施足底肥，做小畦，浇足水。种子浸种催芽，见有白根尖露出，捞起种子摊开，保持温度在 20℃ 左右，待幼芽长出，即可播种，浅覆土 0.5cm 左右，上再覆以谷子根茬，既可保水又防土壤板结，待出苗后，拾去根茬。5 对真叶后，移栽。

扦插育苗后移栽补植：罗布麻的直根和横走根，都可用作繁殖，方法是将其切成 10～15cm 的小段，每段上带有不定芽，选取鲜嫩而无腐烂的根段 1 条或 2 条，放入 10cm 深的土穴中，覆土，株行距 60cm×30cm 或 40cm×40cm，以早春或初冬栽植最好，春栽后有月余即可发芽长苗。

原地分株补植：将近地面根茎处发出的株丛铲下，带少量须根，进行分株移

栽，栽后保持土壤湿润，以利发出新根。分株要在春秋两季进行，夏季温度高，成活率低。

田间管理：中耕除草，当苗高 5～6cm 时应及时清除杂草，并适当松土，每年除草松土 3～4 次，并根据土壤含水量适时进行灌溉，以促进苗木的生长。播种后的土地表面易缺墒，要保证每天喷水 1 次，喷水量以土地表面湿润为准，但地表不能有明水。年灌水量控制在 40m^3/667m^2。

3. 人工促进天然梭梭恢复及肉苁蓉增产技术

梭梭育苗：11～12 月采集梭梭种子，翌年春季选择一块有水源保证、地面相对平坦的沙地作为苗圃，实行条播，行距为 20～30cm，每亩播种量为 5kg。秋季苗木规格达到地径 0.2cm，苗高 20cm，春季再出圃定植。

梭梭苗移栽定植：在林中空地和裸露沙地上，沿着滴灌带在每米的滴头处开挖植树穴，穴的口径为 30cm，深 30cm。然后栽植梭梭幼苗，为保证存活率，每穴定植 2 株。造林密度为行距 3m，株距 1m，每亩 220 株。栽后立即进行灌溉，每次滴灌时间为 5～6h，每个滴头滴水 0.5kg，第二次滴灌作业时间在 8 月上中旬，第三次在入秋。第五年后免灌，抚育主要是巡护和有害生物防控。栽植后的前三年每年浇灌 3～4 次，一般入冬前灌一次，3～6 月灌一次，7～9 月视降水情况灌一次，每次每个滴头滴水 500g。

肉苁蓉的接种与培育：将肉苁蓉种子用生物黏着剂均匀地黏着在长 30cm、宽 10cm 的制种纸上，每张制种纸黏着150～300 粒的种子。在距梭梭根基外 0.4～0.6m 处挖宽 0.3～0.4m、深 0.4～0.5m 的接种沟，接种沟沟长同梭梭种植行长。使用接种纸进行接种，放入接种纸时，吸水面向上。每株新植梭梭根部放接种纸 2 张。第一次接种后的 2～3 年，视梭梭生长情况和肉苁蓉出土数量，进行第二次与第三次接种，方法和规格要求与第一次相同。第二次接种在第一次开挖的接种沟南北侧各 0.2～0.3m 处，第三次接种依此类推，在第二次开挖的接种沟南北侧 0.2m 处。

第二节　风沙路径区不同树种造林模式植被与土壤特性分析

一、人工纯林植被与土壤特性

1. 梭梭、白梭梭人工纯林植被特征

2016 年 8 月，在甘家湖林场新疆林业科学院 1983 年营建的梭梭和白梭梭母树林（株行距 1m×1.5m）中，设置了 20m×30m 的样方，调查了梭梭和白梭梭的

生长情况,结果如图 3-2 所示,人工种植的梭梭和白梭梭经过 10 余年的自然生长,即未采取任何补水、修枝等管理措施的情况下,梭梭同化枝表现为粗短型,白梭梭的同化枝则为细长型。

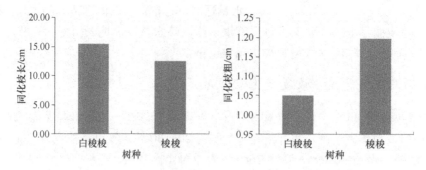

图 3-2　甘家湖人工种植梭梭、白梭梭同化枝长度和粗度比较

进而比较人工梭梭、白梭梭同化枝组织含水量(图 3-3),发现梭梭同化枝的组织含水量显著高于白梭梭,由此可推断,沙漠中具有粗短型同化枝的植物保水能力更强,对干旱气候具有更强的适应性。

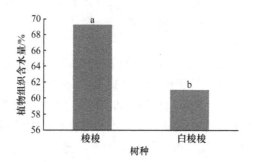

图 3-3　甘家湖人工种植梭梭、白梭梭同化枝组织含水量比较
不同小写字母表示梭梭和白梭梭组织含水量差异显著。后同

对人工种植梭梭、白梭梭的生理和养分指标分析比较,结果显示(表 3-12),二者同化枝中的氮、磷、钾含量均较低且彼此差异不大,脯氨酸含量测定结果显示,虽然没有人为辅助灌溉措施,但人工种植的梭梭和白梭梭没有受到逆境胁迫,脯氨酸的积累量较低。电导率是反映细胞膜透性高低的一个重要指标,本测定结果显示,梭梭同化枝组织中细胞透性明显高于白梭梭,表现出较强的生命活力,而梭梭同化枝中叶绿素相对含量也明显较高,这也可进一步显示出梭梭具有较强的光合能力。

表 3-12　甘家湖人工种植梭梭、白梭梭同化枝生理、养分指标比较

植物名称	总叶绿素含量/（mg/g）	脯氨酸含量/（μg/g）	电导率/（mS/cm）	钾/%	磷/%	氮/%
白梭梭	0.468±0.016	0.451±0.0035	17.482±0.17	2.259±0.10	0.087±0.0002	1.024±0.01
梭梭	1.328±0.510	0.255±0.0022	57.366±0.25	2.729±0.10	0.131±0.0075	0.851±0.02

2. 梭梭纯林植被生长与土壤理化性质的关系

对甘家湖中人工梭梭林样方内活体梭梭进行逐株调查，结果显示（表 3-13），1983 年种植至今，梭梭株高最高达到 3.70m，平均值为 2.28m，株高变异幅度不大，仅有 0.27；地径平均值为 23.34cm；冠幅东西与南北间差异不大，均在 160cm 左右。

表 3-13　梭梭人工林分特征描述性统计分析

指标	极差	最小值	最大值	平均值	标准误	标准偏差	方差	变异系数
株高	2.80	0.90m	3.70m	2.28m	0.06	0.62	0.38	0.27
地径	20.18	3.16cm	23.34cm	7.47cm	0.30	3.14	9.85	0.42
东西冠幅	406.00	14.00cm	420.00cm	160.44cm	7.42	77.07	5940.51	0.48
南北冠幅	400.00	50.00cm	450.00cm	165.19cm	6.94	72.08	5195.22	0.44
投影面积	9.39	0.15m²	9.54m²	2.33m²	0.18	1.82	3.33	0.78
生物量	44.27	0.54kg	44.81kg	5.52kg	0.53	5.51	30.40	1.00

采用五点取样法，对甘家湖人工梭梭林林地 0～100cm 土层土壤理化指标进行测定分析，结果见表 3-14，整体来看，表层 0～20cm 土壤养分含量高于下层土壤，有机碳、有机质及氮、磷、钾含量均表现明显，pH 则是中间 20～60cm 土层中较高，而下层 60～100cm 土层土壤的电导率较高。

表 3-14　梭梭人工林林地土壤理化指标分析

土层深度（cm）	pH（1∶5）	电导率/（mS/cm）	有机碳/（g/kg）	有机质/（g/kg）	速效氮/（mg/kg）	速效磷/（mg/kg）	速效钾/（mg/kg）
0～20	8.34	0.16	3.44	5.92	22.60	12.90	250.50
20～40	8.60	0.12	1.12	1.93	5.13	3.11	104.50
40～60	8.50	0.13	0.89	1.54	5.57	2.04	78.00
60～80	8.42	0.33	1.10	1.89	1.49	1.73	100.00
80～100	8.32	0.49	1.14	1.97	2.50	1.73	113.50

Pearson 相关分析表明（表 3-15），表征梭梭生长特性的株高、冠幅等指标与表征土壤养分的有机质、氮磷钾等有一定相关性，但均不显著，就株高而言，与之相关性最大的是地径，其次是冠幅，而与土壤测定指标相关性不高，由此可以推断梭梭林植被与土壤的协调度并不高，也就是植被对土壤性质的改善，以及土壤对植物生长的促进作用均不强。从表 3-16 可以看出，土壤含水量与人工梭梭林的生长具有一定正相关性，但未达到显著水平。

表 3-15　梭梭人工林植被生长与土壤理化性质的关系

指标	株高	地径	东西冠幅	南北冠幅	投影面积	生物量	pH	电导率	有机质	速效氮	速效磷	速效钾
株高	1											
地径	0.59	1										
东西冠幅	0.57	0.58	1									
南北冠幅	0.5	0.69*	0.57	1								
投影面积	0.57	0.58	1.00**	0.57	1							
生物量	0.5	0.69*	0.57	1.00**	0.57	1						
pH	0.14	0.51	0.28	0.24	0.28	0.24	1					
电导率	−0.58	−0.69*	−0.48	−0.34	−0.48	−0.34	−0.71*	1				
有机质	0.17	−0.06	0.37	0.19	0.37	0.19	−0.44	−0.03	1			
速效氮	0.4	0.18	0.58	0.32	0.58	0.32	−0.26	−0.29	0.94**	1		
速效磷	0.25	−0.03	0.17	0.02	0.17	0.02	−0.39	−0.23	0.89**	0.88**	1	
速效钾	0.2	0	0.34	0.22	0.34	0.22	−0.47	−0.04	0.98**	0.93**	0.91**	1

＊ $P<0.05$，＊＊ $P<0.01$。下同

表 3-16　梭梭人工林植被生长与土壤含水量的关系

指标	株高	地径	东西冠幅	南北冠幅	土壤含水量
株高	1.000				
地径	0.69**	1.000			
东西冠幅	0.65**	0.70**	1.000		
南北冠幅	0.68**	0.69**	0.78**	1.000	
土壤含水量	0.32	0.33	0.26	0.22	1.000

3. 灌木混交林植被、土壤特性

在精河沙丘梭梭人工林、梭梭+柠条混交林及附近的天然梭梭林中分别设置了 50m×50m 的样方，对其内植物株高、地径、冠幅和退化枝的组织含水量、退化枝的抗逆生理指标，以及林地土壤水分及养分特征进行了比较分析，结果如下。

比较来看（表 3-17），梭梭+柠条混交林中，三种固沙植物红柳、花棒和梭梭的长势较好，株高、地径及冠幅测定值均高于柠条纯林，同时对于造林树种柠条来说，纯林中的生长情况较好，可能是未受梭梭竞争的影响。因此，在营建混交林作为固沙林时，需要平衡考虑树种间的竞争和相互影响。

两种人工林中，均自然生长着 4 种固沙植物，对其叶组织含水量进行比较测定，结果显示（图 3-4），在柠条纯林及梭梭+柠条混交林中，4 种植物叶片组织含水量高低排序为梭梭＞怪柳＞花棒＞柠条和梭梭＞花棒＞柠条＞怪柳。两种人工林地中梭梭叶片组织含水量均较高，达到了 60%以上。

表 3-17　两种人工林中 4 种固沙植物生长特性的描述性统计分析

指标	固沙树种	人工固沙林类型	最小值	最大值	平均值
株高/m	红柳	梭梭+柠条混交林	0.72	1.72	1.31
		柠条纯林	0.65	1.84	1.09
	花棒	梭梭+柠条混交林	1.20	3.50	2.14
		柠条纯林	0.70	1.50	1.08
	柠条	梭梭+柠条混交林	1.05	3.68	1.97
		柠条纯林	0.30	4.05	2.42
	梭梭	梭梭+柠条混交林	0.43	3.50	2.15
		柠条纯林	0.58	3.45	2.22
地径/cm	红柳	梭梭+柠条混交林	1.88	4.27	2.99
		柠条纯林	0.65	2.19	1.45
	花棒	梭梭+柠条混交林	3.26	7.52	4.50
		柠条纯林	0.92	3.03	1.72
	柠条	梭梭+柠条混交林	0.62	4.57	2.31
		柠条纯林	0.47	5.06	2.77
	梭梭	梭梭+柠条混交林	0.92	15.00	5.59
		柠条纯林	0.61	12.27	4.93
东西冠幅/cm	红柳	梭梭+柠条混交林	60.00	240.00	145.82
		柠条纯林	42.00	100.00	65.29
	花棒	梭梭+柠条混交林	130.00	240.00	170.00
		柠条纯林	30.00	180.00	90.00
	柠条	梭梭+柠条混交林	47.00	220.00	127.34
		柠条纯林	15.00	400.00	152.23
	梭梭	梭梭+柠条混交林	45.00	560.00	184.20
		柠条纯林	15.00	360.00	163.36
南北冠幅/cm	红柳	梭梭+柠条混交林	65.00	270.00	144.71
		柠条纯林	35.00	114.00	71.43
	花棒	梭梭+柠条混交林	140.00	290.00	192.86
		柠条纯林	25.00	200.00	106.43
	柠条	梭梭+柠条混交林	50.00	280.00	132.55
		柠条纯林	15.00	360.00	164.29
	梭梭	梭梭+柠条混交林	35.00	520.00	196.73
		柠条纯林	25.00	350.00	186.36

　　进一步比较柠条纯林和梭梭+柠条混交林两种造林模式下柠条的叶片组织含水量,发现梭梭+柠条混交林中柠条的叶片组织含水量较高,柠条纯林中较低,说明混交林有助于柠条体内水分的保持,仅从植物保水力角度评价,梭梭+柠条混交林更适宜于干旱沙区推广。

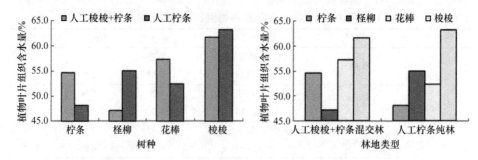

图 3-4　人工柠条纯林、人工梭梭+柠条混交林中 4 种植物叶片组织含水量比较

从图 3-4、图 3-5 可以看出，在土壤、气候都相同的条件下，与没有人工抚育管理措施的天然梭梭林相比，在人工梭梭+柠条混交林中，植物生长季每隔半个月喷灌一次的管理方式，有效地提高了梭梭退化枝的保水力，主要体现在其组织含水量显著高于天然梭梭（$P<0.05$），由此可见，在干旱沙区增强固沙植被的水分管理是非常必要的。

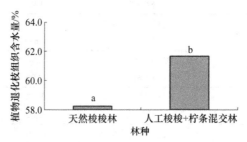

图 3-5　天然梭梭林与人工梭梭+柠条混交林中梭梭退化枝组织含水量比较

对天然梭梭林、人工梭梭+柠条混交林及人工柠条纯林中主要固沙植物的叶绿素相对含量、脯氨酸含量、电导率及氮磷钾含量进行了测定比较，结果如表 3-18 所示。

表 3-18　天然梭梭林、人工柠条纯林和人工梭梭+柠条混交林固沙植物抗逆生理指标比较

林种	植物名称	总叶绿素含量/（mg/g）	脯氨酸含量/（μg/g）	电导率/（mS/cm）	钾含量/%	磷含量/%	氮含量/%
天然梭梭林	梭梭	0.277±0.006	0.261±0.0013	42.218±1.18	2.308±0.01	0.081±0.0016	0.995±0.03
人工梭梭+柠条混交林	花棒	0.520±0.004	0.234±0.0015	29.817±2.56	1.502±0.02	0.152±0.0070	1.446±0.01
	柠条	0.630±0.005	0.281±0.0017	29.130±0.69	2.269±0.07	0.159±0.0073	2.011±0.02
	红柳	0.374±0.014	0.604±0.0011	29.436±0.23	1.215±0.17	0.178±0.0071	1.709±0.08
	梭梭	0.358±0.009	0.260±0.0017	78.470±0.10	1.958±0.01	0.150±0.0084	1.128±0.05
人工柠条纯林	花棒	1.061±0.006	0.196±0.0017	23.918±1.35	1.133±0.06	0.201±0.0085	1.457±0.02
	红柳	1.055±0.003	0.269±0.0013	27.545±0.17	1.268±0.05	0.087±0.0033	1.336±0.05
	柠条	1.055±0.003	0.499±0.0010	33.230±0.87	1.919±0.01	0.177±0.0021	1.830±0.08
	梭梭	1.110±0.773	0.207±0.002	25.596±0.64	1.964±0.15	0.161±0.0037	1.415±0.05

　　总体来看，人工柠条纯林中 4 种固沙植物的叶绿素相对含量均高于人工混交林及天然梭梭林，即使是对同一种植物梭梭而言，高低规律也是如此。脯氨酸含量在三种林分的几种固沙植物间差异较小，就梭梭而言，人工柠条纯林中的梭梭脯氨酸含量最低，人工混交林和天然梭梭林中较高，说明在混交林和天然林中由于物种间竞争及水资源不足，梭梭积累了一定量的脯氨酸，表现出了一定的抗旱性。电导率以人工混交林中的梭梭最高，达 78.47%，天然梭梭林中的梭梭次之，其他物种间差异不大，均在 30%左右。同化枝的钾含量以天然梭梭林中的梭梭最高，人工混交林中的柠条次之，其他植物种间差异不大。磷和氮的含量均以人工林（纯林和混交林）的较高，天然林的较低。综上所述，人工柠条纯林中 4 种固沙植物的光合作用更强，天然梭梭林中梭梭植株体内钾的累积量较高，磷和氮的累积量低于人工林。

　　对天然梭梭林、人工梭梭+柠条混交林及人工柠条纯林中梭梭的株高、地径、冠幅等指标进行测定比较，结果见表 3-19，人工林中梭梭长势明显优于天然梭梭林，可见人为补充水分对梭梭生长促进作用明显，同时在混交人工林中梭梭表现出稍矮粗且冠大的特点，而在柠条纯林中的梭梭植株则更细高一些，冠幅也小一些。而就同化枝而言，天然林的明显较粗一些。

表 3-19　三种林地梭梭生长指标的描述性统计分析

指标	林种	极差	最小值	最大值	平均值	标准误	标准偏差	方差	变异系数
株高	天然梭梭林	2.48	0.17m	2.65m	1.16m	0.07	0.55	0.30	0.47
	梭梭+柠条混交林	3.07	0.43m	3.50m	2.15m	0.10	0.77	0.59	0.36
	柠条纯林	2.87	0.58m	3.45m	2.22m	0.31	1.03	1.06	0.46
地径	天然梭梭林	10.04	0.45cm	10.50cm	3.52cm	0.29	2.40	5.75	0.68
	梭梭+柠条混交林	14.08	0.92cm	15.00cm	5.59cm	0.37	2.87	8.24	0.51
	柠条纯林	11.66	0.61cm	12.27cm	4.93cm	1.11	3.68	13.58	0.75
东西冠幅	天然梭梭林	285.00	15.00cm	300.00cm	111.58cm	8.08	66.11	4 370.07	0.59
	梭梭+柠条混交林	515.00	45.00cm	560.00cm	184.20cm	14.00	107.55	11 565.96	0.58
	柠条纯林	345.00	15.00cm	360.00cm	163.36cm	33.36	110.63	12 238.45	0.68
南北冠幅	天然梭梭林	315.00	15.00cm	330.00cm	120.34cm	8.48	69.44	4 821.65	0.58
	梭梭+柠条混交林	485.00	35.00cm	520.00cm	196.73cm	13.34	102.50	10 505.41	0.52
	柠条纯林	325.00	25.00cm	350.00cm	186.36cm	34.97	115.98	13 450.45	0.62
投影面积	天然梭梭林	7.50	$0.02m^2$	$7.52m^2$	$1.36m^2$	0.18	1.49	2.23	1.10
	梭梭+柠条混交林	17.16	$0.12m^2$	$17.28m^2$	$3.50m^2$	0.48	3.66	13.37	1.05
	柠条纯林	9.87	$0.03m^2$	$9.90m^2$	$3.17m^2$	0.91	3.02	9.11	0.95
生物量	天然梭梭林	8.51	0.01kg	8.51kg	1.17kg	0.21	1.75	3.05	1.49
	梭梭+柠条混交林	21.21	0.03kg	21.24kg	3.57kg	0.52	4.01	16.06	1.12
	柠条纯林	10.96	0.02kg	10.98kg	3.34kg	1.07	3.55	12.61	1.06
同化枝长	天然梭梭林	8.50	10.50cm	19.00cm	14.67cm	0.40	2.19	4.80	0.15
	梭梭+柠条混交林	9.80	11.70cm	21.50cm	15.64cm	0.51	2.77	7.66	0.18
	柠条纯林	13.20	9.30cm	22.50cm	14.42cm	0.53	2.88	8.27	0.20
同化枝粗	天然梭梭林	0.91	0.99mm	1.90mm	1.59mm	0.05	0.28	0.08	0.17
	梭梭+柠条混交林	0.83	0.92mm	1.75mm	1.43mm	0.04	0.20	0.04	0.14
	柠条纯林	1.18	1.02mm	2.2mm	1.39mm	0.036 8	0.201 8	0.040 728	0.144 77

采用五点取土样法，分别测定了天然梭梭林、人工梭梭+柠条混交林及人工柠条纯林中 0～100cm 的 5 个土层土壤的电导率、pH、有机质、速效氮、速效磷和速效钾含量，结果如表 3-20 所示。

表3-20　天然梭梭林、人工柠条纯林和人工梭梭+柠条混交林土壤性质比较

指标	土层深度	天然梭梭林	人工梭梭+柠条混交林	人工柠条纯林
电导率/ （mS/cm）	0～20 cm	0.633	0.1305	0.088
	20～40 cm	0.945	0.411	0.104
	40～60 cm	1.02	0.7815	0.132
	60～80 cm	1.433	0.834	0.1255
	80～100 cm	1.5535	0.851	0.133
pH	0～20 cm	8.02	8.505	8.555
	20～40 cm	7.995	8.62	8.695
	40～60 cm	8.005	8.515	8.705
	60～80 cm	8.03	8.11	8.845
	80～100 cm	7.91	8.245	8.97
有机质/ （g/kg）	0～20 cm	0.856	1.4315	1.193
	20～40 cm	1.2555	1.0375	0.724
	40～60 cm	1.1075	0.992	0.7275
	60～80 cm	1.0135	1.242	0.6495
	80～100 cm	1.0535	1.3785	0.5595
速效钾/ （mg/kg）	0～20 cm	76	90	47
	20～40 cm	73	97.5	40
	40～60 cm	82	71.5	44.5
	60～80 cm	87	75	54.5
	80～100 cm	89.5	87.5	56.5
速效磷/ （mg/kg）	0～20 cm	1.625	2.135	0.91
	20～40 cm	1.725	1.37	0.705
	40～60 cm	1.215	1.32	0.55
	60～80 cm	1.01	1.985	0.755
	80～100 cm	1.165	2.345	0.70
速效氮/ （mg/kg）	0～20 cm	1.745	5.69	3.115
	20～40 cm	3.085	9.755	1.315
	40～60 cm	2.73	6.57	0.915
	60～80 cm	3.25	4.775	2.2
	80～100 cm	3.095	7.585	0.89

纵向水平上，随着土层加深，天然林及人工林中土壤电导率均逐渐升高，其他指标变化的规律性不明显。而在横向水平上，人工梭梭+柠条的混交林中各土层的有机质、速效氮、速效磷的含量均高于天然林及人工柠条纯林，而 pH 却低于

人工柠条纯林。在 0～100cm 土层，人工梭梭+柠条混交林土壤的有机质、速效磷、速效氮均最高，天然梭梭林 0～100cm 土层土壤的电导率最大，人工柠条纯林 0～100cm 土层土壤的 pH 最大。可见，与天然固沙林相比，人工柠条+梭梭混交林对土壤养分的改良作用明显，还具有降低土壤 pH 和土壤含盐量的作用。

同时，三种林地土壤水分的观测结果如图 3-6 所示，0～40cm 上层土壤以人工柠条+梭梭混交林的土壤含水量较高，而至中层（40～80cm），天然梭梭林土壤的含水量较高，到了下层（80～100cm），天然梭梭林和人工混交林二者土壤含水量相当，在整个土壤剖面上，人工柠条纯林的含水量均较低。

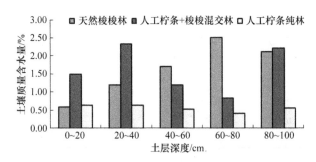

图 3-6　天然梭梭林、人工柠条纯林和人工柠条+梭梭混交林土壤含水量比较

表 3-21 显示，天然梭梭林中梭梭生长状况与林地土壤部分理化特性及养分含量具有一定相关性，但不显著，其中梭梭生长与土壤电导率、有机质、速效氮、速效磷多呈负相关，与速效钾呈正相关，表明土壤中的速效钾对梭梭生长具有正效应。整体来看，植物与土壤的互作效应较弱。由表 3-22 可见，天然梭梭林中梭梭生长与 0～100cm 土层含水量相关性不高，其中株高与土壤水分呈正相关，而地径、冠幅均与土壤含水量呈负相关。

表 3-21　天然梭梭林中梭梭生长与土壤理化指标的相关系数

指标	株高	地径	东西冠幅	南北冠幅	投影面积	生物量	pH	电导率	有机质	速效氮	速效磷	速效钾
株高	1											
地径	0.83**	1										
东西冠幅	0.86**	0.76**	1									
南北冠幅	0.75**	0.69*	0.86**	1								
投影面积	0.77**	0.69*	0.92**	0.92**	1							
生物量	0.80**	0.92**	0.76**	0.59	0.71*	1						
pH	0.44	0.12	0	−0.1	−0.06	0.11	1					

指标	株高	地径	东西冠幅	南北冠幅	投影面积	生物量	pH	电导率	有机质	速效氮	速效磷	速效钾
电导率	−0.19	0.07	0.16	0.29	0.23	0.12	−0.92**	1				
有机质	−0.41	−0.52	0.07	0.05	0.08	−0.33	−0.63*	0.65*	1			
速效氮	−0.1	−0.3	0.05	0.14	0	−0.15	−0.41	0.5	0.46	1		
速效磷	−0.62*	−0.37	0	−0.15	−0.04	−0.4	−0.39	0.1	0.35	−0.13	1	
速效钾	0.01	0.24	0.27	0.41	0.38	0.31	−0.82**	0.93**	0.58	0.23	0.02	1

*$P<0.05$，** $P<0.01$。下同

表 3-22　天然梭梭林中梭梭生长量与土壤含水量的相关系数

指标	株高	地径	东西冠幅	南北冠幅	土壤含水量
株高	1.000				
地径	0.83**	1.000			
东西冠幅	0.86**	0.80**	1.000		
南北冠幅	0.75**	0.74**	0.89**	1.000	
土壤含水量	0.33	−0.07	−0.1	−0.13	1.000

人工柠条+梭梭混交林中，梭梭生长情况与土壤的相关性明显大于天然林（表 3-23），且多数指标间表现为正效应，其中速效氮、速效钾与梭梭树高、地径、冠幅等指标呈显著或极显著正相关。人工混交林中梭梭株高、地径及冠幅均与土壤含水量呈正相关（表 3-24），但不显著。

表 3-23　人工柠条+梭梭混交林中梭梭生长量与土壤理化特性的相关系数

指标	株高	地径	东西冠幅	南北冠幅	投影面积	生物量	pH	电导率	有机质	速效氮	速效磷	速效钾
株高	1											
地径	0.70*	1										
东西冠幅	0.57	0.65*	1									
南北冠幅	0.62*	0.59	0.70*	1								
投影面积	0.57	0.62*	0.93**	0.84**	1							
生物量	0.73*	0.95**	0.72*	0.58	0.70*	1						
pH	0.05	0.03	0.25	0.56	0.53	0.17	1	−				
电导率	−0.06	0.32	0.26	−0.27	−0.15	0.21	−0.75**	1				
有机质	0.58	0.21	−0.09	−0.29	−0.28	0.17	−0.51	0.23	1			
速效氮	0.67*	0.70*	0.75**	0.47	0.59	0.70*	0.12	0.18	0.38	1		
速效磷	0.53	0.26	0.01	−0.27	−0.24	0.25	−0.43	0.28	0.94**	0.4	1	
速效钾	0.81**	0.68*	0.70*	0.64*	0.70*	0.76**	0.37	−0.15	0.38	0.84**	0.39	1

表 3-24 人工柠条+梭梭混交林中梭梭植被与土壤含水量的相关系数

指标	株高	地径	东西冠幅	南北冠幅	土壤含水量
株高	1.000				
地径	0.75*	1.000			
东西冠幅	0.64	0.78*	1.000		
南北冠幅	0.66	0.74*	0.81*	1.000	
土壤含水量	0.37	0.4	0.57	0.52	1.000

人工柠条纯林中，梭梭作为伴生树种，其生长指标与土壤指标多呈负相关，相关性不强（表 3-25）。而生长指标中地径、南北冠幅与土壤含水量的相关性达到极显著水平（表 3-26）。

综合比较表 3-21～表 3-26 可以看出，人工柠条+梭梭混交林中梭梭与土壤的协同关系较强，天然梭梭林与人工柠条纯林中梭梭与土壤间的互作效应较弱。同时，土壤含水量对人工柠条纯林中梭梭的生长影响较大，而对天然梭梭林和人工柠条+梭梭混交林的影响较小。

表 3-25 人工柠条纯林中梭梭植被与土壤理化特性的相关系数

指标	株高	地径	东西冠幅	南北冠幅	投影面积	生物量	pH	电导率	有机质	速效氮	速效磷	速效钾
株高	1											
地径	0.59	1										
东西冠幅	0.83**	0.56	1									
南北冠幅	0.81**	0.71*	0.85**	1								
投影面积	0.68*	0.55	0.94**	0.90**	1							
生物量	0.52	0.98**	0.47	0.62*	0.46	1						
pH	0.02	−0.34	0.01	−0.3	−0.13	−0.22	1					
电导率	−0.34	−0.61*	−0.38	−0.61*	−0.47	−0.48	0.75**	1				
有机质	0.09	0.24	−0.06	0.24	−0.01	0.11	−0.82**	−0.79**	1			
速效氮	−0.01	0.2	−0.18	0.11	−0.13	0.19	−0.49	−0.62*	0.74**	1		
速效磷	−0.1	−0.06	−0.28	−0.08	−0.28	−0.1	−0.29	−0.58	0.66*	0.85**	1	
速效钾	−0.25	−0.44	−0.43	−0.65*	−0.61*	−0.31	0.63*	0.49	−0.3	0	0.25	1

表 3-26 人工柠条纯林中梭梭植被与土壤含水量的相关系数

相关系数	株高	地径	东西冠幅	南北冠幅	土壤含水量
株高	1				
地径	0.59	1			
东西冠幅	0.83*	0.56	1		
南北冠幅	0.81*	0.71*	0.85**	1	
土壤含水量	0.49	0.91**	0.51	0.84**	1

二、人工梭梭林植被-土壤耦合协调度关系研究

1. 指标体系、评价模型的建立

（1）指标体系的建立和权重的确定

构建能够反映梭梭人工植被恢复程度的 2 级层次评价指标，选取 2014 年植被与土壤调查数据进行标准化处理后，用层次分析法计算植被与土壤 2 个子系统中各评价指标的权重，将多维的非线性问题简化成一维线性叠加的层次分析法，最底层为要素层，是隶属于上层的各个评价指标。每一层各要素与上层各指标进行重要性对比，建立起每层的对比矩阵，通过一致性检验后按照综合权重表示的结果进行分析，各要素的权重如表 3-27 所示，植被综合指数中养分效应指标所占权重较大，其次是生长特性指标中的株高和地径，土壤综合指数中含水量和有机质含量的权重系数较大。

表 3-27　植被-土壤耦合协调评价层次结构体系及指标权重

准则层	第一层		第二层		综合权重
	指标	权重	指标	权重	
植被综合指数 (f_x)	生长特性（C_1）	0.3000	株高（X_1）	0.2956	0.0887
			地径（X_2）	0.2686	0.0806
			树冠投影面积（X_3）	0.2237	0.0671
			地上生物量（X_4）	0.2121	0.0636
	生理特性（C_2）	0.3000	组织含水量（X_5）	0.2467	0.0740
			脯氨酸含量（X_6）	0.2505	0.0752
			细胞伤害率（X_7）	0.2467	0.0740
			叶绿素相对含量（X_8）	0.2533	0.0760
	养分效应（C_3）	0.4000	氮（X_9）	0.3310	0.1324
			磷（X_{10}）	0.3465	0.1386
			钾（X_{11}）	0.3225	0.1290
土壤综合指数 (g_y)	物理特性（C_4）	0.5714	含水量（Y_1）	0.3494	0.1996
			有机质（Y_2）	0.3476	0.1986
			电导率（Y_3）	0.3030	0.1732
	化学特性（C_5）	0.4286	水解氮（Y_4）	0.2145	0.0919
			速效磷（Y_5）	0.2487	0.1066
			速效钾（Y_6）	0.2479	0.1062
			pH（Y_7）	0.2890	0.1238

（2）系统评价模型的建立

梭梭人工林植被特征与土壤特性分析评价应包括植被与土壤 2 个子系统之间的协调发展和各系统内部的协调发展。依据建立的指标体系，按公式构建植被-土壤耦合度的综合评价模型。

$$C = \left\{ \frac{4 f(x) \times g(y)}{[f(x) + g(y)]^2} \right\}^k$$

式中，C 为梭梭人工林植被-土壤系统耦合度；$f(x)$ 为植被综合评价函数；$g(y)$ 为土壤综合评价函数；k 为调节系数，通常 $2 \leqslant k \leqslant 5$，本文设定为 5。耦合度 $0 \leqslant C \leqslant 1$，当 C 趋向于 1 时，表明系统之间或系统内部各要素之间达到良性共振耦合，$C=0$ 说明系统之间或系统内部要素之间处于无关状态。

$$f(x) = \sum_{i=1}^{n} a x_i$$

$$g(y) = \sum_{j=1}^{n} b y_j$$

式中，i、j 分别为植被特征和土壤理化特性的指标个数；a、b 为指标待定权重值；x_i、y_j 为植被生长、生理和养分特征的第 i 个指标的标准化值与土壤理化特性的第 j 个指标的标准化值。由此函数式得出的综合指数越高，表明植被生长状况或土壤环境条件越好，反之则越差。

单用耦合度难以全面和准确地反映植被子系统及土壤子系统在整个大系统中的整体"功效"与"协同"效应，单纯依靠耦合度判别有可能产生偏差，而耦合协调度模型，就是在 C 值的基础上考虑了表示总体发展水平的成分，进一步准确反映梭梭人工林植被恢复过程中植被与土壤交互耦合的协调程度。

$$D = \sqrt{C \times T} \qquad T = \alpha f(x) + \beta g(y)$$

式中，D 为梭梭人工林植被-土壤系统耦合协调度；T 为植被与土壤的综合调和指数，它反映了植被与土壤的整体协同效应或贡献；α、β 为每一要素的综合权重。由于系统中植被生长与土壤环境的改善同等重要，因此实际应用中 $\alpha = \beta = 1/2$，则

$$T = \frac{f(x) + g(y)}{2}$$

耦合协调度是表征梭梭人工林系统植被与土壤系统耦合协调程度的指标，显然，D 值为 0～1 时，其值越大，说明植被生长与林地土壤的总体水平越高，也表明植被生长与土壤环境之间的耦合关系越协调。

（3）变量降维

首先利用巴特利特球形度（sphericity）和 KMO（Kaiser-Meyer-Olkin）检验

本研究获取的指标变量之间是否具有较强的相关性，判定是否适用于主成分分析方法，如果满足检验标准，用主成分分析法（principal component analysis，PCA）对梭梭人工林的植被特征、土壤特性进行综合评价。采用方差最大化正交旋转（varimax EOF），将主成分放在最有利于分析的空间来展开，使每个因子具有最高载荷的变量数最小以实现对因子的解释。通过每个主成分得分绝对值与其对应的特征值占所提取主成分总的特征值之和的权重相乘再求和，得到梭梭人工林植被恢复不同时期综合评价得分。

2. 植被-土壤耦合协调度分析

（1）耦合类型的分类体系及评判标准

根据耦合协调度 D 的大小，结合本研究计算得出植被综合评价函数 $f(x)$ 和土壤环境综合评价函数 $g(y)$ 的大小，参考植被-土壤系统耦合类型划分方法，提出梭梭人工林植被-土壤耦合协调类型及评判标准（表 3-28），$f(x)$ 与 $g(y)$ 的比值大于 1，说明植被恢复速度较土壤发育速度快；其比值小于 1 则说明植被恢复速度较土壤发育速度慢，没有充分利用土壤肥力资源；其比值越接近于 1 说明两者之间演替状态越趋于同步协调发展。根据 D 值的大小及 $f(x)$ 和 $g(y)$ 的对比关系将植被与土壤的协调发展状况分为 5 大类 15 小类。从表 3-28 中数据可看出，耦合作用的强度与耦合协调程度并非一一对应，二者交替出现，这与梭梭人工固沙植被和土壤子系统之间的波动式发展规律是相符合的。

表 3-28　植被-土壤系统耦合类型划分

耦合协调度	水平类型	$f(x)/g(y)$	耦合协调类型
0<D≤0.1	极度失调衰退型	$f(x)/g(y)$>1.2	极度失调衰退类植被损益型
		0.8≤$f(x)/g(y)$≤1.2	极度失调衰退类植被土壤共损型
		$f(x)/g(y)$<0.8	极度失调衰退类土壤损益型
0.1<D≤0.2	严重失调衰退型	$f(x)/g(y)$>1.2	严重失调衰退类植被损益型
		0.8≤$f(x)/g(y)$≤1.2	严重失调衰退类植被土壤共损型
		$f(x)/g(y)$<0.8	中度失调衰退类土壤损益型
0.2<D≤0.3	中度失调衰退型	$f(x)/g(y)$>1.2	中度失调衰退类植被损益型
		0.8≤$f(x)/g(y)$≤1.2	中度失调衰退类植被土壤共损型
		$f(x)/g(y)$<0.8	中度失调衰退类土壤损益型
0.3<D≤0.4	轻度失调衰退型	$f(x)/g(y)$>1.2	轻度失调衰退类植被损益型
		0.8≤$f(x)/g(y)$≤1.2	轻度失调衰退类植被土壤共损型
		$f(x)/g(y)$<0.8	轻度失调衰退类土壤损益型
0.4<D≤0.5	濒临失调衰退型	$f(x)/g(y)$>1.2	濒临失调衰退类植被损益型
		0.8≤$f(x)/g(y)$≤1.2	濒临失调衰退类植被土壤共损型
		$f(x)/g(y)$<0.8	濒临失调衰退类土壤损益型

（2）梭梭人工林植被-土壤系统的耦合协调度分析

从表 3-29 可以看出，固沙过程中人工梭梭林植被-土壤系统的耦合度和耦合协调度均不高且不完全一致。系统耦合度的大小排列顺序为 33 年＞23 年＞42 年＞20 年＞17 年＞28 年＞12 年＞15 年＞7 年，人工梭梭林恢复至 17 年后，植被与土壤二者的相互作用明显增大且趋于稳定。植被-土壤耦合协调度的顺序则为 28 年＞42 年＞20 年＞17 年＞33 年＞12 年＞23 年＞15 年＞7 年，7~42 年的植被恢复过程中，人工梭梭林始终停留在失调衰退时期，林地植被和土壤均处于损益型状态，只是随着植被恢复年限的延长系统损益的程度有所降低。这说明在没有人为干预促进措施下，梭梭人工林系统的自我优化功能非常之弱。林分发育至 42 年，梭梭林植被-土壤系统的耦合度和耦合协调度，以及 $f(x)/g(y)$ 的数值都较大，由此可推测梭梭人工林植被-土壤系统有从衰退型向协调发展转变的趋势，未来几年面临的生态环境压力较为严峻，因此应最大限度地提高植物生长抚育水平。

表 3-29　不同树龄人工梭梭林植被-土壤系统耦合协调状况综合评判

树龄/年	$f(x)$	$g(y)$	耦合度	耦合协调度	$f(x)/g(y)$	耦合协调类型
7	0.0832	0.0425	0.5747	0.1901	1.9579	严重失调衰退类植被损益型
12	0.0976	0.1461	0.8174	0.3156	0.6684	轻度失调衰退类土壤损益型
15	0.1038	0.0640	0.7494	0.2508	1.6204	中度失调衰退类植被损益型
17	0.1084	0.1412	0.9168	0.3383	0.7680	轻度失调衰退类土壤损益型
20	0.1464	0.1129	0.9194	0.3453	1.2965	轻度失调衰退类植被损益型
23	0.0911	0.0797	0.9779	0.2890	1.1433	中度失调衰退类植被土壤共损型
28	0.1340	0.1869	0.8709	0.3738	0.7166	轻度失调衰退类土壤损益型
33	0.1063	0.1092	0.9991	0.3281	0.9734	轻度失调衰退类植被土壤共损型
42	0.1367	0.1175	0.9716	0.3514	1.1639	轻度失调衰退类植被土壤共损型

（3）梭梭人工林综合评价

通过主成分分析法将原来 18 个变量的整体变异信息用前 5 个主成分来代替，从而实现降维的目的，5 个主成分的累计方差贡献率取值（90.912%）大于 80%（表 3-30），可基本反映原有变量的整体信息。其中第一主成分的特征根为 7.531，它解释了总变异的 41.840%，它与地上生物量（0.900kg/株）、树冠投影面积（0.874m²/株）、地径（0.831cm）、株高（0.830cm）等相关性较好，因此该主成分代表植物生长特征指标；第二主成分的特征根为 3.486，它解释了总变异的 19.369%，叶绿素含量（0.918mg/g）和组织含水量（0.651%）对其的正效应较大，负相关性强的是细胞伤害率（-0.858%）、因此该主成分主要反映植物生理特性；对第三主成分正效应最大的是土壤含水量（0.947%）、有机质含量（0.647g/kg），因此该主成分主要反映土壤的物理特性；与第四主成分相关性最大的变量是土壤水解氮（0.808mg/kg），因此该主成分代表土壤化学特性；对第五主成分负效应最大的变量是植物钾素（–0.805%），因此该主成分代表植物养分特性。提取的 5 个主成分分别可以代表植物生长、生理，土壤物理、化学特性及养分特征的各项变量，因此梭梭人工林的识别评价指标体系的综合评价得分可以用这 5 类主成分代替。

表 3-30　主成分的因子负荷量、特征根与贡献率

因子	主成分 1	主成分 2	主成分 3	主成分 4	主成分 5
组织含水量/%	0.389	0.651	0.49	0.275	–0.169
脯氨酸/（μg/g）	–0.155	0.167	–0.111	0.907	–0.027
细胞伤害率/%	–0.184	–0.858	0.162	–0.067	–0.005
叶绿素含量/（mg/g）	0.074	0.918	–0.142	0.188	–0.201
氮素/%	0.766	0.093	0.044	0.345	0.156
磷素/%	–0.089	–0.147	–0.821	0.495	0.068
钾素/%	0.533	–0.128	–0.143	–0.019	–0.805
株高/m	0.830	0.356	0.319	–0.152	–0.022
地径/cm	0.831	0.457	0.198	0.155	0.017
树冠投影面积/（m²/株）	0.874	0.378	–0.034	–0.082	–0.127
地上生物量/（kg/株）	0.900	0.325	–0.094	–0.03	0.02
土壤含水量/%	0.071	–0.238	0.947	–0.02	–0.076
水解氮/（mg/kg）	0.469	0.247	–0.14	0.808	0.036
速效磷/（mg/kg）	0.83	–0.64	0.084	0.056	0.331
速效钾/（mg/kg）	0.949	–0.123	0.231	–0.068	0.129
有机质/（g/kg）	0.402	–0.216	0.647	0.001	0.515
电导率/（mS/cm）	0.742	–0.203	0.325	0.352	–0.348
pH	0.121	0.087	–0.007	–0.17	–0.898
特征根	7.531	3.486	2.469	1.619	1.259
方差贡献率/%	41.840	19.369	13.715	8.996	6.994
累计方差贡献率/%	41.840	61.208	74.923	83.918	90.912

表 3-31 为人工梭梭林不同恢复时期植被-土壤系统的综合评价分数，其值越大，代表植被恢复的效果越好。从综合排名来看，位于第一的是 42 年生人工梭梭林，接下来是 28 年生、20 年生、23 年生、12 年生、15 年生、17 年生、33 年生和 7 年生林地，总体来看，随着植被恢复时间的延长，通过 5 个主成分得分与其对应的特征值计算出来的综合评分值逐渐升高，也即综合排名有逐渐靠前的趋势。

表 3-31　不同树龄人工梭梭林综合评价分数

树龄/年	F_1	F_2	F_3	F_4	F_5	综合评价分数	综合排名
7	−1.869	−0.133	1.422	−0.135	1.209	0.210	9
12	−0.160	−1.092	−1.365	1.401	0.935	0.723	5
15	−0.563	0.430	−0.724	−0.883	−0.701	0.601	6
17	0.051	−1.046	0.324	0.679	−1.415	0.471	7
20	1.239	0.009	0.181	−1.465	0.923	0.815	3
23	−0.549	0.924	−1.561	−0.541	−0.009	0.739	4
28	1.440	−0.474	0.449	0.148	0.662	0.897	2
33	−0.085	−0.627	0.589	−0.602	−1.345	0.425	8
42	0.496	2.010	0.683	1.398	−0.261	0.918	1

3. 小结

利用 2 级层次 18 个植被土壤指标，构建的古尔班通古特沙漠南缘人工梭梭林系统耦合度模型，植被恢复的时间较短，且在外界环境因子的影响下，9 个发育时期内人工梭梭林均处于衰退型发展状态，植被与土壤的关系以拮抗和磨合为主，植被-土壤系统还处于低水平耦合期。固沙达 7 年的人工梭梭林系统为严重失调衰退类植被损益型；固沙至 12 年的人工梭梭林植被、土壤系统转为轻度失调衰退类土壤损益型，而固沙至 20 年的林地系统转为轻度失调衰退类植被损益型，23 年进入了中度失调衰退类植被土壤共损型阶段，之后的 28～42 年，人工林基本稳定在轻度失调衰退类植被土壤共损型阶段。由此可见，梭梭人工植被恢复过程中，林地土壤性质变化不大，基本稳定为轻度损益型，而植被特征变化强度较大，大体上经历了严重—中度—轻度的过程。由此可推断在古尔班通古特沙漠南缘这样一个外界环境条件极其脆弱的生境中，尽管植被与土壤都为系统的耦合和协调发展贡献了力量，但是最终也没有实现协调发展，只是降低了系统损益的程度，由此可见，研究区人工梭梭林植被重建后，不断加强对植被的抚育管理，缩短植被-土壤系统损益期，推进发展为过渡期，并最终达到协调发展阶段是非常必要的。

第三节　荒漠绿洲过渡区生态经济兼用林营建技术研究

一、沙地桑经济型防风固沙林建设技术

a. 选择枝叶营养丰富的生态经济兼用型灌木树种——沙地桑，作为人工植被重建的植物材料。

b. 在干旱沙区荒漠与绿洲过渡带栽植沙地桑，时间为 3～6 月或 9～10 月。栽苗时，在垂直于主风向的方向，用多功能栽苗机凿出深 30～40cm、宽 20cm 的栽植沟，沟间距为 1m，将沙地桑幼苗放入沟内扶直，将沟两侧的原土回填，并压

实土面或采用穴状种植。

c. 幼苗栽植完毕后，立刻沿着栽植沟的一侧铺设滴灌毛管，每株幼苗处留有一个滴灌出水孔，启动事先修建好的滴灌系统，进行滴灌灌溉。

d. 植被恢复第一年以缓苗为主，栽植初期，采取少量多次的灌溉方式，并在滴灌设施中加入 1～3g/亩的生根粉，生根粉可选择 3-吲哚丁酸钾、ABT3 号或双吉尔-GGR6 号，每次灌水保证幼苗距根际 20cm 范围内的土壤湿润，灌水周期控制在 5～10d，缓苗结束后，延长灌溉周期。

e. 从第二年开始，沙地桑幼苗进入了快速生长期，控制灌溉周期延长至 15～20d，并增施尿素和磷酸二铵肥料，单株施肥量控制在 100g。

f. 植物长势较大的夏季，陆续采摘幼叶，晾晒后制成保健茶，同时每隔 20d 进行疏枝，剔除基部较老分枝，将其加工成动物饲料。霜降后沿地面整株刈割，嫩叶可制成药性更好的保健茶，其余部分可加工成饲料。翌年春季补水后又可重新萌发生长。

二、全生长季人工免穴栽苗技术

为了实现全生长季造林作业，减少对原土的扰动，同时提高苗木成活率，降低造林成本，总结提出了沙地桑全生长季人工栽植技术措施，具体步骤如下。

a. 打机井、确定造林地：在造林前一年或当年早春钻打 240～260m 的深井，沿等高线布设安装滴灌供水设施。

b. 定植前苗木准备：选用 Ⅰ、Ⅱ级优质沙地桑裸根 1 年生幼苗，在恒温冷库中储存。

c. 定植时间：定植时间为整个生长季 4～9 月。

d. 造林前水源准备：启动造林滴灌单元的灌溉设施，使用流量为 3L/h 的滴头连续滴水 5～6h，滴头下方湿沙层厚度达 25～30cm 时开始栽苗。

e. 苗木定植：采用手持式苗木植苗器，将沙地桑裸根 1 年生幼苗压入湿土或湿沙中 20cm 深，待一个造林单元苗木栽植工作结束后，继续保持滴灌系统正常运行 24h 后关闭。

f. 栽后促根措施：栽苗后 12～15d，每隔 3～5d 滴灌一次，每次持续时间 6h。

g. 栽后缓苗管理：栽苗后 15～30d，有新根长出后，逐渐延长灌水周期至 7～10d，促进新生根系快速生长。

h. 常规管理：待新栽苗木地上部新生叶片数达 4～6 片后，生长旺盛期的 7～9 月，按每月一次，按照 5‰～10‰的浓度配比，将磷酸二铵、尿素融入滴灌系统中，随水源送至新植苗木根部，增强苗长长势。9 月下旬苗木封顶后，延长灌水周期至 15～20d，10 月下旬停止灌水，苗木进入休眠期。

第四节　绿洲区林-农复合模式对小气候的影响分析

在新疆精河县托里乡南部的绿洲边缘，选择不同的人工植被，包括 2 种防护林：杨树林（俄罗斯杨）和杨树（加拿大小叶杨×俄罗斯杨）+沙枣林，2 种农田：葡萄田和棉花田，以附近的荒漠为对照，研究不同植被对小气候的影响，结果如下。

一、对风速的影响

7 月的早晨（$P<0.001$）、中午（$P<0.05$）和下午（$P<0.001$），植被对风速都产生显著影响（图 3-7）。早晨和下午，4 种不同植被区的风速均显著低于荒漠（$P<0.05$）；中午，杨树+沙枣林和棉花田区的风速显著低于荒漠（$P<0.05$）。9 月的早晨（$P<0.001$）和下午（$P<0.001$），植被对风速都产生极显著影响；中午植被区对风速的影响不显著（$P>0.05$）。早晨和下午，4 种不同人工植被区的风速均显著低于荒漠区（$P<0.05$）。

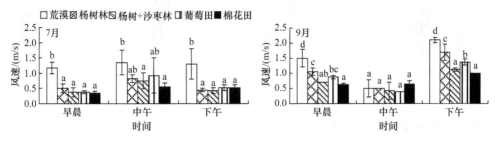

图 3-7　不同植被区的风速

不同字母代表在 0.05 水平上差异显著。下同

二、对气温的影响

7 月的早晨和中午，植被对气温的影响不显著（$P>0.05$）；下午，植被对气温产生显著影响（$P<0.05$）（图 3-8）。下午 4 种不同人工植被区的气温均显著

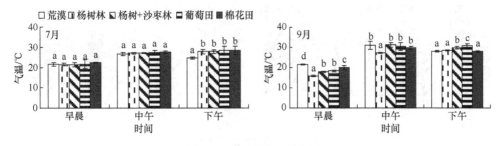

图 3-8　不同植被区的气温

高于荒漠（$P<0.05$）。9 月的早晨（$P<0.001$）、中午（$P<0.01$）和下午（$P<0.001$），植被对气温均产生显著影响。早晨 4 种不同人工植被区的气温均显著低于荒漠（$P<0.05$）。中午杨树林的气温显著低于荒漠和其他 3 种人工植被（$P<0.05$）。下午杨树+沙枣林和葡萄田的气温显著高于荒漠和其他 2 种人工植被（$P<0.05$）。

三、对相对湿度的影响

7 月的早晨、中午和下午，植被对相对湿度的影响均不显著（$P>0.05$）（图 3-9）。9 月的早晨、中午和下午，植被对气温均产生显著影响（$P<0.05$）。早晨 4 种人工植被区的相对湿度均显著高于荒漠（$P<0.05$）；中午仅杨树林内的相对湿度显著高于荒漠、杨树+沙枣林和棉花田（$P<0.05$）；下午杨树+沙枣林和棉花田的相对湿度显著高于荒漠与杨树林（$P<0.05$）。

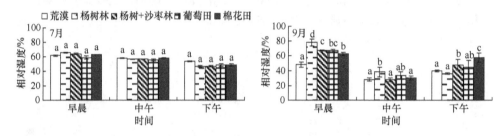

图 3-9　不同植被区的相对湿度

四、对土壤温度的影响

7 月的早晨（$P<0.01$）、中午（$P<0.01$）和下午（$P<0.01$），植被对土壤温度均产生极显著影响（图 3-10）。早晨，杨树林和棉花田的土壤温度显著低于杨树+沙枣林与葡萄田；中午 4 种人工植被的土壤温度显著低于荒漠，而且 2 种防护林的土壤温度显著低于 2 种农田；下午 4 种人工植被区的土壤温度显著高于荒漠，而且 2 种防护林的土壤温度显著高于 2 种农田。9 月的早晨（$P<0.01$）、中

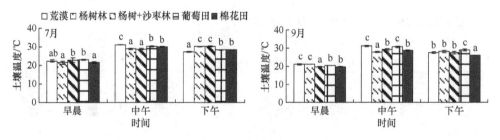

图 3-10　不同植被区的土壤温度

午（$P<0.01$）和下午（$P<0.01$），植被对土壤温度均产生极显著影响。早晨杨树+沙枣林和2种农田的土壤温度显著低于荒漠与杨树林；中午2种防护林和棉花田的土壤温度显著低于荒漠与葡萄田；下午葡萄田的土壤温度显著高于荒漠、棉花田和2种防护林，而棉花田的土壤温度则显著低于荒漠、葡萄田和2种防护林。

五、对土壤体积含水量的影响

7月，植被对0～10cm和20～30cm的土壤体积含水量影响不显著（$P>0.05$）；对10～20cm的土壤体积含水量的影响接近显著水平（$P=0.091$）；对30～40cm和40～50cm的土壤体积含水量的影响均达到显著水平（$P<0.05$）（图3-11）。10～20cm葡萄田的体积含水量显著高于2种防护林。30～40cm、40～50cm荒漠和葡萄田的体积含水量显著高于2种防护林。9月，植被对0～10cm（$P<0.01$）、10～20cm（$P<0.01$）、20～30cm（$P<0.05$）和30～40cm（$P<0.05$）的土壤体积含水量的影响达到显著水平，但是对40～50cm的土壤体积含水量影响不显著（$P>0.05$）。0～10cm荒漠、杨树林和2种农田的体积含水量显著高于杨树+沙枣林。10～20cm棉花田的土壤体积含水量显著高于荒漠、2种防护林和葡萄田，而且荒漠和葡萄田的土壤体积含水量也显著高于2种防护林。20～30cm荒漠和2种农田的土壤体积含水量显著高于2种防护林。30～40cm荒漠和2种农田的土壤体积含水量显著高于杨树+沙枣林。

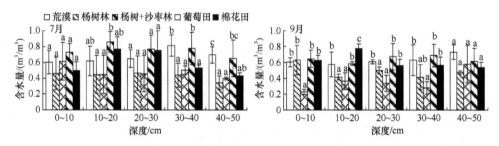

图3-11　不同植被区的土壤体积含水量

六、小结

与荒漠相比，精河县杨树林、杨树+沙枣林、葡萄田和棉花田都能够降低风速。其中，7月人工植被降低风速的效果较好。早晨4种人工植被分别将风速降低57.45%、68.09%、68.09%和70.21%；下午分别将风速降低65.38%、67.31%、59.62%和59.62%；中午杨树+沙枣林和棉花田分别将风速降低44.44%、59.26%。9月人工植被降低风速的效果相对较弱，早晨分别将风速降低30.00%、53.33%、41.67%

和 58.33%；下午分别将风速降低 19.05%、46.43%、34.52%和 52.38%。

4 种人工植被对气温有一定的调节作用。与荒漠相比，精河县的 4 种人工植被能够降低中午的土壤温度。7 月的中午 4 种人工植被分别比荒漠土壤温度降低2.22℃、2.30℃、0.86℃和 1.08℃。9 月的中午 2 种防护林和棉花田分别比荒漠土壤温度降低 3.28℃、2.00℃和 2.48℃。

与荒漠相比，本研究中人工植被增加相对湿度的作用比较有限。9 月的早晨 4 种人工植被都能够比荒漠明显增加相对湿度，分别增加 29.85%、19.175%、18.675%和 14.35%。中午仅杨树林的相对湿度比荒漠增加 10%。下午仅杨树+沙枣林和棉花田的相对湿度分别比荒漠增加 8.175%和 18.1%。

参 考 文 献

刘丽丽, 金则新, 李建辉. 2010. 浙江大雷山夏蜡梅群落植物物种多样性及其与土壤因子相关性[J]. 植物研究, 30(1): 57-64.

第四章　沙区水土耦合及环境效应研究

引　言

水土资源是我国农业生产与发展过程中最为关键的资源，也是人类生存和社会发展不可或缺的物质基础。基于水土资源不同尺度下耦合方式的不同，从而构成了不同区域的水土耦合景观，二者间耦合程度的高低直接影响着区域生态环境的和谐发展状况。随着我国干旱沙区的不断发展，人类活动对区域资源分布格局的影响也在逐步加深。而不合理的资源开发利用模式，直接会对区域生态景观造成破坏，从而造成水土资源生态格局的不稳定，进而出现一系列环境负效应如土地退化、水土流失等。探索水土资源相互匹配的利用方式是全世界的共同课题。由于区域在长期发展过程中对水资源的承载能力考虑不充分等，因此干旱沙区水资源供需矛盾加深、土地利用格局不断改变、水土耦合景观不断发生变化等一系列资源负效应，对水土资源的可持续利用造成了负面影响。

精河县土地利用较为密集，光照资源、农牧业资源较为丰富，土壤肥力及土壤养分含量偏低；近年来，当地政府对精河县生态工程与区域环境优化及经济果林建设尤为重视，其中以精河县黑山头十万亩生态林地建设，罗布麻、蛋白桑等生态经济作物推广种植为代表，为区域经济、社会的发展奠定坚实的绿色骨架。基于水资源是各行业发展的制约条件，故将水土资源有机结合起来，因此通过对精河水土资源耦合模式进行研究建模，以及基于现有资源利用模式下的环境效应进行分析评价等，有助于对土地资源利用进行空间调整，提高水土资源的耦合程度，有效缓解区域水土资源供需矛盾，最终实现区域资源的和谐发展。

第一节　研究方法

一、 水土资源利用现状分析

水资源短缺是制约干旱沙区区域社会经济及生态环境和谐持续发展的主要原因，加之不合理的资源利用模式，违反自然规律对区域水土资源格局的调整，在一定程度上破坏了沙区水土资源格局的稳定性。单一的针对某一资源的利用和调整已经不能满足区域生态与环境的要求。根据系统耦合原理，在一个系统内部的多项组成部分之间，总是存在相互作用、相互联系与影响的过程。充分研究系统内部各组成部分之间的耦合关系，能够将系统内部的耦合负效应规避与消除，把握其内部的稳定性，从而表现在外部上的协调与可持续性。

利用区域遥感影像数据，结合遥感与地理信息系统原理及相关软件，并参考沙区土地覆被及利用相关矢量数据，构建沙区景观分类体系，对沙区进行空间尺度上的景观分类。其目的在于对沙区复杂土地资源种类进行合理的归并与分类，直观得出沙区土地资源空间分布状况。通过有关统计年鉴中的相关数据，对沙区现有水资源数量、分布情况、需水格局进行宏观把握。对沙区水土资源利用现状进行分析，目的在于更好地掌握现有水土资源的共存及耦合方式，以便后期对其进行分析与调整。

二、水资源总量估算与模拟

干旱沙区面临水资源短缺现状，经济发展受到了资源有限的制约。本章内容基于区域水量平衡方程及其原理，对沙区水资源总量进行定量估算。主要估算指标包括：区域年均地表径流、地下径流，土壤水分含量及区域蒸散发量，区域蒸散发量主要包括潜在蒸散发量与区域实际蒸散发量两部分内容。

在对沙区各水资源总量估算指标进行建模估算之前，首先，利用 ArcGIS 软件中有关水文分析的模块对沙区数字高程模型（DEM）的水文信息进行提取（李厚斌，2013），包括对 DEM 数据的填注、汇流累积量计算、河网生成与分级，并划分子流域，最后实现研究区空间范围内子集水单元的划分。本研究利用分布式水文模型 SWAT 中的"SCS-CN"曲线模型（刘婕和赵勇，2013），结合有关气象数据及沙区土地景观类型，对沙区地表径流进行模拟，并根据沙区不同土地景观类型进行地表径流水资源数量的估算。其次，通过查阅相关文献，制定沙区地下径流模型，引入地下净雨量概念，对沙区不同土地景观类型条件下的地下水资源数量进行估算。本研究通过沙区实地采样、野外调查等过程，对沙区土壤含水量进行室内分析，得到沙区土壤水分数据，并将该数据结合 ArcGIS 软件中的空间插值功能，对研究区范围内土壤水分含量的空间格局进行分析，并估算沙区土壤水资源量。最后，对研究区蒸散发量进行估算，先利用区域有关气象、辐射数据结合 Penman-Monteith 方程对沙区潜在蒸散发量进行估算，在此基础上，利用潜在蒸散发数据进行沙区植被、土壤实际蒸散发量的估算。

对沙区水资源总量的估算，是对研究区水资源数量的定量评价，旨在为后期研究沙区水土资源供需关系提供数据支撑。

三、水资源需求量估算模拟

本研究根据沙区土地覆被及利用现状数据,对沙区水资源需求量估算指标进行创建,主要包括农业需水量估算、工业需水量估算及区域居民生活用水量估算。针对沙区生态格局的不稳定性,提升沙区环境质量,改善区域水土流失与土地沙漠化等生境脆弱性现状,本研究还对沙区生态需水量进行了估算,并根据沙区土地覆被及利用现状数据对不同生态需水指标进行划分和归并。

针对沙区农业需水量估算,主要依靠沙区不同作物的生长周期所需水量结合其种植面积,对基于现有土地利用模式下的农业需水量进行估算。通过工业生产产量与单位产量所需水量,结合精河县工业用水定额,对沙区工业生产用水进行估算。而针对沙区居民生活用水量,主要结合沙区现有人口数量,按照沙区居民生活用水定额,对居民生活用水量进行估算。本研究通过参考有关生态需水量的概念与含义,并结合有关干旱沙区生态需水量估算指标及原理,制定了适合于沙区各生态需水量计算指标的需水定额,结合不同生态需水面积,对沙区生态需水量进行估算。

对沙区现有土地覆被及利用现状下水资源需求量的估算,旨在全面把握沙区基本水资源需求,为维护区域经济、社会与生态建设的和谐、可持续发展起到了科学指导作用。

四、水土耦合建模与分析

利用沙区水资源总量及需求量数据,并结合沙区子集水单元的划分结果,对沙区水土资源耦合现状进行空间建模。在沙区水资源供需数据的基础上进行分类统计,将单个子集水单元内的水资源总量及需求量,以及需水面积与子集水单元面积作为建模模型背景参数,推算得到沙区水土资源耦合指数的空间分布状况,并对不同耦合程度的区域进行分析,给出相应的指导建议,旨在科学地维护区域生态格局稳定和改善环境现状等。

五、环境效应现状分析

通过对研究区实地考察采样,将土壤及水文样品进行室内分析实验,土壤样品分析包括土壤酶活性、土壤有机质、土壤容重、土壤盐分(可溶性盐分离子)等,水文样品主要采集了艾比湖湖区的三组样品,并进行水盐分析、理化性状分析、营养物质分析实验。依托上述实验数据与结果,从区域水盐、水热耦合角度,对沙区现有的水土资源利用及分布格局条件下的区域水土环境效应进行分析,目的在于获得区域脆弱环境现状的主要原因，并总结出能够有效改善区域生态脆弱性及规避水土资源利用模式下的环境负效应，对沙区资源利用的可持续起到指导作用。

第二节　水环境质量现状分析

本研究在对精河县进行实地考察的过程中，曾在艾比湖湖区随机选取 3 个采样点，大概位置分别按照湖岸、湖中与湖心三个地点采集若干水样，运用水质监测仪器对采样点水样进行检测，检测结果如表 4-1 所示。

表 4-1　艾比湖水质表

指标	湖岸	湖中	湖心
矿化度/（g/L）	203.7	202.5	208.7
pH	8.47	8.42	8.37
溶解氧（DO）/（mg/L）	4.7	7.1	9.3
O_2/（mg/L）	2.6	3.7	1.5
高锰酸钾指数（COD Mn）/（mg/L）	5.3	7.9	8.7
全氮（TN）/（mg/L）	0.96	1.21	0.73
全磷（TP）/（mg/L）	0.04	0.07	0.02

一、水化学特征

艾比湖湖水矿化度远大于 35g/L，故艾比湖是盐水湖。在 20 世纪 80 年代之前，艾比湖湖水的矿化度处于 100g/L 之内，随着近年来湖水面积的不断减少，湖心矿化度目前达到了 208.7g/L。pH 分布较为均一，变化幅度不是很大。

二、营养物质特征

艾比湖湖水溶解氧含量较低，均值为 7.0mg/L，湖心的溶解氧含量高于湖中，湖中又高于湖岸，表明湖心的水体自净能力最强，其次是湖中，最后则是湖岸。

从表 4-1 中可以得到，艾比湖水体中的高锰酸盐指数分布情况是湖心高于湖中，湖中高于湖岸。湖心相对湖中和湖岸污染较为严重，高锰酸盐表征量较高。

从表 4-1 中可以看到，全磷和全氮两个指标分布情况类似，由于湖心受到的人为影响较少及这个区域内湖水的自净能力较强，全磷和全氮值为最低，其他两个采样点受人为影响和区域工厂排放污染物等状况影响导致两者数值较高。

第三节 土壤环境质量现状分析

一、土壤酶活性变化特征

依据精河县宏观自然地理特征及区域景观格局现状，利用便携式 GPS 进行定位，合理选取具有代表性的土壤样地共 10 个剖面进行调查取样，采样点概况如表 4-2 所示。其中 10 个样地分别代表不同土地覆被及利用类型：1#样地为荒漠沙土地；2#样地为农田荒漠交错带；3#样地为人工小型农田防护林；4#样地为农田枸杞样地；5#样地为农田棉花地；6#样地为绿洲自然灌丛；7#样地为高速公路边绿洲内部低盖度草样地；8#样地为沙区北部盐碱草地；9#样地为高速公路旁人工防护林；10#样地为人工片林。在采集土样的过程中，分别按照 0~20cm、20~40cm、40~60cm、60~80cm、80~100cm 不同剖面深度利用环刀采集土壤样本，去除植物根系、碎屑等，将样品装入塑料密封袋，带回室内于 5℃下保存，以便进行各项测试。取样过程中利用便携式 Hydra 土壤水分/温度/电导率测量仪测量不同深度剖面的各项理化数据。

表 4-2　采样点样地概况

采样点	样地概况
1	荒漠沙土地
2	农田荒漠交错带
3	人工小型农田防护林
4	农田枸杞样地
5	农田棉花地
6	绿洲自然灌丛
7	高速公路边绿洲内部低盖度草地
8	沙区北部盐碱草地
9	高速公路旁人工防护林
10	人工片林

将采集的新鲜土壤样品磨碎，自然风干并装袋。做三次平行测定，具体实验方法为：土壤容重采用环刀法；土壤蔗糖酶活性采用硫代硫酸钠滴定法；过氧化氢酶活性采用高锰酸钾滴定法；土壤脲酶活性采用可见光分光光度计法；土壤有机质采用重铬酸钾氧化法。利用 Excel 2007 软件对实验数据进行处理。使用上述方法，对 10 个土壤样地 50 个土壤样本进行实验，供试土壤养分状况、土壤酶活性状况如表 4-3 所示。

表 4-3 土壤过氧化氢酶、蔗糖酶、脲酶活性

编号	采样深度/cm	过氧化氢酶活性/（ml/g）	蔗糖酶活性/（ml/μg）	脲酶活性/（mg/100g）
1	0～20	20.59	25	25.54
	20～40	20.67	33	128.27
	40～60	20.65	28	40.22
	60～80	20.33	100	—
	80～100	20.70	91	—
2	0～20	18.15	245	21.87
	20～40	18.30	275	3.53
	40～60	18.74	223	0
	60～80	20.11	97	—
	80～100	20.59	57	—
3	0～20	20.68	430	0
	20～40	20.45	202	0
	40～60	20.15	252	0
	60～80	20.65	370	—
	80～100	19.03	535	—
4	0～20	20.38	516	98.92
	20～40	20.58	321	54.89
	40～60	18.19	135	7.20
	60～80	20.53	120	—
	80～100	20.58	7	—
5	0～20	20.52	100	139.28
	20～40	20.57	90	150.29
	40～60	20.59	117	120.94
	60～80	20.63	363	—
	80～100	20.60	334	—
6	0～20	19.86	309	25.54
	20～40	20.47	268	80.58
	40～60	20.04	193	65.90
	60～80	20.56	376	—
	80～100	20.52	262	—
7	0～20	20.68	342	3.53
	20～40	20.60	351	40.22
	40～60	20.48	363	14.54
	60～80	20.64	240	—
	80～100	20.36	260	—

编号	采样深度/cm	过氧化氢酶活性/（ml/g）	蔗糖酶活性/（ml/μg）	脲酶活性/（mg/100g）
8	0～20	20.40	323	21.87
	20～40	20.50	224	3.53
	40～60	20.48	274	43.89
	60～80	20.66	222	—
	80～100	20.69	246	—
9	0～20	20.24	36	3.53
	20～40	18.56	204	7.20
	40～60	18.60	311	40.22
	60～80	19.50	309	—
	80～100	19.90	153	—
10	0～20	20.73	89	43.89
	20～40	20.70	178	113.60
	40～60	20.76	110	21.87
	60～80	20.75	173	—
	80～100	20.72	254	—

注："—"为未检测。后同

由表 4-3 可以得出，蔗糖酶的变化范围为 7～535ml/μg，其活性高低随时空动态变化具有很强的差异性，其最高值出现在 3#样地。过氧化氢酶活性变化范围不大，大多数均处于 18～20ml/g，其中最高值出现在 10#样地，最低值出现在 2#样地，其余各样地过氧化氢酶活性变化不是十分明显。脲酶活性由表 4-3 可以看出，变化范围主要集中在 0～150.29mg/100g，最高值出现在 5#样地，最低值出现在 3#样地，脲酶活性几乎趋近于 0，其次 2#样地与 1#样地脲酶活性较低。相对而言，4#、5#等样地土壤酶活性较强，而 1#、2#等样地土壤酶活性较弱。每个采样点具有不同的土壤类型与环境，包括气候及水文条件等，是导致土壤酶活性具有较强时空动态变化的原因。从表 4-3 中可以看出，酶活性强度较高的样地，主要是农田、人工林地等被利用地，而酶活性强度较低的样地主要集中在荒漠、盐碱地等未被利用地。土壤酶活性的时空动态变化是土壤环境、气候、水分、人为活动等因素综合作用的结果。整体来看，大部分酶活性的最大值一般集中在前三个土层中，这是因为这三个土层相对较浅，对水分、阳光等能源的吸收与传递较强等。

表 4-4、表 4-5 显示，过氧化氢酶活性与 pH 的相关性较高，其次是容重和温度，土壤有机质对过氧化氢酶活性的影响相对较低；蔗糖酶活性与温度和容重的相关性较高，其次是 pH 与有机质；脲酶活性与 pH 的相关性最高，土壤有机质含

量与脲酶活性之间的相关性也较为明显。4 种土壤理化性状在对 3 种土壤酶活性的影响中，彼此之间并不孤立，而是存在相互制约与相互促进的复杂关系，其中 pH 与容重、容重与有机质具有较为明显的相关性。

由表 4-6 数据可以得出，土壤有机质、温度及容重主要通过 pH 间接对过氧化氢酶及脲酶活性产生影响，但作用程度并不是很强烈；而有机质、温度、pH 则是通过容重来间接影响蔗糖酶活性的。

表4-4 土壤理化性状与土壤酶活性的相关系数矩阵

变量	有机质（X_1）	温度（X_2）	容重（X_3）	pH（X_4）
有机质（X_1）	1	—	—	—
温度（X_2）	−0.0219	1	—	—
容重（X_3）	−0.2754	−0.1411	1	—
pH（X_4）	0.2465	−0.1236	−0.4258	1
过氧化氢酶（Y_1）	−0.0046	0.2253	−0.2826	0.3170
蔗糖酶（Y_2）	−0.0140	0.1979	−0.1924	0.0237
脲酶（Y_3）	0.2349	0.0556	−0.2024	0.3299

表4-5 土壤酶活性直接通径系数

直接通径系数	有机质（X_1）	温度（X_2）	容重（X_3）	pH（X_4）
过氧化氢酶（Y_1）	−0.1171	0.2405	−0.1478	0.3127
蔗糖酶（Y_2）	−0.0581	0.1660	−0.1955	−0.0247
脲酶（Y_3）	0.1722	0.1261	0.0350	0.3361

表4-6 土壤酶活性间接通径系数

过氧化氢酶间接通径系数

间接通径（Y_1）	有机质（X_1）	温度（X_2）	容重（X_3）	pH（X_4）
有机质（X_1）	—	−0.0053	0.0407	0.0771
温度（X_2）	0.0026		0.0209	−0.0387
容重（X_3）	0.0323	−0.0339		−0.1332
pH（X_4）	−0.0289	−0.0297	0.0629	—

蔗糖酶间接通径系数

间接通径（Y_2）	有机质（X_1）	温度（X_2）	容重（X_3）	pH（X_4）
有机质（X_1）	—	−0.0036	0.0539	−0.0061
温度（X_2）	0.0013	—	0.0276	0.0031
容重（X_3）	0.0160	−0.0234	—	0.0105
pH（X_4）	−0.0143	−0.0205	0.0833	—

续表

脲酶间接通径系数

间接通径（Y_3）	有机质（X_1）	温度（X_2）	容重（X_3）	pH（X_4）
有机质（X_1）	—	0.0000	−0.0348	0.0698
温度（X_2）	0.0000	—	−0.0075	−0.0630
容重（X_3）	−0.0348	−0.0270	—	−0.1756
pH（X_4）	0.0358	−0.0236	−0.0183	—

二、土壤盐分变化特征

沙区土壤总盐含量测定结果如表 4-7 所示。

表 4-7 精河沙区土壤总盐含量（g/kg）

样地编号	0～20cm	20～40cm	40～60cm	60～80cm	80～100cm	总量
1	0.82	0.68	0.78	1.19	3.01	6.51
2	0.63	0.94	0.75	1.14	1.46	4.93
3	1.83	1.50	1.27	1.02	4.24	9.87
4	1.97	2.59	1.68	1.88	2.40	10.54
5	2.42	1.54	0.73	1.89	1.44	8.05
6	3.73	5.82	3.47	3.85	2.61	19.50
7	6.55	5.26	5.94	7.26	10.35	35.38
8	1.82	2.40	2.45	3.14	2.89	12.71
9	3.32	2.58	1.96	2.20	2.00	12.08
10	1.32	1.53	1.14	1.40	1.51	6.92

从图 4-1 中可以得知，不同样地的土壤总盐含量，基本表征出随土层深度增加总盐含量递减的趋势。如图 4-2 所示，其总盐含量在 40～60cm 层处达到最低值，最高值出现在土壤底层，即 80～100cm 处。不同层次的土壤盐分平均含量：0～20cm 为 24.45g/kg，20～40cm 为 24.89g/kg，40～60cm 为 20.21g/kg，60～80cm

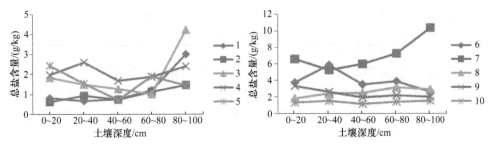

图 4-1 不同样地土壤剖面不同深度总盐含量变化

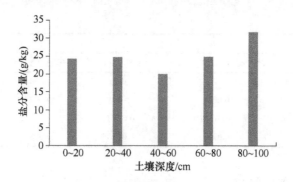

图 4-2　不同层次土壤盐分含量

为 25.02g/kg，80～100cm 为 31.96g/kg。从表 4-7 中可以计算得出 6#、7#样地总盐含量最高，盐渍化程度最高，2#样地土壤总盐含量最低，其盐渍化程度较低。其中 3#、4#样地总盐含量均为 10g/kg 左右，故要预防人工耕作与不合理的人为施肥等行为导致区域土壤盐渍化程度的加深。

　　如表 4-8 所示，土壤总盐含量与氯离子和钠离子的相关性最高，呈明显相关；钠离子与氯离子的相关性也达到了显著性水平；钾离子与碳酸氢根离子之间呈高度相关关系；镁离子与钙离子之间具有较高的负相关性，达到了−0.633；钙离子与碳酸根离子呈高度相关关系，达到了 0.919，碳酸根与碳酸氢根之间也具有较高的相关性。

表 4-8　土壤总盐分含量与各离子之间的相关关系矩阵

	SO_4^{2-}	Cl^-	CO_3^{2-}	HCO_3^-	Ca^{2+}	Mg^{2+}	K^+	Na^+	总盐
SO_4^{2-}	1								
Cl^-	−0.09	1							
CO_3^{2-}	−0.019	−0.132	1						
HCO_3^-	0.32	−0.193	0.714	1					
Ca^{2+}	0.031	0.236	0.919	0.563	1				
Mg^{2+}	−0.385	0.265	−0.629	−0.193	−0.633	1			
K^+	0.009	−0.15	0.534	0.908	0.347	0.193	1		
Na^+	0.038	0.986	−0.117	−0.201	0.271	0.138	−0.225	1	
总盐	0.07	0.972	0.029	0.017	0.386	0.144	−0.006	0.975	1

　　以精河沙区土壤不同层次总盐数据为基础，可得出精河沙区 10 个样地的土壤盐渍化百分比，依据《新疆盐渍化土壤分级标准》可得到研究区样地土壤盐渍化等级，如表 4-9 所示，沙区土壤盐渍化程度较高，较多样地的土壤均已可定义为盐土。

表 4-9　精河沙区土壤盐渍化等级表

样地编号	盐渍化百分比/%	土壤盐渍化等级
1	0.651	强度盐渍化
2	0.494	中度盐渍化
3	0.987	盐土
4	1.054	盐土
5	0.806	强度盐渍化
6	1.950	盐土
7	3.539	盐土
8	1.271	盐土
9	1.208	盐土
10	0.692	强度盐渍化

第四节　水资源总量模拟研究

一、基于水量平衡方程的沙区水资源总量估算

水量平衡原理一般采用水量平衡方程来表达：

$$P + R_{GI} = E + R_{GO} + R_{SO} + \Delta W + q$$

式中，P 为时段内区域降水量；R_{GI} 为时段内从地下流入区域的水量；E 为时段内流域的蒸散发量，R_{SO} 为时段内从地面流出区域的水量；R_{GO} 为时段内从地下流出区域的水量；q 为时段内用水量；ΔW 为时段内区域需水量的变化。

本研究充分考虑区域水资源数量的组成部分，从区域降水入手，计算地表及地下径流量，还对区域土壤水分及研究区蒸散发量，包括潜在及实际蒸散发量进行计算，通过耦合多种气象模型中的参数，估算土壤、植被及大气有机结合的区域水资源数量。

二、基于 DEM 数据的精河水文信息的提取

无洼地 DEM 数据生成：通过对精河沙区 DEM 洼池深度数据的提取，计算得到流域内洼地合理的填充阈值为 96。图 4-3 为洼地填充后精河沙区 DEM 图。

研究区水流方向的计算：水流的流向是按照计算中心栅格与邻域栅格的最大距离权落差来确定的，即水流流向是指中心栅格与邻域栅格的高程差除以两栅格间距离，如果邻域栅格对中心栅格的方向值为 1、4、16、64，则栅格间距

离为 1，否则为 $\sqrt{2}$ 倍的栅格大小。本研究利用上述算法提取的研究区水流方向如图 4-4 所示。

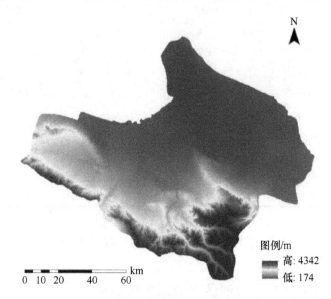

图 4-3　洼地填充后精河沙区无洼地 DEM 图（彩图请扫封底二维码）

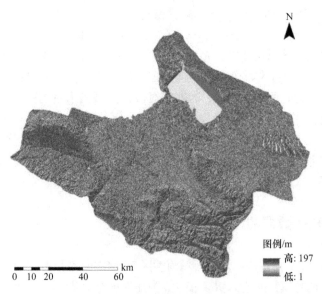

图 4-4　沙区无洼地水流方向图（彩图请扫封底二维码）

　　汇流累积量的计算：本研究以根据 D8 算法得到的区域水流方向数据为基础计算出区域汇流累积量，结果如图 4-5 所示。

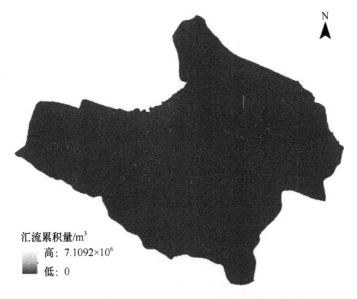

汇流累积量/m³
高: $7.1092×10^6$
低: 0

图 4-5 研究区汇流累积量（彩图请扫封底二维码）

区域河网的提取：利用 ArcGIS 软件平台提取精河沙区河网示意图，如图 4-6 所示。

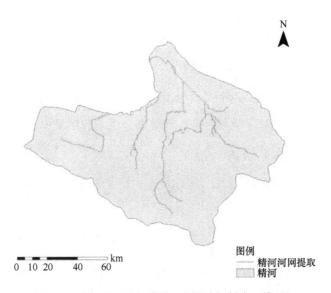

图例
—— 精河河网提取
▨ 精河

km
0 10 20 40 60

图 4-6 研究区河网水系图（彩图请扫封底二维码）

区域河网分段与分级：通过对河网分段的研究，可以得到区域的汇水点与出水点。图 4-7 与图 4-8 分别表示了流域河网分段示意图与研究区河网分段图。

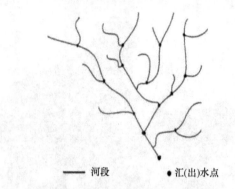

—— 河段　　　● 汇(出)水点

图 4-7　流域河网分段示意图

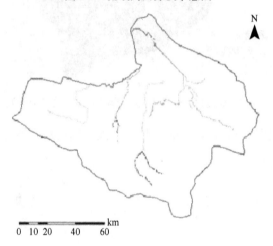

图 4-8　精河河网分段示意图（彩图请扫封底二维码）

按照 Strahler 方法对区域河网进行等级划分，划分结果如图 4-9 所示。

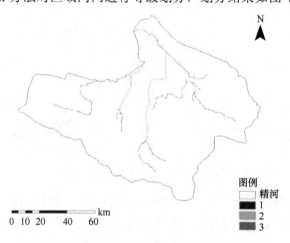

图 4-9　精河河网分级图（彩图请扫封底二维码）

流域的分割：流域盆地的划分主要依赖于分水岭对汇水区域的分割，利用水流方向数据确定所有处于同一流域的盆地且盆地之间相互连接的栅格区域，确定出水口位置，并通过出水口的确定从而获取出水口上游栅格位置，生成的便是流域盆地（basin）集水区。研究区流域盆地（basin）如图4-10所示。

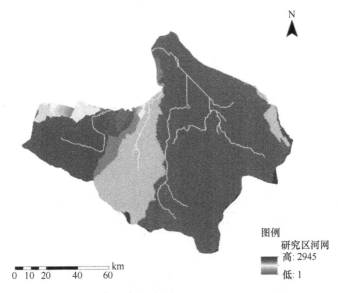

图4-10 研究区流域盆地图（彩图请扫封底二维码）

利用已生成的河网数据，提取每一个流域盆地的出水口，依据出水口及流域盆地数据，进行子流域的划分，生成23个子集水单元，划分结果如图4-11所示。

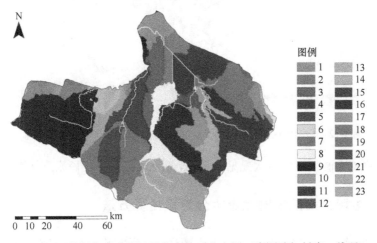

图4-11 研究区集水流域及子集水单元分布图（彩图请扫封底二维码）

三、基于分布式水文模型的区域地表径流量估算

表 4-10 是精河 2006～2010 年、月降水量情况，图 4-12 是精河多年平均降水量空间插值结果图，从图 4-12 中可以看出，精河沙区降水分布情况为西部降水量较为充足，随着空间向东部偏移，降水量逐渐减少，精河沙区中部降水量为研究区最低区域。

表 4-10 研究区 2006～2010 年降水量

	降水量/mm												年降水量/mm
---	1 月	2 月	3 月	4 月	5 月	6 月	7 月	8 月	9 月	10 月	11 月	12 月	
2010 年	7	14	8	12	6	11	12	5	2	12	14	2	105
2009 年	3	1	9	23	10	15	8	7	10	2	4	4	96
2008 年	3	1		5	17	4	3	13	8	8	2	5	70
2007 年	2	6		16	27	19	26	9	1	6	1	11	130
2006 年	3	9	7	16	11	8	4	9	9	1	16	6	99
平均降水量	4	6	6	14	14	11	11	9	6	6	7	6	100

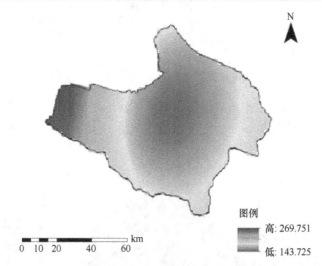

图例
高: 269.751
低: 143.725

图 4-12　精河沙区多年平均降水空间分布图（彩图请扫封底二维码）

研究区 CN 值空间分布状况见图 4-13，各土地类型地表径流量如表 4-11 所示。

四、基于区域空间插值的土壤水分含量估算方法

采集 10 个样点的 0～100cm 深度土壤样品，经实验室分析计算出土壤水分含量。利用 ArcGIS 相关统计模块，从插值结果可以得到沙区土壤水分的空间格局。

利用空间插值数据可得到研究区范围内土壤水分的平均含量，再乘以研究区面积便可得到沙区土壤水分含量（图 4-14）。

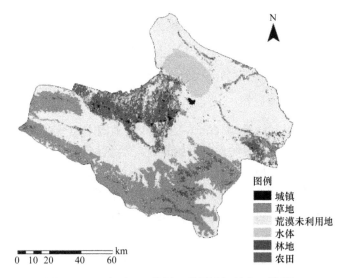

图例
■ 城镇
■ 草地
□ 荒漠未利用地
□ 水体
■ 林地
■ 农田

图 4-13 研究区 CN 值图（彩图请扫封底二维码）

表 4-11 精河沙区地表径流量

土地类型	城镇	草地	荒地	水体	林地	农田
S 值	44.82	71.64	13.36	63.5	108.85	63.5
Q 值/mm	60.10	45.86	84.59	49.72	32.05	49.72
M 面积/hm²	930 600	44 191 800	94 089 600	7 645 500	7 774 200	11 540 700
地表径流量/m³	55 929.06	2 026 635.95	7 959 039	380 134.3	249 163.1	573 803.6

注：S 值为区域最大蓄水量；Q 值为降雨产生的地表年均径流量；M 值为沙区土地景观类型面积

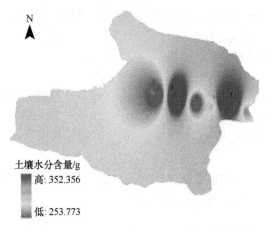

土壤水分含量/g
高: 352.356
低: 253.773

图 4-14 沙区土壤水分含量空间插值结果（彩图请扫封底二维码）

五、地下径流估算方法

据地下净雨量及汇流模型建立了区域地下径流量估算模型，计算公式：

$$DQ_t = \frac{0.278 \times S \times R + \tau_t - 0.5\Delta t}{\tau_t + 0.5\Delta t}$$

$$\tau_t = \tau_0 + \frac{A}{M}$$

式中，DQ_t 为沙区地下径流量（m^3）；S 为沙区不同土地景观类型的区域面积；R 是沙区不同土地景观类型的地下净雨量；τ_0 为区域地下径流最小理论汇流时间，根据沙区不同土地景观类型，其汇流时间不同；τ_t 为不同土地景观类型的实际汇流时间；Δt 为地下径流计算时间步长 24h，基于彭曼方程的蒸散发量估算。A、M 为经验常数，根据不同土地景观类型取值不同，但一般与地下产流、汇流能力呈正相关。

1. 潜在蒸散发量计算

潜在蒸散发量的计算公式：

$$ET_0 = \frac{0.408\Delta(R_n - G) + \gamma\dfrac{900}{T+273}u_2(e_s - e_a)}{\Delta + \gamma(1 + 0.34u_2)}$$

式中，ET_0 为潜在蒸散发量（mm）；R_n 为表层净辐射（MJ/m^2）；G 为土壤热通量（MJ/m^2）；T 为 2m 高度处平均气温（℃）；u_2 为 2m 高度处风速(m/s)；e_s 为饱和水汽压（kPa）；e_a 为实际水汽压（kPa）；Δ 为饱和水汽压与温度的曲线斜率（kPa/℃）；γ 为干湿表常数（kPa/℃）。

FAO Penman-Monteith 法中所使用的其他参数由下述公式计算，具体计算公式及流程如下。

i）表层净辐射计算公式：

$$R_n = R_{ns} - R_{nl}$$

式中，R_n 为作物表层净辐射（MJ/m^2）；R_{ns} 为作物表层净短波辐射（MJ/m^2）；R_{nl} 为作物表层净长波辐射（MJ/m^2）。

ii）土壤热通量计算公式：

$$G_i = 0.07(T_{i+1} - T_{i-1})$$

式中，G_i 是第 i 个阶段土壤热通量（MJ/m^2）；T_{i+1} 是前一个时间步长的平均气温（℃）；T_{i-1} 为后一个时间步长的平均气温（℃）。

iii）饱和水汽压计算公式：

$$e_s(T)=0.6108\times\exp\left[\frac{17.27T}{T+237.3}\right] \qquad T=\frac{T_{max}+T_{min}}{2}$$

式中，$e_s(T)$ 为平均气温 T 时的饱和水汽压（kPa）；T 为平均温度（℃），T_{max}、T_{min} 为 2m 高度处最高气温和最低气温（℃）。

iv）干湿表常数计算公式：

$$\gamma=0.665\times10^{-3}P$$

式中，γ 为干湿表常数（kPa/℃）；P 为气压值（kPa）。

v）气压值计算公式：

$$P=101.3\left(\frac{293-0.0065Z}{293}\right)^{5.26}$$

式中，P 为气压值（kPa）；Z 为海拔（m）。

本研究中计算潜在蒸散发量所需的气象要素数据如表 4-12 所示。

表 4-12　精河沙区 2006～2010 年月平均气象要素特征

气象要素	1月	2月	3月	4月	5月	6月	7月	8月	9月	10月	11月	12月
净辐射/（MJ/m²）	−31.71	43.64	129.32	240.31	327.49	343.98	315.45	235.84	174.2	83.32	43.97	−21.89
温度/0.1℃	−151	−147	5	118	212	259	261	251	176	91	31	−86
风速/（0.1m/s）	15	18	23	36	39	32	31	26	24	21	10	10
水汽压/0.1hPa	16	16	43	54	64	102	139	126	92	72	70	28
大气压/0.1hPa	9921	9940	9860	9811	9746	9713	9684	9713	9760	9844	9869	9935

2. 实际蒸散发量计算

利用叶面积指数对植物蒸散发量进行估算，计算公式：

$$\mathrm{LAI}\in[0,3]\ E_t=\frac{(\mathrm{ET}_0\times\mathrm{LAI})}{3} \qquad \mathrm{LAI}\in(3,+\infty)\ E_t=\mathrm{ET}_0$$

式中，LAI 为植被叶面积指数；E_t 为植被实际蒸散发量（mm）；ET_0 为区域潜在蒸散发量（mm）。有文献显示，精河研究区植被景观指数值远小于 3，研究区域内平均植被叶面积指数为 0.7。根据上述公式可知，植被实际蒸散发量为区域潜在蒸散发量与叶面积指数乘积的 1/3。

对土壤蒸散发量的计算，可由下式进行估算：

$$E_{soil}=\mathrm{ET}_0\times\frac{d}{d+e^{(2.347-0.00713d)}}$$

式中，E_{soil} 为土壤蒸散发量（mm）；ET_0 为潜在蒸散发量（mm）；d 为土层深度（mm）。

六、精河沙区水资源总量估算结果

基于沙区现有土地覆被及利用方式下的水资源总量估算结果为 2 621.257 849 万 m³，具体估算结果如表4-13所示。

表4-13　精河沙区水资源总量估算结果

估算指标	水资源数量/万 m³
地表径流	1 124.470 525
地下径流	1 232.340 924
土壤水	100.721 9
蒸散发	163.724 5
水资源总量	2 621.257 849

第五节　水资源需求量模拟研究

一、不同水利用方式下的需水量计算模型构建

1. 农业需水量

精河的农业需水量主要从农业灌溉需水量及区域林渔畜牧业等方面综合计算。计算公式如下：

$$W_{agr} = \sum S \times Q_p$$

式中，W_{agr} 为研究区农业需水量（m³）；S 为不同类型农作物的种植面积（hm²）；Q_p 为农业灌溉单位面积用水定额（方/亩）。

2. 工业需水量

工业需水量基于工业用水定额与工业生产产值进行预测计算，工业需水计算公式：

$$W_{indu} = \sum G_i \times Q_i$$

式中，W_{indu} 为工业需水量（m³）；G_i 为工业生产总量（m³）；Q_i 为工业生产量用水定额（m³）。

3. 居民生活用水需水量

具体用水定额标准参照我国建设部门规定的居民日常生活用水定额标准来确定。研究区涉及城镇人口与农村人口两类人口类型。具体测算公式：

$$W_{peo} = (P_u \times Q_u + P_c \times Q_c) \times 365$$

式中，W_{peo} 为居民生活需水量（m³）；P_u 为城镇人口数量（m³）；Q_u 为城镇人口用水定额（m³）；P_c 为农村人口数量（m³）；Q_c 为农村人口用水定额（m³）。

4. 生态需水量

精河沙区生态需水量主要从自然生态需水和城市生态需水两个方面进行估算，植被生态景观分布如图 4-15 所示，具体生态需水估算类别可归纳如表 4-14 所示。

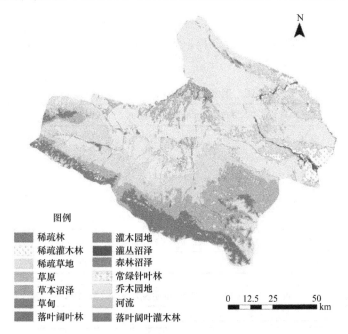

图 4-15　精河沙区植被生态景观分布图（彩图请扫封底二维码）

图例
稀疏林　　灌木园地
稀疏灌木林　灌丛沼泽
稀疏草地　森林沼泽
草原　　　常绿针叶林
草本沼泽　乔木园地
草甸　　　河流
落叶阔叶林　落叶阔叶灌木林

0　12.5　25　　　50 km

表 4-14　精河沙区生态需水分类

	生态需水类别	景观组成因子
自然生态需水	荒漠林地需水	稀疏灌木林、灌木园地、乔木园地、落叶阔叶灌木林、针叶林等
	荒漠草甸需水	草甸、草原
	湿地沼泽需水	草本沼泽、灌丛沼泽、森林沼泽
	盐化草地需水	稀疏草地
城市生态需水	城市景观需水	城市绿化、景观维护需水
	人工林地需水	农田、公路防护林

根据精河县实地情况，结合《新疆维吾尔自治区生活用水定额》，对精河城市景观需水定额进行了划定。研究区植被生态需水定额如表 4-15 所示。

表 4-15　研究区植被生态需水定额

景观类型	荒漠林地/人工林地需水定额	荒漠草甸需水定额	湿地沼泽需水定额	盐化草地需水定额	城市景观需水定额
需水/（m³/hm²）	2245.4	235.5	1029.5	302	180

二、需水量模型求解与计算

1. 农业需水量

本次研究通过实地考察与探访，并参阅相关统计年鉴与资料等，得知研究区内以种植玉米、春播棉花、小麦、枸杞为主，不同作物在不同阶段所需的水资源量具体值见表 4-16～表 4-19。

表 4-16　玉米生长周期及水资源需求统计

生长周期名称	天数	日均水资源需求量/（m³/hm²）	阶段内水资源需求量/（m³/hm²）	生长周期月份
出苗期	8	27.88	223	6 月初
拔节期	16	35.13	562	6 月初至 7 月中
拔节期—出穗期	17	50.06	851	7 月中至 7 月底
出穗期—灌浆期	21	47.62	1000	7 月底至 8 月中
蜡熟期	21	32.38	680	8 月中至 9 月中
成熟期	13	22.31	290	9 月中至 10 月初
全生育期	96	37.56	3606	6 月初至 10 月初

表 4-17　春播棉花生长周期及水资源需求统计

生长周期名称	天数	日均水资源需求量/（m³/hm²）	阶段内水资源需求量/（m³/hm²）	生长周期月份
出苗期	50	12.30	615	4 月中至 6 月初
蕾期	30	24.67	740	6 月初至 7 月中
花期	47	49.34	2319	7 月中至 8 月底
吐絮期	44	25.61	1127	9 月初至 10 月初
收获期	30	7.67	230	10 月中至 10 月底
全生育期	201	25.03	5031	4 月中至 10 月底

表 4-18　小麦生长周期及水资源需求统计

生长周期名称	天数	日均水资源需求量/（m³/hm²）	阶段内水资源需求量/（m³/hm²）	生长周期月份
冬前期	50	9.80	490	10 月初至 11 月底
越冬期	100	7.40	740	11 月底至 3 月初
返青期—拔节期	31	29.77	923	3 月初至 4 月初
拔节期—出穗期	20	52.5	1050	4 月初至 4 月底
抽穗期—灌浆期	18	51.11	920	4 月底至 5 月中
成熟期	26	38.46	1000	5 月中至 6 月初
全生育期	245	20.91	5123	10 月初至 6 月初

表 4-19　枸杞生长周期及水资源需求统计

生长周期名称	天数	日均水资源需求量/(m³/hm²)	阶段内水资源需求量/(m³/hm²)	生长周期月份
抽芽期	18	6.67	120	4 月底至 5 月初
开花期	22	5.87	129	5 月中至 6 月中
果实膨大期	42	18.71	786	6 月底至 7 月中
种仁充实期	21	2.33	49	7 月底至 8 月底
全生育期	103	4.88	1084	4 月底至 8 月底

　　根据研究区土地覆被及利用方式,结合《2013 年新疆统计年鉴》等资料数据中研究区主要作物的面积,对精河沙区农业需水量进行统计计算,得出精河沙区农业需水总量为 24 892 790m³。

2. 工业需水量

　　参考《2013 年精河县国民经济和社会发展统计公报》,根据新疆统计年鉴、《2007 年新疆维吾尔自治区工业及生活用水定额》,结合精河实际情况,制定研究区工业用水定额,如表 4-20 所示,利用研究区工业用水定额及工业产品种类计算出研究区工业需水总量为 1 059 564m³。

表 4-20　精河工业用水定额

工业产品种类	用水定额/(m³/t)	工业生产量/万 t
棉纱	9.76	1.19
水泥	0.40	60.25
商品混凝土	0.50	7.63
氧化钙	1.25	54.77
精制食用油	7.28	0.95
原盐	1.33	6.34
生铁	3.28	3.2
水泥熟料	0.20	52.39

3. 居民生活用水需水量

　　根据《新疆维吾尔自治区生活用水定额》并结合研究区自身现状,本研究规定农村人口的生活用水定额为 40L/(人·d),城镇人口的生活用水定额为 60L/(人·d),根据《2013 年新疆统计年鉴》中对研究区人口的统计数据,精河县共计 14.43 万人,其中农村人口数量约为 10.09 万人,城镇人口约为 4.34 万人,计算得出研究区居民生活需水总量为 2 607 742.5m³。

4. 生态需水量

本研究根据精河沙区生态结构的不稳定性、生态格局的脆弱性原理，结合前文中对研究区生态需水类别的分类结果与研究区不同生态需水类别的需水定额，通过 ArcGIS 软件中 Spatial Statistics Tools 中 Calculate Areas 功能计算生态需水类别面积，对区域生态需水量进行拟合估算，得出研究区生态需水总量为 1 021 486.8m³。

三、水资源需求总量

基于沙区不同土地覆被及利用方式下对水资源需求的不同状况，将研究区工业需水量、农业需水量、居民生活用水需水量及生态需水量进行了建模估算，最终沙区水资源需求总量估算结果为 29 681 553m³，如表 4-21 所示。

表 4-21　研究区水资源需求量估算结果

估算指标	水资源需求量/万 m³
农业需水量	2489.279
工业需水量	105.9564
居民生活用水需水量	260.7743
生态需水量	102.1487
水资源需求量	2968.1553

第六节　水土耦合关系研究

一、沙区水资源总量空间分布

对研究区水资源总量的评价与估算，首先，基于 GIS 软件水文分析模块对研究区进行子流域划分。在此基础上，结合分布式水文模型、区域 2006～2010 年平均降水量数据、实验实测数据等多元数据，对研究区现有土地景观类型基础上的地表径流量及地下径流量、土壤水分含量进行了估算。其次，运用彭曼方程对区域潜在蒸散发量进行了模拟，根据沙区植被叶面积指数对研究区植被蒸散发量进行了估算，最后，估算了沙区土壤的实际蒸散发量。

根据上述各类水文指标的估算方法与结果，以及沙区水资源总量的不同估算指标与不同土地景观类型的从属关系，对水资源总量估算结果进行重分类，其中分类结果中土壤水分含量与蒸散发量按照不同土地景观面积比例重新分配，分类整合结果如表 4-22 所示。

表 4-22 沙区水资源总量重分类结果

土地类型	城镇	草地	荒地	水体	林地	农田
面积/hm²	930 600	44 191 800	94 089 600	7 645 500	7 774 200	11 540 700
地下径流量/m³	83 574	5 890 603.8	2 933 595.18	826 830	1 181 059.2	1 407 748.8
地表径流量/m³	55 929.06	2 026 636.9	7 959 039.26	380 134	249 163.11	573 804.6
土壤水分含量/m³	5 641.64	267 859.29	570 304.29	46 342	47 122.68	69 952.52
蒸散发量/m³	9 611.11	456 407.11	971 745.03	—	80 291.92	119 191.83
总量/m³	154 755.81	8 641 505.17	12 434 684.77	1 253 306.97	1 557 635.94	2 170 694.83

将沙区水资源总量重分类结果利用 ArcGIS 软件针对不同土地景观类型的水资源量进行赋值，便可得到沙区水资源总量的空间格局状况，如图 4-16 所示。

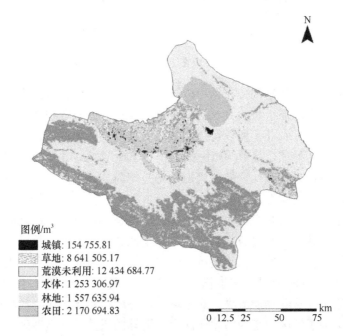

图 4-16　精河沙区水资源总量空间格局图（彩图请扫封底二维码）

二、沙区水资源需求量空间格局分布及分析

本研究运用 GIS 软件中空间分析及地统计学模块，将沙区水资源需求量估算结果与沙区土地覆被及利用数据中不同土地利用方式相结合，创建沙区水资源需求量空间格局分布图，结果如图 4-17 所示。

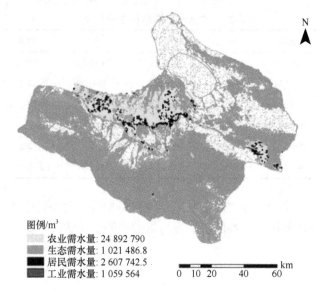

图 4-17　精河沙区水资源需求量空间分布（彩图请扫封底二维码）

从沙区需水量空间格局分布图可以得知，农业需水量占沙区水资源需水总量的比重较高，可占总需水量的 84%。这也是近年来沙区农业快速发展的结果，实地考察发现，研究区农业主要以特色林果业快速发展，如枸杞、蛋白桑、罗布麻等经济作物的广泛种植，其中枸杞种植面积逐年递增，2014 年仅枸杞一项的种植面积已突破十万亩，具有代表性的精河枸杞是精河县林果产业的代表，也为精河县财政创收起到了关键性作用。

近些年来，精河县具有代表意义的蛋白桑也是一种具有很高药用价值及环境生态价值的经济林种，其自身生长具有需水量低、抗沙性、高盐碱环境正常生长等优势。据了解，蛋白桑具有高度抗旱能力，能在仅 50mm 降水的地区生存，当自然降水量高于 250mm 可正常生长，开花结果，完成生长周期。其根系发达，能够防止水土流失与营养物质流失，对区域土壤环境起到优化作用和积极效应。这样的林种既弥补了沙区水资源短缺无法大量造林的遗憾，又为沙区盐碱地高效利用及盐碱地改良起到了非常重要的作用，是沙区沙地条件下植树造林的首选林种。蛋白桑也称饲料桑，是一种杂交优势桑，其叶子中蛋白质含量高达 36%，枝条蛋白质含量达到 28%。枝叶均为高蛋白食用饲料，而桑茶也是具有降低三高作用的纯天然品，经加工后的桑粉还具有美白功效。桑果中可提炼花青素。

精河县工业以生产化工产品及材料为主，近些年来伴随着工业化进程与工业技术的不断优化，沙区工业生产高速增长，工业增加值增速年均 40% 左右。从主要产品来看，以生产棉纱、水泥、混凝土、氧化钙、生铁等建筑材料为主，次要产品生产以精制食用油、原盐为主，年均发电量在 1100 万 kW·h。从产品销售角度看，沙区产品销售情况尚可，工业产品产销率年均在 70%以上。

近年来，精河沙区防沙治沙、生态环境优化建设的进程逐年加快，尤其以精河沙区黑山头十万亩生态林地建设最具代表性。本次实地考察获知，沙区正在逐步重视对现有环境的改造，目的是维护沙区生境现状，修复沙漠化、盐渍化等土壤环境现状问题，植树造林可以起到防止水土流失、营养物质过分迁移等作用。

三、水土资源耦合现状分析

1. 水土资源耦合空间模型建立

参考干旱沙区水土资源耦合模型研究成果，首先对精河沙区水资源总量与水资源需求量的建模进行估算。其次，基于前文对沙区 DEM 数据进行的水文信息提取，将区域土地资源依据流域不同特征划分为 23 个子集水单元，以每个子集水单元为计算单元，依次求出不同土地覆被及利用类型下的供、需水分配面积，用二者的比值来建立各子集水单元水资源总量与不同土地覆被及利用类型下的水资源需求量的空间耦合模型，对精河沙区水土资源空间耦合指数进行计算。具体建模流程如下。

精河沙区第 i 个子集水单元内不同土地覆被及利用类型的面积指数模型：

$$\delta_1 = \frac{\sum_{j=1}^{n} \text{SX}_{i,j}}{S_i}$$

式中，δ_1 为第 i 个子集水单元的面积指数；S_i 为第 i 个子集水单元的面积；$\text{SX}_{i,j}$ 为第 i 个子集水单元内第 j 种土地覆被及利用类型的需水面积。

精河沙区第 i 个子集水单元的水资源供需指数模型：

$$\mu_i = \frac{\text{Wx}_i}{\text{Wz}_i}$$

式中，μ_i 为沙区第 i 个子集水单元的水资源供需指数；Wx_i 为第 i 个子集水单元的水资源需求量；Wz_i 为第 i 个子集水单元的水资源总量。

精河沙区第 i 个子集水单元的水土耦合指数模型：

$$\lambda_i = \delta_1 \times \mu_i$$

式中，λ_i 为沙区第 i 个子集水单元的水土耦合指数。

2. 水土耦合模型求解与分析

按照上述模型公式在 ArcGIS 软件中计算沙区水土耦合指数，得到沙区水土耦合指数空间格局图，如图 4-18 所示。

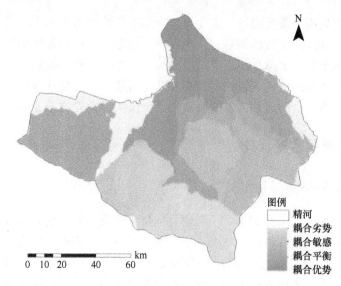

图 4-18　精河沙区水土耦合指数空间格局图（彩图请扫封底二维码）

从空间整体来看，沙区水土耦合程度态势较为良好，在现有土地覆被及利用方式下，沙区水资源供需矛盾还未特别突出，区域经济发展水平与水资源数量之间有较为良好的耦合关系。从耦合指数的空间格局可以看出，沙区南部及中部部分地区出现了一定程度的耦合敏感趋势，主要原因是中部地区是沙区经济文化发展的中心，是水土资源利用的核心地带，水土资源供需关系较为紧张，加之中南部地区有较多面积的荒漠及未利用地，造成这一部分区域生态脆弱与资源紧缺的现状。而伴随着较多的南部地区为山地荒漠草地结构，相对于北部艾比湖流域附近水资源总量分布较为广泛的特点，最终导致了沙区水土资源耦合关系的现状。

四、不同水土耦合程度区域的优化调整

根据数轴区间法对水土耦合指数进行分级，根据各指数标点的离散聚集程度进行区间划分，将离散度较高的分开，作为区间边界，将聚集度较高点的集合在一个区间内，以此对沙区耦合指数进行划分（表 4-23）。将耦合指数区间划分为水土耦合优势区、耦合平衡区、耦合敏感区和耦合劣势区，表明了沙区水土耦合程度由强到弱的变化。

表 4-23　精河沙区水土耦合程度分级标准

水土耦合程度	耦合优势区	耦合平衡区	耦合敏感区	耦合劣势区
耦合指数区间	0.67～0.80	0.80～1.20	1.20～2.00	2.00～2.86

　　针对精河沙区现有土地覆被及利用类型下的水土资源耦合程度建模与分区结果，依据每个耦合分区下水土资源的供需矛盾关系，提出缓解、优化水土资源耦合的几点建议。

1. 耦合优势区

　　该类地区的水土耦合指数小，水土耦合程度优势强，这部分区域主要集中在研究区东北部艾比湖湖区，以及中部自然及人工绿洲区。这类区域基于合理的现行土地利用方式，水资源总量及需求量均能满足区域的发展需求，供需矛盾弱，水土资源的配置协调度较高，满足了区域工农业等各项产业的发展需求，也满足了水土资源的可持续利用原则。

　　在未来的水土资源配置过程中，应更加合理地开发和利用水土资源，在优化区域水土资源配置的基础上，各产业要重视提高水资源的利用效率，注重资源的循环利用，清洁生产等能够进一步提高水土资源利用水平的各个方面；另外，有关部门可以将一些资源需求量较大的产业等向该区进行可控范围内的调整，以减轻耦合劣势区的水土资源压力。

2. 耦合平衡区

　　该区域的社会经济发展与区域水土资源承载力的匹配程度相吻合，水土资源承载能力基本可以为区域社会经济发展提供支持，水资源分布和利用格局与现行土地利用方式具有较好的耦合方式，也就是说这一部分区域水资源量较为充足，可以满足不同发展模式下的水资源需求量，水土资源的优势比较明显。在未来应注重在合理开发利用水资源的基础上，提高现有土地资源的利用效率，提高土地利用的质量与数量，有助于直接提高该区域的经济发展速率，也有助于该区域水土资源承载水平的持续增强，从而优化该区域水土格局。

3. 耦合敏感区

　　这类区域主要集中在研究区东部、西北部荒漠及人口稀少地区，区域土壤出现不同程度的沙漠化趋势。区域的主要特点是具有较强的水土耦合协调潜力，但该类区域的社会、经济及生态发展已经突破了现行资源利用的合理范围，体现为资源利用率较低，无法发挥资源储备及分配优势。

　　未来应着重优化该区域土地资源质量，防止区域土壤结构破坏、盐渍化程度不断加深，可以选择在该类区域推广种植沙地桑、罗布麻等耐盐碱经济作物，改善区域土壤环境质量、防止水土流失、维护土壤生态格局的稳定。调整区域土地利用结构，最终使土地资源分配格局更加合理化、集约化发展；还要对区域内环境紊乱、生态功能缺失的土地资源进行优化改造，加大生态建设力度，保证区域生态与水土资源共同协调发展。

4. 耦合劣势区

总的来讲，这类区域范围内水土资源综合利用的程度滞后于该区域的正常发展水平，水土资源耦合程度为整个研究区的最低水平，属于典型的资源短缺地区。该区域的土地资源用地比重大，土地结构破碎，水资源不仅在数量上存在短缺现状，而且水环境现状十分恶劣。

在未来发展过程中，可以从提高水土资源承载力与环境质量两个方面入手，单一地调整土地资源利用方式及改变区域土地覆被现状已不能满足这类区域的生态与经济发展要求。该类区域还要注重水资源短缺这一重要现状，通过调水工程、人工增雨、河流改道等手段，提高区域水资源水质与水量，在此基础上提高区域水资源利用效率，并有必要对水循环利用模式进行深入研究。通过科技支持的帮扶作用，开展多能源利用模式，尽快实现该区域正常发展模式下能源数量短缺的遗憾，扭转该区域内部水土资源格局紊乱、耦合程度劣势的发展趋势。针对水资源短缺严重的区域，还要注重对现有水土资源的保护与改良，防止水土资源的流失，在确保区域生态格局稳定与自然环境不再恶化的基础上，提高区域水土耦合程度，提升区域水土资源承载力。

参 考 文 献

李厚斌. 2013. 精河流域径流变化特性分析[J]. 水利科技与经济, 19(9): 55-57.

刘婕, 赵勇. 2013. 新疆精河流域水文特性分析[J]. 黑龙江水利科技, 41(8): 107-109.

袁新春, 张莉萍. 2010. 新疆精河流域水文特性分析[J]. 现代农业科技, (6): 290.

第五章 沙区具有产业潜力的资源的分布
及开发潜力研究

引　言

　　沙区自然环境恶劣，经济落后，社会生活水平不高。但是沙区资源丰富，可以大力发展与利用，而目前的资源利用率较低，因此合理开发沙区资源对促进沙区社会经济有效发展意义重大，如沙区的矿产资源、太阳能资源和风能资源等。我国沙区或沙漠化土地面积占全国总面积的 15.5%左右，其中沙漠化情况较轻的沙区约有 146 万 hm^2。沙区独特的地理条件造就了其独特的光热资源，丰富的地下水与水热同期的特性，使我国沙区形成了生物多样性十分丰富的生物资源。对于资源观的理解与处理，需要系统地认识与分析，将社会经济发展和自然环境看作一个系统，协调发展各个部分，形成资源系统。因此把各种资源作为整个大系统中的一部分，协调发展各个子系统之间的关系，从而形成资源的合理利用。现在通过适当的技术方法，使沙区的各项产业不断地提升开发程度与提高效率，这样在不久的将来伴随对沙区资源的深入研究，沙区资源潜力将会被更加充分地开发出来，为当地社会经济的整体发展做出巨大的贡献。

　　本文采用遥感技术与实地采样调查揭示精河沙区的景观格局特征与资源利用状况，利用实验、地面观测数据与地理信息技术分析沙区资源利用效率情况。构建出适合精河沙区资源利用的评价体系，并对精河沙区具有产业潜力的资源进行开发潜力的评价，生成精河沙区景观格局下的资源利用情况图。构建沙区产业开发和资源利用体系，提高沙漠化地区资源利用水平，促进沙区各项资源综合发展。探寻适合于沙区的生态资源产业，形成结构合理的沙区资源开发格局，并且为提高沙区资源利用效率指出方向。

第一节　研　究　方　法

一、景观格局空间信息提取

　　首先在 ENVI 软件中将遥感影像转成 grid 格式导入 Fragstats3.3 软件，在 Run parameters 界面中的属性栏中添加影像数据文件，选择要计算的指数，执行指数计算即可获取相应指数的量值（汪明冲等，2012）。并运用 SPSS 软件对统计数据加以整理，结合文献梳理出该地区资源的基本状况。所提取的辐射量、植被景观指数信息采用统计分类方法对沙区景观进行分类并对结果进行比较，通过对景观指数的计算，分析沙区的景观格局，揭示研究区资源利用分布规律与特征。把处理的结果及相关数据输入到 ArcGIS 软件中，利用栅格计算模块生成沙区景观格局的资源利用图，并结合地面观测资料分析研究区资源利用情况。

二、辐射资源利用特征分析

地球大气上界的太阳辐射与到达地表的总辐射值并不一致，影响的因素各不相同，是共同影响的结果，包括日地距离、黄赤交角和地面点的时角等天文因素，经度和高程等地理因素，大气散射与吸收作用、水汽与臭氧含量等物理因素，以及地面点日照百分率和天空云量等气象因素，均对地面所检测到的辐射值有综合性的影响。

我国的太阳辐射检测站点分布不均且数量较少，不能形成全面的网络的观测体系，数据量达不到一定的研究要求，所以只能通过一定的数学方法与模型构建来估算没有测量站点的区域，主要有 3 种计算方法。

1. 通过气候学方法估算

$$Q = Q_0 f(s,n)$$

式中，Q 为太阳总辐射值；Q_0 为晴天大气辐射值；$f(s,n)$ 为日照百分率。计算得到我国的太阳总辐射经验关系式，可以表示为：

$$Q = Q_0 (a + b \times s)$$

式中，s 为日照百分率；a、b 为经验系数，其数值分别为 0.248 和 0.752（左大康等，1963）。

同时还有学者将天文辐射作为 Q_0 进行估算，得到了我国不同地区的太阳总辐射值公式经验系数，如表 5-1 所示（翁笃铭，1964）。

表 5-1 我国不同地区太阳总辐射公式的经验系数

经验系数	华南地区	华中地区	华北地区	西北地区
a	0.130	0.205	0.105	0.344
b	0.625	0.475	0.708	0.390

一些研究将理想大气总辐射作为 Q_0 进行估算，主要是针对的是干旱地区，通过经验关系的拟合可以将干旱地区的太阳总辐射值公式表示为：

$$Q = Q_0 (0.29 + 0.557 \times s)$$

而干旱沙区之外的其他区域太阳总辐射公式则为：

$$Q = Q_0 \left[0.18 + \left(0.55 + 1.11\frac{1}{E} \right)s \right]$$

式中，E 为实际水汽压。

2. 通过遥感数据反演

随着遥感技术的运用与发展，可以利用遥感探测数据来估算辐射值。通过遥感技术提取相关数据，利用其与辐射值之间的数据关系进行估算，提取研究区的云量数据，反演了地面总辐射场的分布情况，并且拟合了辐射方程式，结合与日照百分率及辐射值之间的非线性与线性方程，实现了研究区辐射值的估算（陈金娥和李集明，1997）。通过将卫星遥感数据对总辐射值进行反演，深入估算方法和数据资料获取方面，遥感传感器在时间与空间分辨率的优势使得其在估算辐射值方面具有很多优点。但是，遥感方法也有自身的不足，天气和地形等因素对其影像的质量影响很大，对传感器的性能和其时间与空间分辨率的要求较高，并且由于这种方法的估算方式采用遥感测量值与实际测量值的线性统计方法来反演，因此带来了很大的偏差和局限性，还需进一步的研究与发展。

3. 通过 GIS 与 DEM 结合建立估算模型

由于气象站点的观测数据都是对地面水平面的反映，而空间中的地表是起伏不平的，因此，很难精准地表达实际地表情况，并且由于受到坡度、坡向及地形遮蔽度的影响，达到地表的实际辐射值需要考虑地表实际的性状。将 GIS 与 DEM 结合来模拟估算太阳总辐射值，借助地形转换因子将太阳总辐射值从水平面变成倾斜面的值，能够较好地拟合出地形变化大的地区，但也存在数据量大与计算复杂的问题。

基于气象观测资料、地面统计资料及遥感影像数据，分析沙区太阳能资源的时空分布特征，从沙区太阳能资源的丰富度、稳定程度及可利用价值 3 个方向分析研究区域太阳能资源利用的潜力状况。

三、植被资源利用潜力评价

陆地植被净初级生产力（net primary productivity，NPP）是指植被在单位时间单位面积上所产生的有机干物质的总量，可以反映出植被生长的情况，同时也可体现植被的固碳能力，是生物地球化学碳循环的重要组成部分。NPP 不仅表征了植被在自然环境中的质量状况及生产能力，而且也是生态过程与生态系统碳循环的重要因子（Field et al.，1995）。

CASA 模型是一种通过光能利用率来反演计算 NPP 的模型（Potter et al., 1993）。本研究结合多种模型及前期研究工作，针对模型进行改进与深入研究（Field et al., 1995），针对不同的土地类型变化情况，修改相应的参数并优化了模型参数，提高了水分胁迫及蒸散发量估算的可靠性（Potter and Klooster, 1997）。这种模型中的参数随空间的不同而变化，并根据环境温度和水分胁迫的影响来修改相应参数。此模型可以通过以下公式来计算 NPP:

$$NPP = APAR \times \varepsilon$$

式中，NPP 为植被净初级生产力（g C/m^2）；APAR 为植被实际吸收的光合有效辐射[g C/(m^2·d)]；ε 为不同植被类型的光能利用率。

$$APAR = SLO \times FPAR \times 0.5$$

式中，SOL 表示单位面积下的总辐射量（MJ/m^2）；FPAR 表示光合有效辐射吸收比；0.5 为植被有效吸收的太阳辐射占总辐射的比例，其利用范围主要为 0.4~0.7，并且其也是一个常数（王莺等，2010）。

实际情况下 ε 由温度及水分因子决定：

$$\varepsilon = T_\varepsilon \times W_\varepsilon \times \varepsilon_{max}$$

式中，T_ε 为低温或高温（℃）对其的胁迫作用；W_ε 为水分胁迫系数；ε_{max} 为理想状况下光能的最大利用率（g/MJ）。

$$W_\varepsilon = 0.5 + 0.5 \frac{ET}{PET}$$

式中，W_ε 为水分胁迫系数；ET 为实际蒸散发量（mm）；PET 为潜在蒸散发量（mm）。

$$T_\varepsilon = \left[1 + \exp\left(\frac{-220 + 710 \times T_a}{8.314 \times T_a} \right) \right]^{-1}$$

式中，T_a 为地面月平均气温（℃），当月平均气温小于 0 时，T_ε 为 0；常数 8.314 为理想气体常数（Collatz et al., 1991）。

Thornwaite Memorial 模型中实际蒸散发量的计算公式：

$$ET = \frac{1.05R}{\sqrt{1 + \left(1 + 1.05R/L \right)^2}}$$

$$L = 3000 + 25T_a + 0.05T_a^3$$

式中，L 为平均蒸散发量（mm）；T 为月平均气温（℃）；R 为月平均降水量（mm）。

利用 Priestley-Taylor 公式的改进算法计算潜在蒸散发的公式如下（刘晓英等，2003）：

$$PET = \alpha \frac{\Delta/\gamma}{\Delta/\gamma + 1} R_n$$

$$\Delta / \gamma = \frac{33.8639\left[0.05904(0.00738T + 0.8072)^7 - 0.0000342\right]}{\left[0.242(1013 - 105.5Z)\right] / \left[0.622(595 - 0.51T)\right]}$$

式中，Δ / γ 为蒸散发模型的权重系数；T 为地面气温（℃）；Z 为海拔（m）；Δ 为饱和水汽压-温度的曲线斜率（kPa/℃）；γ 为干湿表常数；α 为经验常数 1.26；R_n 为地表净辐射[MJ/(m²·d)]。相比较而言，以辐射为参数的模型的蒸散发量要比以气温为参数的变化趋势可靠。通过地面测量值计算不同植被的最大光能转化率，提高模型运算的精度；根据地面气象的测量值，如温度、降水及辐射量等，利用改进后的蒸散发量计算方法来计算水分胁迫的影响（曹宝，2008）。

研究利用预处理的遥感影像，结合地面统计数据，通过月平均降水量、月平均气温、太阳总辐射量和净辐射量等地面气象数据的空间插值，根据改进的 CASA 植被生产力模型进行估算。通过监督分类与地面调查，得到研究区的景观格局分布状况，结合模型模拟分析各种景观下的资源分布及变化情况，对其潜力进行综合评判。

获取近 10 年新疆艾比湖流域的 Landsat-TM 等遥感影像数据，以及相应区域的统计年鉴、相关文献、地面统计数据和气象观测数据，获得该区域现有资源利用的方法与情况，利用 ENVI 等软件对遥感图像进行校正处理与相关信息提取的工作，综合比较选取适合的图像数据，以保证不同时相同一地理位置的卫星数据能精确配准，运用归一化植被指数（NDVI）、DEM 模型提取相应区域的地物特征信息。

四、资源利用模式体系与评估

建立资源利用的耦合模型，通过分析资源与资源之间的关系，来评估高资源综合开发利用率。通过资源分布的特征，分析各种资源生产相应产品时资源利用之间的协作最优情况（陈丽能和谢永良，2000）。同时，建立资源评估指标体系对于理解与分析生产中资源变化和产品转化的特征有很大的帮助，可以实现资源利用的自动化控制和信息的快速更新。利用构建的指标体系对资源开发的潜力进行定量估算，通过评估其利用效率，结合资源利用的模型，从而形成资源利用的综合评估与判断（杜栋和赵瑶卿，1998）。

植被资源利用的综合评估中，不同因子之间的相互关系及贡献度等参数是体系的核心之处。因此需要通过主观与客观相结合的方法对各个因子的权重进行衡量，以确定其在体系中所占的比例，从而计算得到整个体系的结果数值。在本研究建立评估系统的时候，主要采用专家打分法和环比评估法等方法，可是其较强的主观偏向性会使结果产生偏差。通过 AHP 法来构建评估体系，首先建立函数判别矩阵，之后再对各项权重的重要性进行排列，并判断其一致性，进而求得各项权重的数值，最终求得研究目标的综合评估指数，并对其进行分析与研究。

第二节　太阳能资源利用评估与分析

一、太阳能资源评估指标

对艾比湖周边伊宁、塔城、乌鲁木齐、阿勒泰、焉耆 5 个站点 1980～2010 年的总辐射量数据的变化趋势进行研究发现，同一时间下不同站点的数值十分相近，在空间差异、地理差异不大的情况下，年总辐射值也变化不大，其变化趋势在时间序列上大体相当且走势相近。而本研究区域属于小尺度范畴，利用克里金插值法对研究区进行空间插值处理，获得研究区的年总辐射量、年日照时数、日照百分率的分布图，然后对不同时间的分布图进行栅格计算，得到插值分布图。

图 5-1 显示，总体上研究区域内的总辐射量呈下降趋势，由西南向东北，下降的程度逐渐变大，其中 2010 年较之 1980 年最大减少了约 763.506kW/(m²·年)，最小也减少了约 474.584kW/(m²·年)。研究区域内的总日照时数大致呈下降趋势，由东向西，下降的程度逐渐变大，在研究区的东北处日照时数是增大的，但是其差值较小，变化的程度相对较小，其中 2010 年较之 1980 年最大减少了约 110h，最大增加了约 61h。大部分站点的日照百分率趋于平稳的浮动，变化并不大，其与日照时数的变化情况相似，其中乌鲁木齐站的日照百分率总体比其他站点低，变化幅度也最大，其数值处于 50%~65%，最低值可达 47%左右，其他站点总体均分布在 60%~70%，其中焉耆站部分年度的数值大于 70%，其数值较高可达 75%。总体而言，研究区在空间上与时间上的差异均不大，总体上较为相近，

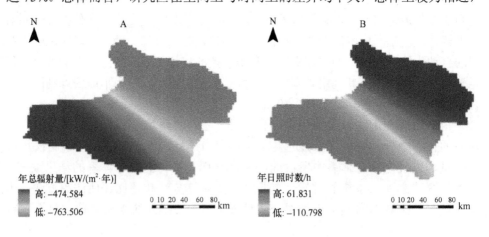

年总辐射量/[kW/(m²·年)]
高: −474.584
低: −763.506

年日照时数/h
高: 61.831
低: −110.798

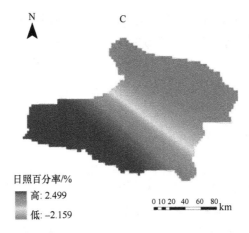

图 5-1　1980～2010 年插值空间分布情况（彩图请扫封底二维码）

A、B 和 C 分别表示然后总辐射量、年日照时数和日照百分率

其利用潜力较好。总体上研究区域内的总辐射量呈减少的趋势，由东向西，减少的程度逐渐变大，其中研究区的东北部区域呈现较小的增长趋势，其中 2010 年较之 1980 年最大减少了约 2%，最大增长了约 2.5%。

二、景观尺度上太阳能资源评估

1. 辐射利用价值与效率

本研究基于日照时数资料插值计算，利用遥感影像资料结合软件自身算法工具反演有效辐射值，对研究区域的辐射利用价值进行划分，如图 5-2 所示，由于 TM 遥感影像在时间序列上的数据较少，只获取到 2000～2010 年的遥感资料，因

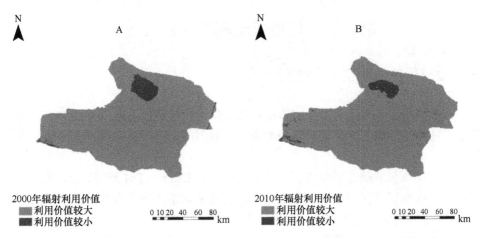

图 5-2　研究区不同年度辐射利用价值空间分布（彩图请扫封底二维码）

此只对 2000～2010 年的遥感影像图进行处理。其中研究区大部分区域的太阳能资源辐射利用价值较高，而湖泊区域的利用价值较低，这可能是由于水域对可见光波段与近红外反射大，对红外部分波段吸收强，该区域罕有因太阳能的利用导致其可利用性降低，2000 年与 2010 年利用价值的范围变化不大，总体来说研究区利用价值情况较好，且相对较为稳定。

2. 太阳能资源稳定程度

本研究获得 1980～2010 年研究区太阳能直射比变化数据，利用 ArcGIS 软件对其进行栅格计算，得出该区域太阳能资源的稳定程度，如图 5-3 所示，其中大部分区域的太阳能资源稳定程度较好，只有湖泊的部分区域较不稳定，这可能是由于湖泊区域的理化性状与范围的变化情况，总体情况上较为一致。

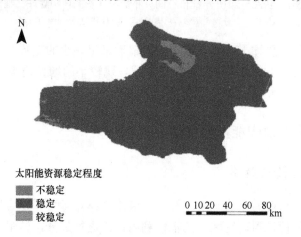

图 5-3　研究区太阳能资源稳定程度空间分布（彩图请扫封底二维码）

第三节　植被资源利用评估与分析

一、植被生产力时空分布特征

采用 CASA 模型改进之后的算法对艾比湖流域精河县生态系统 NPP 进行模拟估算，主要包括遥感影像的处理和地表气象数据的空间插值，以及模型的栅格计算等。

通过中国科学院遥感与数字地球研究所获取 Landsat TM 遥感影像，从中国气象数据网获取研究区域地面气象数据，由国家地球系统科学数据共享平台获取研究区 1∶100 万植被类型分布图和县界图。

利用处理好的 TM 影像，在 ENVI 软件中直接计算归一化植被指数（NDVI），且采用最大值合成算法得到每旬 NDVI，同时由 NDVI 推算光合有效辐射吸收比（FPAR），最后得到研究区域的 TIFF 格式的 FPAR 分布图。

对地面气象数据进行空间插值，再利用县界图对插值出来的栅格图进行裁切，并利用 ArcGIS 软件中的投影工具对图像进行投影转换，以匹配 TM 遥感影像的大地坐标及投影坐标。

将研究区的植被类型分布图导入 ArcGIS 软件中，并赋予相应的投影信息，截取所要研究的区域，并对相应的植被类型添加字段赋予相应的植被最大光能利用率 ε_{max}，实际情况下的 ε_{max} 根据当地植被覆盖类型的不同而有差异（表 5-2）。

表 5-2　不同植被类型的最大光能利用率（g/MJ）

植被类型	ε_{max}	植被类型	ε_{max}
常绿针叶林	1.008	落叶针叶林	1.103
阔叶林	1.259	落叶阔叶林	1.004
混交林	1.116	落叶灌丛及稀疏草原	0.768
稀疏灌木	0.774	矮林灌丛	0.888
草地	0.608	农田作物	0.604
其他用地	0.389		

研究区中水域及裸地的 NPP 最低，只有 0～8g C/m²，湖域东侧的 NPP 较高，达到了 43.87～210.04g C/m²，这可能与湖域的水热条件较好、植被覆盖较高有关，研究区西侧及东南侧也有小部分区域 NPP 较高，这可能与该区域地处山地林区、受到人类活动影响较少有关，如图 5-4 所示。总体上，研究区受到气象条件的影响，对遥感影像的干扰较小，数据的精度大体上能够反映出 NPP 的部分状况。

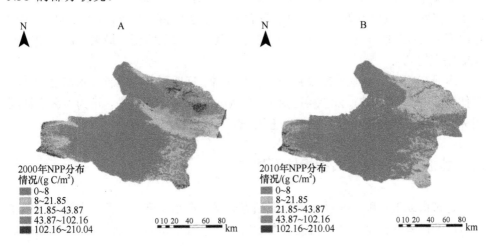

图 5-4　研究区 NPP 空间分布（彩图请扫封底二维码）

2010 年研究区域的 NPP 分布状况与 2000 年大致相同，如图 5-4 所示，中部及北部的 NPP 最小，湖域东侧的 NPP 较高，集中在 20～100g C/m2，研究区西侧及东南侧与图 5-4 所示大致相当。

2000～2010 年，研究区 NPP 的变化情况如图 5-5 所示，总体上，该区域的 NPP 呈现下降趋势，其中，湖域东侧的变化最大，减少了 48～85g C/m2，这可能与该区域的人类活动有关，中部及北部区域变化较小，这是水域及裸地的 NPP 本身就较低的原因，研究区西侧及东南侧的 NPP 有一定的提高，主要是因为山区植被很少受到外界的影响。

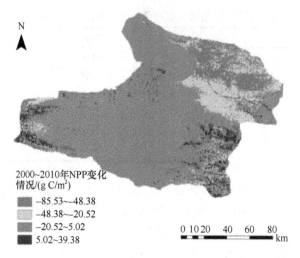

N

2000~2010年NPP变化
情况/(g C/m²)

■ −85.53~−48.38
□ −48.38~−20.52
■ −20.52~5.02
■ 5.02~39.38

0 10 20   40   60   80
                           km

图 5-5   2000～2010 年研究区 NPP 时空变化情况（彩图请扫封底二维码）

艾比湖流域 2000～2010 年 NPP 以水域及裸地较低，2000 年和 2010 年均小于等于 8g C/m²，植被覆盖区域 NPP 状况较好，可达到 20～200g C/m²，2000～2010 年研究区 NPP 的变化主要呈减少的趋势，其中湖域东侧变化最大，山地植被的 NPP 略有提高。

本研究探讨了该地区 NPP 的时空变化规律，证明了利用遥感技术结合参数模型估算 NPP 是可行的，为沙区资源利用评估研究开辟了新途径，可为沙区资源利用评估技术方法提供研究方法与参考依据。

二、植被资源利用评估指标体系建立

通过借助 RS 和 GIS 技术及地面站点数据，在小尺度上运行高空间分辨率和高时间分辨率的模型，结合植被类型数据、气象数据和环境变量数据，按照准则建立植被资源的评估体系，选取合适的指标与评估标准，对研究区的植被资源进行评估与分析。

1. 指标选择和权重计算

以艾比湖流域气象数据和遥感影像数据等作为数据源，将现有的各种生态环境评估方法作为参照，建立植被资源的利用评估框架，结合艾比湖流域环境生态状况、植被生长等情况，建立3层指标体系对研究对象进行评估（图5-6）。

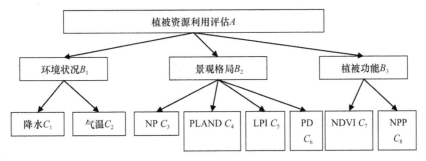

图 5-6　植被资源利用评估指标体系

NP 为景观斑块数，PLAND 为景观比例，LPI 为最大斑块指数，
PD 为斑块密度，NDVI 为归一化植被指数，NPP 为净初级生产力

通过 AHP 法来构建评估指标体系，首先建立函数判别矩阵，之后再对各项权重的重要性进行排序，并判断其一致性，进而求得各项指标权重的数值。

通过层次关系模型，将研究对象划分为 3 个层次结构，利用各个因子相互的联系，计算求出每个因子的权重，从而获得对目标的评估结果。

借助各项指标因子对整个评估体系的贡献度及相互之间的关系，利用相关资料与经验判断进行层次分析。根据该方法的定义，将权重集合分为 $A=\{B_1, B_2, B_3\}$，$B_1=\{C_1, C_2\}$，$B_2=\{C_3, C_4, C_5, C_6\}$，$B_3=\{C_7, C_8\}$。

通过建立目标层（A）、准则层（B）和指标层（C）之间的相互关系从而构造判别矩阵，并确定各项指标权重的数值与关系。利用平方根法计算最大特征根 λ，并对其进行一致性检验得出 $\lambda_1=3$，CR=0.0001＜0.1；$\lambda_2=2$，CI=0；$\lambda_3=4.0310$，CR=0.0103 ＜0.1；$\lambda_4=2$，CI=0；通过 4 个判别矩阵求得的特征向量即为各项因子的权重数值，可以确定植被资源利用的评估指标体系中各指标的权重，如表 5-3 所示。

表 5-3　沙区植被资源利用评估指标权重

目标层（A）	准则层（B）		指标层（C）	
	指标	权重	指标	权重
植被资源的利用评估 A	环境状况 B_1	0.5	降水 C_1	0.3750
			气温 C_2	0.1250

续表

目标层（A）	准则层（B）		指标层（C）	
	指标	权重	指标	权重
植被资源的利用评估 A	景观格局 B_2	0.25	NP C_3	0.0401
			PLAND C_4	0.1167
			LPI C_5	0.0694
			PD C_6	0.0238
	植被功能 B_3	0.25	NDVI C_7	0.0833
			NPP C_8	0.1667

2. 指标标准化处理

利用遥感影像数据、气象数据等，基于 GIS 与 RS 技术对研究区 2010 年各指标的值进行统计和标准化处理，得到植被资源利用状况的单项指标标准化分布图层。其中年降水量、年均温是通过各个气象站点的数据进行反距离权重插值而获得的空间数据；通过景观指数的计算与空间处理，可以得到 NP、LPI、PLAND 和 PD 等格局指数的面域化分布图；NDVI 是利用遥感影像数据处理获得的，并在 GIS 中进行重采样，以获得与其他数据匹配的栅格大小；NPP 是利用气象数据计算并插值面域化的结果。

3. 艾比湖流域植被资源利用综合评估

评估植被资源的利用状况时，可以综合考虑植被生产力及各因子的影响，从而对植被资源利用的综合值进行评估。其构建的函数关系式如下：

$$\text{CEI} = \sum_{i=1}^{n} C_i W_i$$

式中，CEI 为植被资源利用状况综合指数；C_i 为各项指标因子的数值；W_i 为各项指标因子的权重；n 为指标因子的个数。

通过研究区域环境状况、景观指数和植被指数等指标的无量纲化计算，加权求和得出结果，并利用 ArcGIS 软件的栅格计算功能对其进行象元间的空间运算。其最终的评估体系函数表达式如下：

$$\text{CEI} = 0.375C_1 + 0.125C_2 + 0.0401C_3 + 0.1167C_4 + 0.0694C_5 + 0.0238C_6 + 0.0833C_7 + 0.1667C_8$$

通过层次分析法构建函数关系式，运用栅格计算功能，最终得到研究区植被资源利用状况的综合指数空间分布图，如图 5-7 所示。

从图 5-7 可见，研究区植被资源利用的情况在空间上有很大的差异。其中研究区边缘地区的指数较高，资源利用潜力较大，该区域主要为林草植被覆盖区，植被分布情况较好，气候状况及景观特征状况较好。研究区中部和东部地区的指数较低，该区域人类活动较多，对植被资源利用情况产生了一定的影响。其中研

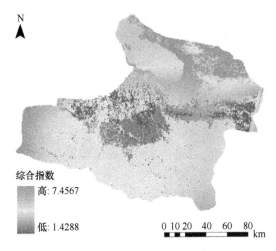

图 5-7 研究区综合指数空间分布（彩图请扫封底二维码）

究区中部的数值约为 1.4288，数值呈增加趋势向四周变化，并在研究区的西部、北部和东南部达到高值，约为 7.4567。

4. 评估系统的研发

（1）编程语言开发与数据库管理

对于评估系统的界面设计，主要侧重于应用界面的简洁、易操作，并可以通过主界面上的窗体实现遥感影像图的加载、地面观测数据的输入及气象资料的录入等操作。良好的界面是系统操作人员与系统之间进行信息沟通的基础，通过这一平台实现计算机系统的各种功能，并且在此基础之上加强界面的美观性与实用性，如图 5-8 所示。

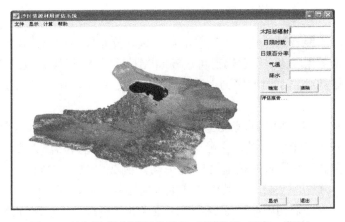

图 5-8 沙区资源利用评估系统（彩图请扫封底二维码）

（2）系统界面模块与功能

信息的输入是本评估系统的首要模块，通过输入各项参数指标，实现数据资料的管理与计算。其中包括了各项基础数据，如气温、降水、日照时数、日照百分率等，通过后台程序模块的运算得到各种指标，结合遥感影像图的载入，对研究区域的资源利用情况进行综合评估，界面如图5-9所示。

系统运行实现的主要步骤为先建立数据库，将窗口组件进行实例化，并对窗口和菜单栏设置各项基本属性，将界面输入的数据加入数据库之中，在后台根据经验关系式及栅格计算模块得出参考值，之后将其纳入到评估标准之中，对研究对象进行判别，再将结果输出。

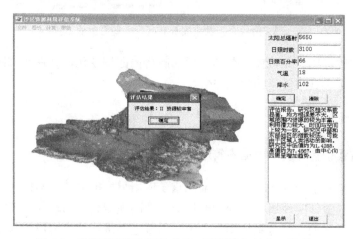

图5-9　资源利用情况评估结果（彩图请扫封底二维码）

三、小结

研究区太阳能资源总体属于辐射丰富区域，分布较为均匀，辐射与日照时数函数关系拟合效果较好。年总辐射可达6000MJ/(m²·年)，日照时数可达3000h，日照百分率可达70%，从时间序列上总体上呈下降趋势，一年中利用情况最好的为夏季。

2000~2010年，NPP的变化主要呈减少的趋势，其中湖域东侧变化最大，山地植被的NPP略有提高。其时空分布特征与研究区生态环境、人类活动、气候状况等条件相关。研究区植被覆盖区域NPP可达到20~200g C/m²，植被资源利用综合指数为1.4288~7.4567，其中边缘地区的指数较高，其中西部、北部和东南部达到高值，由四周向中心呈减少趋势。边缘地区资源利用情况逐渐变差，该区域主要为林草植被覆盖区，植被分布情况较好，气候状况及景观特征状况较好，资源利用潜力较大。研究区中部和东部地区的指数较低，该区域人类活动较多，对植被资源利用情况产生一定的影响。

研发区域资源利用评估系统，实现快捷、可视化的实时动态的评估模式。利用总辐射量、日照时数、日照百分率，以及气温、降水等环境指标的统计与分析，结合遥感影像数据，提取空间信息，建立资源利用评估系统。根据区域标准划分资源利用等级为资源丰富区、较丰富区、较匮乏区和匮乏区4级。

第四节 干旱沙区资源植物开发潜力评价

本研究以艾比湖流域的新疆精河县为研究对象，综合运用生态学和经济学方法研究资源植物的开发潜力，有利于干旱脆弱区生态补偿机制的建立，对干旱脆弱区生态系统的保护、合理开发及提高当地经济水平起指导作用。

一、精河县资源植物开发潜力评价指标体系构建

1. 评价指标体系的确定

通过对国内外不同种类资源植物评价指标体系的研究，结合新疆精河县自然生态环境特征，参考联合国粮食及农业组织（联合国粮农组织）提出的《土地评价纲要》和我国现行的《土壤环境质量标准》（GB 15618—2008），咨询长期从事干旱区评价指标体系研究的专家。针对精河县6种典型资源植物的实际情况，构建了精河县资源植物开发潜力评价指标体系，包括1个目标层（A）、3个准则层（B）和17个指标层（C），如表5-4所示。

表5-4 精河县资源植物开发潜力评价指标体系

目标层	准则层	指标层
资源植物开发利用潜力（A）	环境要素（B_1）	土壤全氮（C_1）
		土壤全磷（C_2）
		土壤全钾（C_3）
		有机质（C_4）
		阳离子交换量（C_5）
		盐渍化程度（C_6）
		干旱指数（C_7）

续表

目标层	准则层	指标层
资源植物开发利用潜力（A）	开发潜力（B_2）	盖度（C_8）
		多度（C_9）
		再生能力（C_{10}）
		栽培状况（C_{11}）
		灌溉保证率（C_{12}）
		田间基础设施（C_{13}）
		交通通达度（C_{14}）
	市场效益（B_3）	市场饱和度（C_{15}）
		市场价值（C_{16}）
		产品开发利用度（C_{17}）

2. 评价指标权重值的确定

本文采用折中系数法，即将主观权重与客观权重相结合，公式如下：

$$w = (1-a)q_i + a \times p_i$$

式中，w 为精河县资源植物开发潜力评价指标体系的指标权重；a 为权重折中系数，$0 \leq a \leq 1$，本文采用的权重折中系数为 $a=0.5$；$p=(p_1, p_2, \cdots, p_n)$ 为综合文献和专家经验的层次分析法确定的主观权重；$q=(q_1, q_2, \cdots, q_n)$ 为熵值法确定的客观权重。

研究区精河县只有一个气象站点，所以干旱指数只有一个监测值，故客观权重值以零值计。指标体系权重如表 5-5 所示。

表 5-5 精河县资源植物开发潜力评价指标体系的权重

准则层	p	指标层	p_i	q_i	w
环境要素（B_1）	0.263	土壤全氮（C_1）	0.020	0.085 064	0.052 732
		土壤全磷（C_2）	0.061	0.042 181	0.051690
		土壤全钾（C_3）	0.061	0.000 443	0.030 822
		有机质（C_4）	0.020	0.046 620	0.033 510
		阳离子交换量（C_5）	0.020	0.165 412	0.092 906
		盐渍化程度（C_6）	0.061	0.243 735	0.152 467
		干旱指数（C_7）	0.020	0	0.010 000
种植适宜性（B_2）	0.509	盖度（C_8）	0.102	0.037 939	0.069970
		多度（C_9）	0.061	0.014 548	0.037 874
		再生能力（C_{10}）	0.102	0.019 120	0.060 560
		栽培状况（C_{11}）	0.061	0.075 462	0.068 331

续表

准则层	p	指标层	p_i	q_i	w
种植适宜性（B_2）	0.509	灌溉保证率（C_{12}）	0.102	0.019 120	0.060 560
		田间基础设施（C_{13}）	0.020	0.074 903	0.047 651
		交通通达度（C_{14}）	0.061	0.066 694	0.063 947
市场效益（B_3）	0.225	市场饱和度（C_{15}）	0.062	0.042 649	0.052 375
		市场价值（C_{16}）	0.102	0.047 915	0.074 957
		产品开发利用度（C_{17}）	0.061	0.018 195	0.039 698

3. 评价指标标准值的确定

评价指标标准值的确定参考联合国粮农组织提出的《土地评价纲要》和中国现行的《土壤环境质量标准》（GB 15618—2008），对于标准中不包含的指标，则根据文献中关于干旱区的历史研究结果和相关领域专家的建议来设定标准值，指标标准值如表5-6所示。

表5-6　精河县资源植物开发潜力评价指标标准值

评价指标	指标标准值				
	优	良	中	差	劣
土壤全氮/(g/kg)（$C_1 \geqslant X$）	16	12	8	4	0
土壤全磷/(g/kg)（$C_2 \geqslant X$）	0.4	0.3	0.2	0.1	0
土壤全钾/(g/kg)（$C_3 \geqslant X$）	12	11	10	9	8
有机质/(g/kg)（$C_4 \geqslant X$）	8	6	4	2	0
阳离子交换量/[mol/(g·kg)]（$C_5 \geqslant X$）	8	7.75	7.5	7.25	7
盐渍化程度（$C_6 \leqslant X$）	0.3	0.5	1	2	$\geqslant 2$
干旱指数（$C_7 \leqslant X$）	1	3	7	14	$\geqslant 28$
盖度（C_8）	5	4	3	2	1
多度（C_9）	5	4	3	2	1
再生能力（C_{10}）	5	4	3	2	1
栽培状况（C_{11}）	5	4	3	2	1
灌溉保证率（C_{12}）	5	4	3	2	1
田间基础设施（C_{13}）	5	4	3	2	1
交通通达度（C_{14}）	5	4	3	2	1
市场饱和度（C_{15}）	5	4	3	2	1
市场价值（C_{16}）	5	4	3	2	1
产品开发利用度（C_{17}）	5	4	3	2	1

注：X为实测值

二、资源植物各指标开发潜力水平分析

如果指标开发潜力指数平均数高于 3.5,则它对干旱区资源植物开发会造成直接的正面影响,即正指标因子;指标开发潜力指数低于 2.5 时,对干旱区资源植物开发会造成直接的负面影响,即负指标因子。精河县资源植物各指标开发潜力指数平均值如图 5-10 所示。

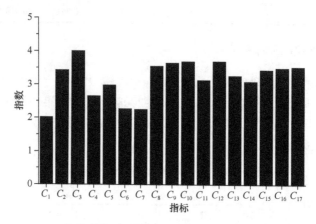

图 5-10　精河县资源植物各指标开发潜力指数

由图 5-10 可见,资源植物开发潜力指数低于 2.5 的指标为土壤全氮含量(C_1)、盐渍化程度(C_6)、干旱指数(C_7),这是影响资源植物开发的主要负面影响因子,即对精河县资源植物开发产生不利影响,会阻碍资源植物开发利用的整体水平;资源植物开发潜力指数高于 3.5 的指标有土壤全钾(C_3)、盖度(C_8)、多度(C_9)、再生能力(C_{10})、灌溉保证率(C_{12})、产品开发利用程度(C_{17})这 6 个指标,是影响精河县资源植物开发的正面指标,会提升资源植物的开发潜力。

土壤全氮含量表示土壤氮素的总贮量和供氮潜力。干旱区的相对湿润地区,降水较少,盐渍化程度较高,植物和共存的固氮微生物相对较少,所以土壤本底的全氮含量较低。它对资源植物开发的限制作用主要体现在栽培移植前期,氮的缺失会阻碍植物茎叶的生长发育。在栽培资源植物前施用适量的氮肥作底肥,土壤全氮的限制作用能消除。土壤全钾含量能促进资源植物光合作用,增强酶的活性,同时能够增强资源植物抗旱、抗碱的能力,以及抵御病虫害能力,全钾对资源植物开发过程中的促进作用很明显;野生状况下资源植物的盖度、多度和再生能力体现为在人为干扰较少的条件下资源植物自然生长的状况,人工种植条件能保证土壤肥力、灌溉及减少病虫害,必然优于自然条件,自然条件下资源植物盖度、多度和再生能力强体现了当地环境适于资源植物开发;干旱区种植资源植物

的最大限制因子是水，水资源供给的保证决定资源植物生存、生长和发育的各个阶段，研究区地处天山北麓，冰川融水可保证水资源供给，河流水径流量大，地下水储量充足，适合资源植物大规模开发利用；产品开发利用度代表着社会对资源植物的需求量，研究选取的精河县待开发资源植物种具有较高的需求度，具有较高的开发利用价值和市场价值。

三、资源植物各种类开发潜力水平分析

由表 5-7 可见，精河县 6 种资源植物开发潜力指数为 3.41～3.94，分别从属于良与中之间、偏中，良与中之间、偏良和良，收敛于良与中两个模糊综合评价等级。高价值资源植物为黑枸杞、肉苁蓉、红枸杞，处于良的评价等级；资源植物芦苇相对较好，处于良与中之间、偏良的评价等级；而沙地桑和棉花这两种资源植物则都处于良与中之间、偏中的评价等级。6 种资源植物开发潜力排序依次是黑枸杞>红枸杞>肉苁蓉>芦苇>棉花>沙地桑。资源植物黑枸杞、红枸杞和肉苁蓉适合精河县种植，开发潜力巨大，市场利用价值高，对生境要求低，栽培技术研究广，适合大量种植；资源植物芦苇，尽管其对生境要求低，耐受性强，栽培简单，但由于市场价值较低，开发利用程度较高，且种植地域受限少，因此其开发利用潜力低于黑枸杞、红枸杞和肉苁蓉这三种资源植物；尽管资源植物棉花和沙地桑对干旱区长日照、昼夜温差大的环境较适宜，但在其种植过程中大量需水，在水为最主要限制因子的干旱区种植开发潜力一般，但考虑到精河县土地利用类型大部分地域属于荒漠未利用地且水资源储量远高于现在农业的需求量，因此推广资源植物棉花和沙地桑也有较高的现实意义。

表 5-7 精河县资源植物各种类开发潜力指数

样点	可变模糊评价模型							模糊综合评价
	$a=1$ $p=1$	$a=1$ $p=2$	$a=2$ $p=1$	$a=2$ $p=2$	范围	平均值	评价等级	
1#芦苇	3.56	3.64	3.41	3.55	3.41～3.64	3.54	良与中之间、偏良	良
2#肉苁蓉	3.79	3.85	3.59	3.8	3.59～3.85	3.76	良	良
3#黑枸杞	3.95	4.02	3.82	3.97	3.82～4.02	3.94	良	良
4#沙地桑	3.4	3.51	3.26	3.45	3.26～3.51	3.41	良与中之间、偏中	中
5#棉花	3.45	3.54	3.33	3.38	3.33～3.54	3.43	良与中之间、偏中	中
6#红枸杞	3.95	4.03	3.77	3.95	3.77～4.03	3.93	良	良

资源植物的 $a=1$、$p=1$，$a=1$、$p=2$，$a=2$、$p=1$，$a=2$、$p=2$ 这 4 种可变函数处理得到的值收敛于平均值，4 种可变组合的值域围绕平均值波动，且振幅不超过 0.2。同时每种函数组合值也基本符合评价等级和模糊综合评价值，因此该评价模

型具有较好的收敛性。

四、资源植物开发潜力水平综合分析

由表 5-8 得出，精河县资源植物开发潜力指数为 3.64～3.85，处于良与中之间、偏良和良这两个评价等级，最终收敛于良这个模糊综合评价等级。开发潜力指数均值为 3.73，属于良评价等级，说明选定的 6 种典型资源植物适合精河县推广种植、开发。从环境要素、种植适宜性、市场效益三个方面综合评价精河县资源植物开发潜力得出，其开发潜力较大，适合大规模资源植物开发。

表 5-8　精河县资源植物开发潜力指数

模型参数变换	开发潜力指数	评价等级	模糊综合评价
$a=1$、$p=1$	3.71	良与中之间、偏良	良
$a=1$、$p=2$	3.85	良	良
$a=2$、$p=1$	3.64	良与中之间、偏良	良
$a=2$、$p=2$	3.70	良与中之间、偏良	良

第五节　土壤养分反演模型建立与评价

一、土壤养分高光谱反演模型的建立与分析

为快速准确地估测艾比湖流域土壤养分状况，选择艾比湖流域精河县作为研究区，以精河县内不同地表覆盖类型的土壤为研究对象（图 5-11），基于实地采集的 75 个土壤样品的室内 ASD Field Spec 3 实测光谱数据和 3 种光谱变换形式，利用 10nm 间隔重采样进行去噪处理，再结合多元逐步回归法（SMLR）、偏最小二乘法回归法（PLSR）、人工神经网络法（ANN）分别建立土壤养分预测模型，以探索最优模型。

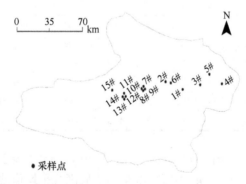

图 5-11　研究区及采样点示意图

结果表明，土壤实测光谱的一阶微分、二阶微分变换形式能明显提高光谱与土壤养分之间的相关性，尤其是一阶微分变换与土壤有机质和全氮的相关性最高，分别达 0.87、0.91，光谱变换技术能显著增强土壤养分与高光谱之间的敏感性，达到更好的建模效果；SMLR、PLSR 和 ANN 这 3 种模型都具有良好的预测能力，其中，ANN 建立的模型预测效果最好，光谱二阶微分变换的 ANN 模型对有机质、全氮的预测决定系数（R^2）分别为 0.886、0.984，均方根误差（RMSE）分别为 2.614、0.147，PLSR 次之；全氮的预测效果明显优于有机质的预测效果，说明高光谱和全氮之间的敏感性更高。总体来说，光谱二阶微分变换形式的人工神经网络模型可以最精确稳定地完成土壤养分含量的快速预测，能够实现艾比湖流域的土壤养分空间分布状况和动态变化特征的动态监测。

1. 土壤养分空间分析及与光谱的相关性分析

不同地表覆盖类型土壤养分的含量差异较大，土壤有机质和全氮含量的最大值均出现在 15#样地，分别达 12.200g/kg 和 0.649g/kg；其次是 3#样地，而 5#、6#和 14#样地两种土壤养分含量都相对较低。

经过相关系数法处理得到，土壤有机质、全氮含量与光谱原始反射率及其一阶微分和二阶微分之间的相关系数如图 5-12 所示。

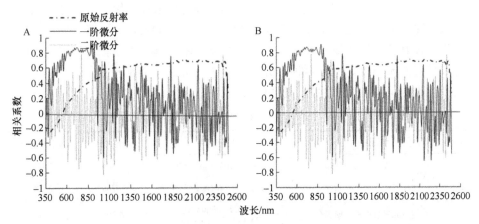

图 5-12　土壤有机质（A）、全氮（B）含量与光谱原始反射率及其一阶微分和二阶微分的相关性

两种养分与光谱原始反射率的负相关都集中在 350～470nm 处，并都在 1880～1890nm、1980～2000nm 和 2140～2230nm 处有较好的正相关性，全氮的相关性略高于有机质。有机质和全氮与光谱反射率一阶微分变换形式的相关性较高波段集中于 650～840nm 和 880～920nm 处，且两者相关性最好波长都为 890nm，有机质的相关性达 0.87，全氮的则高达 0.91。两种养分与光谱二阶

变换形式相关性较高波段相对分散，其中有机质在 1410nm 处正相关最高，达 0.81，负相关最高只有 0.70 且出现在 1120nm 处。而全氮则在 770nm、1010nm 和 2430nm 处呈现了较好的正相关，相关性最高达 0.78，负相关较好处在 740nm、1030nm 处，相关性达 0.79。

从图 5-12 可明显看出，两种土壤养分与光谱数据相关性基本一致，两种养分实测数据间的相关性也达 0.85。有研究表明，土壤有机质含量与全氮含量之间存在密切的关系，水稻土全氮含量可以用有机质含量乘以转换系数 0.065 获取，干旱地区的转换系数为 0.05～0.06。两种养分相关性略有差异是由于高光谱反演基于各种不同化学键位的吸收，而不同的物质组成导致两种养分含量在敏感波段上出现了一定的差异性。

2. 多元逐步回归建模

以有机质含量和全氮含量作为因变量进行多元逐步线性回归分析，获得光谱原始反射率、光谱反射率一阶微分和光谱反射率二阶微分的 SMLR 模型及 SMLR 模型所得预测值与养分实测值之间关系，如表 5-9 所示。光谱反射率的一阶微分和二阶微分变换形式所得到的 R^2 和 RMSE 均优于光谱原始反射率的值，其中二阶微分略优于一阶微分。有机质和全氮二阶微分所建模型的 R^2 分别达 0.803、0.852，RMSE 只有 1.361、0.066，能够很好地预测土壤有机质和全氮两种养分的状况。一阶微分建模所得 R^2 也能达到 0.768 和 0.835，对应的 RMSE 也只有 1.42 和 0.064，也能相对较好地预测土壤养分。而光谱原始反射率所建模型则相对较差，不能得到稳定精确的预测值。比较两种养分的预测情况可知，全氮的拟合效果优于有机质，高光谱对全氮的敏感性强于有机质。

表 5-9　土壤养分多元逐步回归分析结果

土壤养分	光谱变换形式	回归模型	决定系数	总均方根误差
有机质	光谱原始反射率	$Y=24.193X_{1880}-7.679$	0.486	2.113
	光谱反射率一阶微分	$Y=28\,903.701X_{890}+3.072$	0.768	1.420
	光谱反射率二阶微分	$Y=-3554.960X_{1000}+74\,349.124X_{1410}-0.577$	0.803	1.361
全氮	光谱原始反射率	$Y=-0.151-1.053X_{390}+1.517X_{1990}$	0.627	0.093
	光谱反射率一阶微分	$Y=0.170+1611.122X_{890}$	0.835	0.064
	光谱反射率二阶微分	$Y=0.274-1492.812X_{1030}-5786.504X_{610}+10\,819.675X_{770}$	0.852	0.066

注：X_n 表示 $n\sim n+9$（nm）波段的算术平均数

3. 偏最小二乘法建模

基于 PLSR 模型，土壤养分实测值与预测值之间的拟合分布如图 5-13 所示。有机质和全氮的二阶微分建模所得 R^2 分别为 0.881、0.956，PLSR 模型为 3 种建模方式中最优，RMSE 分别只有 2.706 和 0.045，能达到很好的预测效果。同时，有机质和全氮的一阶微分建模所得 R^2 也能分别达到 0.814、0.795，也能得到较好的预测效果，而原光谱建模的预测效果较差，两种土壤养分的预测模型 R^2 分别只有 0.490 和 0.673。基于 PLSR 模型的光谱反射率一阶微分建模和二阶微分建模都能很好地预测土壤养分值。3 种建模方式得到的全氮的精度都优于有机质，说明高光谱遥感对全氮的反演效果强于有机质。

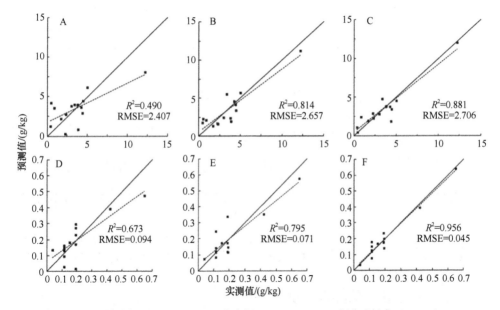

图 5-13　土壤有机质（A、B、C）和全氮（D、E、F）、光谱反射率（A、D）、光谱反射率一阶微分（B、E）及光谱反射率二阶微分（C、F）实测值与偏最小二乘法回归分析的预测值之间的拟合分布

4. 人工神经网络建模

基于 BP 神经网络分析建立的 ANN 模型的土壤养分实测值与预测值之间的拟合分布见图 5-14。选取建模波段作为自变量，以土壤养分值为因变量进行 BP 神经网络分析，建立原始光谱反射率、光谱反射率一阶微分和光谱反射率二阶微分变换形式的分析模型。由图 5-14 可得，二阶微分变换形式建立的模型最优，有

机质和全氮二阶微分建模 R^2 分别达 0.8855、0.9838，优于一阶微分建模的 0.8727和 0.9675 及原始光谱建模的 0.486、0.516，而反射率二阶微分建模的 RMSE 也分别只有 2.614 和 0.147，说明二阶微分的 ANN 模型具有很好的预测能力，一阶微分模型也具有较好的预测能力，而原始光谱模型的精度和稳定性相对较差。对比有机质和全氮的 3 种光谱形式模型，得到与 PMLR、PLSR 模型类似的结果，仅有机质原始光谱反射率的稳定性弱于全氮，其他所有指标均劣于全氮，全氮的高光谱反演效果优于有机质。

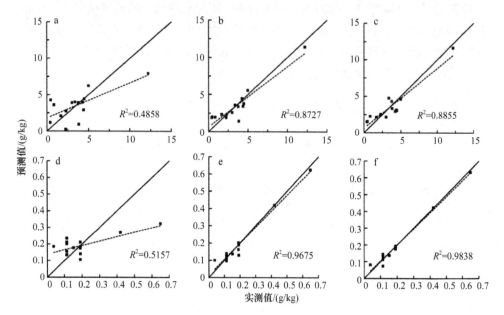

图 5-14 土壤有机质（A、B、C）和全氮（D、E、F）、反射率（A、D）、反射率一阶微分（B、E）及反射率二阶微分（C、F）实测值与人工神经网络分析的预测值之间的拟合分布

二、土壤养分状况的综合评价

如表 5-10 所示，尽管研究区土壤养分含量都处于较贫乏状态，但相对而言 3#、13#、15#样地的土壤养分状况优于其他样地的土壤养分状况，其中 3#样地属于未利用地，13#、15#样地属于耕地，15#样地选在新疆枸杞之乡托里乡的枸杞田，是所有试验点中养分状况最佳点。其余 12 个样地尽管总体都处于较贫乏水平，但分析单养分指标发现，耕地的土壤养分水平最高（6#样地除外），林地次之。

表 5-10　艾比湖流域采样点土壤养分评价等级

样点\指标	1# 0~20 cm	20~40 cm	40~60 cm	60~80 cm	80~100 cm	2# 0~20 cm	20~40 cm	40~60 cm	60~80 m	80~100 cm
OM	VI	VI	VI	VI	VI	VI	VI	VI	VI	VI
TN	VI	VI	VI	VI	VI	VI	VI	VI	VI	VI
TP	VI	VI	VI	VI	VI	VI	VI	VI	VI	V
TK	III	IV	III	IV	IV	IV	IV	IV	IV	IV
AN	V	VI	VI	VI	VI	VI	VI	VI	V	VI
AP	VI	VI	V	IV	VI	V	VI	VI	VI	VI
AK	IV	VI	V	IV	V	IV	IV	IV	IV	I
整体	VI	VI	VI	VI	VI	V	VI	VI	VI	VI

样点\指标	3# 0~20 cm	20~40 cm	40~60 cm	60~80 cm	80~100 cm	4# 0~20 cm	20~40 cm	40~60 cm	60~80 m	80~100 cm
OM	VI	VI	V	VI	VI	VI	VI	VI	VI	VI
TN	VI	VI	V	VI	VI	VI	VI	VI	VI	VI
TP	IV	V	V	V	V	V	V	VI	V	V
TK	IV	IV	IV	IV	IV	IV	IV	IV	IV	IV
AN	V	V	V	VI	VI	V	VI	VI	VI	VI
AP	III	III	IV	VI	IV	IV	V	IV	III	IV
AK	I	I	I	I	I	I	I	I	I	I
整体	V	VI	IV	VI	IV	VI	VI	VI	VI	VI

样点\指标	5# 0~20 cm	20~40 cm	40~60 cm	60~80 cm	80~100 cm	6# 0~20 cm	20~40 cm	40~60 cm	60~80 m	80~100 cm
OM	VI	VI	VI	VI	VI	VI	VI	VI	VI	VI
TN	VI	VI	VI	VI	VI	VI	VI	VI	VI	VI
TP	VI	VI	VI	VI	VI	VI	VI	VI	VI	VI
TK	IV	IV	IV	IV	IV	IV	IV	IV	IV	IV
AN	VI	VI	VI	VI	VI	VI	VI	VI	VI	VI
AP	VI	VI	VI	VI	VI	VI	VI	IV	V	V
AK	IV	IV	IV	IV	IV	IV	IV	V	V	V
整体	VI	VI	VI	VI	VI	VI	VI	VI	VI	VI

样点\指标	7# 0~20 cm	20~40 cm	40~60 cm	8# 0~20 cm	20~40 cm	40~60 cm	9# 0~20 cm	20~40 cm	40~60 cm
OM	VI	VI	VI	VI	VI	VI	VI	VI	VI
TN	VI	VI	VI	VI	VI	VI	VI	VI	VI
TP	VI	VI	VI	VI	VI	VI	VI	VI	VI
TK	IV	IV	IV	IV	IV	IV	IV	IV	IV
AN	V	V	VI	VI	VI	VI	VI	VI	VI
AP	V	VI	V	VI	V	VI	V	VI	VI
AK	II	IV	V	V	VI	VI	III	IV	V
整体	VI	VI	VI	VI	VI	VI	VI	VI	VI

续表

样点	10#			11#			12#			13#
指标	0~20 cm	20~40 cm	40~60 cm	0~20 cm	20~40 cm	40~60 cm	0~20 cm	20~40 cm	40~60 cm	0~20 cm
OM	VI	VI	VI	VI	VI	VI	VI	VI	VI	VI
TN	VI	VI	VI	VI	VI	VI	VI	VI	VI	VI
TP	VI	VI	VI	VI	VI	VI	VI	VI	VI	VI
TK	IV	IV	IV	IV	IV	IV	IV	IV	IV	IV
AN	V	VI	VI	V	VI	VI	VI	VI	VI	V
AP	IV	IV	IV	IV	IV	V	IV	V	V	III
AK	III	IV	IV	IV	IV	V	V	VI	VI	V
整体	VI	VI	VI	VI	VI	VI	VI	VI	VI	IV

样点	13#		14#			15#				
指标	20~40 cm	40~60 cm	0~20 cm	20~40 cm	40~60 cm	0~20 cm	20~40 cm	40~60 cm	60~80 m	80~100 cm
OM	VI	VI	VI	VI	VI	IV	V	VI	V	VI
TN	VI	VI	VI	VI	V	V	V	VI	V	VI
TP	VI	VI	VI	VI	VI	V	V	V	V	V
TK	IV	IV	IV	IV	IV	IV	IV	IV	IV	IV
AN	VI	VI	VI	VI	VI	VI	IV	V	VI	VI
AP	II	IV	V	V	VI	II	III	II	VI	V
AK	IV	IV	II	IV	I	I	I	II	I	V
整体	VI	VI	VI	VI	VI	I	V	II	VI	VI

注：OM 为有机质；TK 为金钾；AN 为速效氮；AP 为速效磷；AK 为速效钾。Ⅰ为很丰富，Ⅱ为丰富，Ⅲ为中等，Ⅳ为贫乏，Ⅴ为很贫乏，Ⅵ为极贫乏

耕地受人为影响最大，在农作物种植前，农户就会进行整地保墒，施用底肥改善土壤状况，之后每个生长季都进行追肥，故而耕地肥力状况相对较好。而耕地中的 6# 样地为肉苁蓉种植基地，对土壤养分状况要求较低，故而人工进行施肥相对较少，更多地保持了本底养分状况。艾比湖流域的林地多为人工种植的防风固沙林，种植之前需要经过土壤改良来提高新造林的存活率。研究区的草地都属于荒漠草地，植物生长较为稀疏，腐殖质累积相对较少，故而草地养分含量都处于较低水平。未利用地的养分状况不是很明确，波动范围较大，3# 样地的土壤养分状况较好，而 5# 和 12# 样地的养分状况处于较贫乏状态。受自然气候条件所限，干旱区未利用地土壤养分状况大多处于低肥力水平。2# 样地是沼泽芦苇地，植物生长状况不佳，腐殖质累积较少，因此整体肥力水平较低。

从垂直尺度上分析艾比湖流域土壤养分状况，不同土层的养分等级变化不明显，整体评价基本处于一个养分状况等级，只有 15# 样地土壤养分含量随土层变深而降低的趋势较为明显。综合整体养分和单个养分评价发现，1#、4#、5#、8#、10#、12# 样地养分状况基本保持不变，2#、3#、6# 样地呈现深层土养分含量优于浅层土的状况，其余样地则表现为浅层土养分状况优于深层土。尽

管 1#、4#、5#、8#、10#、12#属于不同土地利用类型，但都是沙质土壤。研究区处于著名阿拉山口的东南方向，多大风天气，因此风蚀作用较强，土壤流动性较强，养分状况较差且不易累积。同时人为干扰较少，所以低肥力水平的状况不随土层变化而变化。2#、3#样地表层土养分含量低于深层土归因于强大的流水侵蚀和风蚀作用。而其余样点都是耕地和林地，为了保证农业产量和林业种植存活率，0～20cm 和 20～40cm 土层深耕作土壤养分含量需要满足植株生长的需求，人为添加肥料会使表层土壤养分含量高于深层土。因此，沙土的养分垂直性分布状况不明确，自然条件下土壤呈现深层土优于表层土的现象，而在人为干扰作用下则相反。

三、小结

艾比湖流域人工绿洲不同土地利用类型土壤养分评价结果显示，在分析的 15 个样地 59 个土样中，整体土壤养分状况为Ⅵ级处于极贫乏状态的有 50 个，达到 84.75%，处于贫乏状态占 6.78%，达到适量水平的只有 5.08%，而处于丰富和极丰富水平的各只占 1.69%。整体而言，艾比湖流域人工绿洲各土壤养分状况不理想，非常贫瘠。对 7 种土壤养分进行单关联度评价，得出 OM、TN、TP、AN、AP 基本都处于极贫乏状态，为主要的限制因子，TK 和 AK 含量相对较好，大多处于Ⅳ等级及以上水平，为主要的优势因子。

研究区丰富的地下水资源和天山冰雪融水资源满足了干旱区人工绿洲建设对于水分的基本需求，因此艾比湖流域的绿洲扩张和绿洲农业的发展更限制于土壤的肥力状况。除了钾素养分，其他土壤养分严重缺失。在绿洲农业发展和扩张的过程中，应先进行整田保墒，施用农家肥，亦可就近取材，如秸秆、树叶、树皮等有机废物都可用来提高土壤有机质水平，田间农业初期的基肥及中后期的追肥更应侧重于氮肥和磷肥的混合施用。针对性施肥，在能保证生产力的情况下避免施用化肥，以免加剧农田土壤的干旱化和盐碱化程度。同时农业选种应选用高品质、强耐受性品种进行适宜性种植，就艾比湖流域而言，枸杞种植可选用"精杞 1 号""宁杞 7 号"，可推广种植罗布麻、肉苁蓉等耐受性强且经济价值较高的作物。

从环境要素、种植适宜性、市场效益 3 个方面构成的干旱区资源植物开发潜力评价看，土壤全氮评价最低，土壤全钾评价最高，说明精河县土壤适合耐性强的资源植物种植，并且需要施用氮素底肥；黑枸杞评价最高，沙地桑评价最低，说明黑枸杞适宜精河县环境要素，适合当地种植，具有较高的市场价值，在干旱区种植表现良好。而沙地桑之类需水高的资源植物种植需要考虑水供给和灌溉能力，适宜在水资源储量充足的干旱区种植。精河县资源植物开发潜力较大，应结合各地区实际状况进行大规模开发。

参 考 文 献

曹宝. 2008. 基于 3S 技术的中国沿海地区自然资本要素变化研究[D]. 北京: 北京大学博士学位论文.

陈金娥, 李集明. 1997. 关于利用卫星数据计算西藏地区太阳能资源的研究[J]. 太阳能学报, 18(2): 113-116.

陈丽能, 谢永良. 2000. DEA 方法在农业综合生产能力评价中的应用[J]. 浙江大学学报(农业与生命科学版), 26(4): 447-450.

杜栋, 赵瑶卿. 1998. 农业科技投入效果的横向和纵向 DEA 评价[J]. 农业系统科学与综合研究, 14(2): 93-96.

刘晓英, 林而达, 刘培军. 2003. 干旱气候条件下 Priestley-Taylor 方法应用探讨[J]. 水利学报, 34(9): 31-38.

汪明冲, 戴朦梦, 梁永强. 2012. 佛山市禅城区景观格局粒度效应分析 I ——景观制图与景观指数选取[J]. 佛山科学技术学院学报(自然科学版), 30(1): 67-71.

王莺, 夏文韬, 梁天刚. 2010. 陆地生态系统净初级生产力的时空动态模拟研究进展[J]. 草业科学, 27(2): 77-88.

翁笃鸣.1964.试论总辐射的气候学计算方法[J]. 气象学报, 34(3): 304-315.

左大康, 王懿贤, 陈建绥. 1963. 中国地区太阳总辐射的空间分布特征[J]. 气象学报, 33(1): 78-96.

Collatz G J, Ball J T, Grivet C, et al. 1991. Physiological and environmental regulation of stomatal conductance, photosynthesis and transpiration: A model that includes a laminar boundary layer [J]. Agri Forest Met, 54(2-4): 107-136.

Field C B, Randerson J T, Malmström C M. 1995. Global net primary production: Combining ecology and remote sensing [J]. Remote Sensing of Environment, 51(1): 74-88.

Potter C S, Klooster S A. 1997. Global model estimate of carbon and nitrogen storage in litter and soil pools: Response to changes in vegetation quality and biomass allocation[J]. Tellus, 49(1): 1-17.

Potter C S, Randerson J T, Field C B, et al. 1993. Terrestrial ecosystem production: A process model based on global satellite and surface data[J]. Global Biogeochemical Cycles, 7(4): 811-841.

第六章　沙区高效生态经济圈层构建研究

引　言

20 世纪 50 年代以来，高强度的土地开垦致使我国沙漠化土地平均每年以 1560km^2 的速度扩大，进入 80 年代，沙漠化土地以平均每年扩大 200km^2 的速度扩张。尤其是在我国西北干旱区，该地区固有的生态系统脆弱性及其干旱的气候特征致使我国西北部极其容易受沙漠化影响且影响十分严重。土地的沙漠化不但侵袭和埋压农田、牧场、城镇、村庄、道路和水利设施，而且还垫高河床造成水害。全国有一亿多人受到沙漠化的影响，每年因沙漠化造成的经济损失达 190 多亿元。因此加强对沙漠化的防治及沙区生态系统的防治工作势在必行。另外西北干旱区地广人稀且蕴藏着丰富的光能、热能和特有的生物资源，对这些资源的开发利用是区域经济发展、人民生活水平提高的重要组成部分。因此，我国西北地区的发展必须要建立在生态防治的基础之上，实现经济效益与生态效益同时兼顾的发展模式。通过改善目前的粗放式发展模式，实现经济发展带动生态防治、生态防治促进经济发展的生态经济耦合发展的战略方针。

艾比湖流域位于天山北坡经济带西北角，光热条件充足，有着优良的自然资源背景。流域内有我国西部重要的农牧业生产基地。在过去的 50 年里，由流域经济发展对绿洲资源高强度的开发所引起的土地覆被变化和利用方式的转变，该地区生态系统退化明显，对该地区的经济发展、社会稳定及人民生活水平的提高造成了极大的影响。同时，对艾比湖流域水资源的高强度开发导致的湖面积急剧减小所带来的裸露盐碱湖床成为来新疆乃至我国西北地区沙尘暴的主要来源地之一。因此该地区未来发展模式必须改变，才能在维护流域生态系统稳定的同时保持社会的稳定发展与经济的稳步增长。

本研究基于上述流域经济、生态背景，以经济开发与生态防治协调可持续发展为核心思想，重视生态系统的服务价值，强调区域发展的人地和谐统一。在艾比湖流域土地利用状况、区域景观格局的耦合分析基础上对艾比湖流域生态系经济圈层进行划分，从提高经济效益、维护区域生态系统安全出发，对艾比湖流域生态经济圈层构建模式进行探索性研究，构建艾比湖流域生态经济高效圈层，最终实现西部干旱区整体可持续发展。

<h1 style="text-align:center">第一节　生态经济圈层现状分析</h1>

一、生态经济圈层划分

流域整体形状呈自西向东展开的三角形，南、北、西三面环山，东部平原地区与准噶尔盆地相连。流域整体地带分异性较强，山地、平原地形过渡明显，同时结合艾比湖流域 2005 年土地利用覆被数据及目前艾比湖流域土地利用发展现状数据将艾比湖流域划分为三个圈层（图 6-1），从内至外以此划分为以下三个圈层。

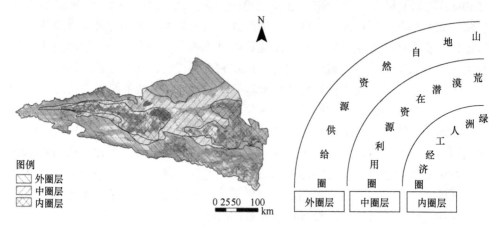

图 6-1　艾比湖流域圈层划分（彩图请扫封底二维码）

内圈层（绿洲人工经济圈）：该圈层主要是耕作用地、艾比湖主湖区及其外围 100m 的区域。该圈层景观特征主要是人类直接影响土地覆被或利用所形成的，景观类型主要为城镇景观、农田景观。其多为在荒漠绿洲自然生态群落基础上开发利用而来，土壤肥沃，地势平坦且海拔较低，水资源供给较为丰富。

中圈层（荒漠潜在资源利用圈）：区域景观多为荒漠未利用地景观，是整个流域景观的背景基地，也是山区水资源向绿洲核心区域输送的通道。植被稀少，多戈壁、石砾地与沙地，自然生态系统脆弱，是荒漠防治工作的重点区域，也是沙区自然资源的主要分布区域，有着丰富的可开发的植物、动物及矿产资源。

外圈层（山地自然资源供给圈）：结合山地的定义与艾比湖流域自然地理特征，将海拔高于 800m 或在 30m×30m 分辨率的艾比湖流域高程起伏度高于 300m 的区域定义为山地。该圈层内多为自然草地景观与林地景观，同时也是艾比湖流域生态服务和水源的主要提供区域。

二、生态经济圈层自然资源特征概况

流域各圈层气候资源概况：艾比湖流域各气象站点 50 年的主要气象参数见表 6-1。对各气象站点 50 年的年均温、年降水总量、日照时数在 ArcGIS 软件平台上进行空间插值后即可实现各圈层各参数分布特征的分析图（图 6-2）。

表 6-1　艾比湖流域气象站点 50 年主要参数

站点	年均温/℃	年最高温/℃	年最低温/℃	年降水总量/mm	年均风速/（m/s）	年日照时数/h
乌苏市	8.21	39.85	−31.50	188.83	2.1	2682.12
托里县	6.86	35.61	−30.25	273.29	2.9	2834.53
精河县	7.74	37.22	−32.61	125.39	1.5	2594.41
阿拉山口市	8.93	44.20	−33.62	126.13	6.1	2955.07
博乐市	6.38	39.52	−31.01	198.65	1.6	2620.50
温泉县	3.94	37.46	−35.56	248.77	2.2	2757.46
平均	7.18	38.97	−32.42	195.23	2.73	2740.68

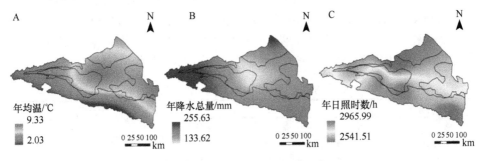

图 6-2　艾比湖流域气象要素圈层分布（彩图请扫封底二维码）

A 为年均温；B 为年降水总量；C 为年日照时数

由图 6-2 可见，艾比湖流域常规气候要素中的年均温与年降水总量的圈层特征较为显著，而日照时数的圈层特征较不明显，这主要由于其三面环山的地形特征和温带大陆性气候，年均温的山地外圈层年均温在 4.84℃ 且温度浮动范围较大，在 2.03～8.93℃；荒漠中圈层及绿洲内圈层年均温为 7.64℃，浮动范围在 4.11～9.33℃，山地外圈层平均海拔在 2193.42m，荒漠中圈层与绿洲内圈层平均海拔为 874.79m。年降水总量空间分布与温度相反，但同样呈现东西差异大，山地外圈层与其他圈层差异明显的特征，以艾比湖主湖区最西侧作为东西划分点，西侧各圈层平均降水总量为 228.64mm，东侧年均降水总量为 161.51mm，山地外圈层年降水总量为 217.46mm，荒漠中圈层与绿洲内圈层年降水总量为 168.92mm。年日照总时数在 2700h 以上，圈层分布特征不明显，整体呈北高南低的特征。阿拉山口为我国著名风口，全年大风（风速≥16m/s)天数有 165d，在大风的作用下艾比湖周边生态系统的稳定性较低且对环境因子变化敏感；而艾比湖为咸水湖，湖面积萎缩后裸露的湖床含盐量高达 50%，且结构松散、无植被覆盖，形成盐漠，在大风作用下形成的沙尘暴、扬尘等天气对土壤侵蚀十分严重，每年受其影响的土壤达 288.64t/km^2。另外，阿拉山口大风蕴含着巨大的风能开发潜力，据估算艾比湖流域风能年总储量在 986kW·h，装机容量约 0.16 亿 kW。

艾比湖流域主要河流为大河沿子河、精河、博尔塔拉河、奎屯河、四棵树河、白杨河及托里县南部由数条小河组成的托里县南部小河。由于地形原因，艾比湖流域约 80%的降水集中在山区，因此艾比湖流域的河流补给主要来自河流上游山地区域的降水及冰川积雪的融化。艾比湖入湖水源补给一部分来自奎屯河、博尔塔拉河及精河的地表径流，其中奎屯河原为艾比湖最大的地表径流补给河流；地下潜流也是艾比湖湖水的重要补给，地下潜流来自山川河流出山口后在洪积扇区域的下渗。

艾比湖流域水资源总量约为 42.38 亿 m^3，地表水资源量为 38.68 亿 m^3，地下水补给量为 26.95 亿 m^3；博尔塔拉河、精河、奎屯河地表水资源量分别为 10.5 亿 m^3、9.45 亿 m^3、16.82 亿 m^3，三条河流水资源总量占流域总量的 87.76%。目前艾比湖流域用水量因各县、市产业结构的不同而差异较大，具体见表 6-2。虽然各县市用水有差异，但是总体来看第一产业用水仍是流域主要的用水方式。

表 6-2　艾比湖流域各县、市用水结构（2005～2011 年均值）

地区	生产用水/%			生活用水/%	其他用水/%
	第一产业	第二产业	第三产业		
温泉县	95.86	1.25	0.45	1.56	0.88
博乐市	90.25	4.56	1.86	1.63	1.70
精河县	88.45	3.27	1.12	3.68	3.48
乌苏市	51.82	38.41	3.41	0.94	5.42
托里县南部	65.28	2.81	2.45	28.45	1.01
奎屯市	58.04	34.84	4.13	0.95	2.04

植被资源分布中，山地外圈层植被类型以真草原、亚高山草甸、高山稀疏植被、高山草甸及山地针叶林、山地针阔混交林为主。荒漠中圈层植被类型以真草原、荒漠小半灌木、荒漠灌木、乔灌混交林、荒漠草原、多汁盐柴类荒漠、草甸草原、盐化草甸为主。绿洲内圈层植被类型以盐化草甸、柽柳灌丛、草甸草原、芦苇沼泽、圆柏灌丛、乔灌混交林、盐沼、真草原为主。目前，在艾比湖流域已经建立了艾比湖湿地自然保护区、甘家湖白梭梭自然保护区等。但由于自 20 世纪 50 年代开始至今对当地资源高强度的开发，艾比湖流域本来就较为脆弱敏感的荒

漠绿洲生态系统退化严重，植被群系出现由湿生、中生系向旱生、盐生系的逆向演替，生境破坏严重，大量动物栖息地消失；尤其是艾比湖区人工生态系统对地表植被的樵伐和水资源的过度利用，造成流域内自然生态系统水分供给不足，天然植被防风固沙效果锐减。研究显示，艾比湖湖滨植被 19%～31%处于严重退化状态。

三、气候资源多年变化趋势

本研究中对气候因子的突变检验采用 Mann-Kendall（M-K）方法，用该方法对艾比湖流域气象因子年际变化进行客观检验，该方法的特点是能够较为准确地确定符合统计检验的突变时间，避免人为因素的影响。

降水多年变化规律：1961～2012 年艾比湖流域主要气象站点资料统计显示，艾比湖流域多年平均降水为 195.23mm，样本标准差为 40.39mm，变差系数为 0.21。降水量最大年份为 1987 年，降水量为 271.92mm；降水最小年份为 1968 年，降水量为 121.43mm。分析艾比湖流域近 52 年降水量的年际变化距平百分比（图 6-3），可以将降水的年际变化分为两个阶段：1961～1981 年艾比湖流域降水距平百分比走势比较平缓，呈十分小的增长趋势，整体以 0.57mm/10 年的速度增长；1981～2012 年艾比湖流域降水距平年际变化幅度较大且整体的上升趋势为 9.74mm/10 年，增长速度较为明显。这与前人研究中得出的我国西北干旱区气候由暖干转向暖湿的趋势的结果一致。

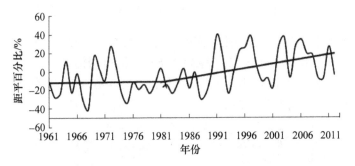

图 6-3　艾比湖流域 1961～2011 年降水量距平百分比变化

艾比湖流域降水的年内变化季节性较强（表 6-3），春季（3～5 月）与夏季（6～8 月）的降水量占全年降水量的 66.78%，分别占 25.54%、41.24%；秋季（9～11 月）与冬季（12 月至翌年 2 月）降水量较为接近，各自占 17.29%、15.94%。52 年内各季节降水量都表现为增长趋势，但增幅趋势的季节性也较强，夏季的增幅趋势高达 5.01mm/10 年，而秋季降水增幅最少，仅为 1.42mm/10 年。

表 6-3　艾比湖流域近 52 年降水量的季节性分配统计

指标	春季	夏季	秋季	冬季
平均降水量/mm	49.97	80.69	33.82	31.18
全年降水分配比例/%	25.54	41.24	17.27	15.93
增幅趋势/（mm/10 年）	1.64	5.01	1.42	2.57
标准差/mm	15.26	18.76	10.33	11.03
降水变异系数	0.31	0.23	0.31	0.35

从艾比湖流域降水突变检验图（图 6-4）看出，UF（按时间序列计算出的统计量序列）曲线呈上升趋势且于 1998 年超过 1.96，UB（按时间顺序计算出统计量序列）曲线呈下降趋势，两曲线相交的时间点位于 1986 年。这说明艾比湖流域降水的突变发生于 1986 年，从 1986 年开始艾比湖流域从少雨时段转变为多雨时段，且 1998 年后艾比湖流域降水量增长趋势明显。

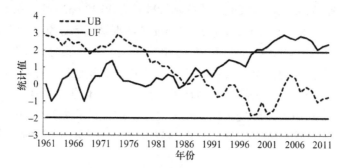

图 6-4　艾比湖流域近 52 年年降水量 Mann-Kendall 突变检验

气温多年变化规律：艾比湖流域年 52 年以来温度呈波动上升（图 6-5），其倾向率为 0.366℃/10 年，且从 20 世纪 90 年代起温度增幅十分明显。艾比湖流域各年代温度也呈逐渐升高趋势。其中最冷年出现在 1969 年，年均温为 4.95℃；最暖年为 2002 年，年均温为 9.75℃。

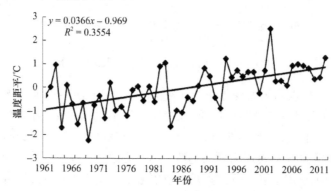

图 6-5　艾比湖流域近 52 年年均温距平变化

采用小波分析方法对艾比湖流域近 52 年温度年际变化规律进行分析,结果见图 6-6。艾比湖流域温度的年际变化周期遮挡较为明显,1961～1974 年以准 2 年的震荡周期为主;1978～1987 年以 2～4 年的震荡周期为主;1988～2006 年以 4～8 年的长震荡周期为主的同时 1998～2004 年出现了 2～4 年的小震荡周期,由此可以说明艾比湖流域自 21 世纪以来温度波动较为复杂。

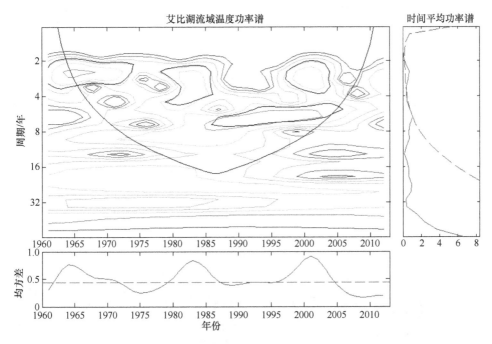

图 6-6　艾比湖流域近 52 年温度小波分析(彩图请扫封底二维码)

光照资源多年变化规律:艾比湖流域光照丰富,1961～2012 年年均日照总时数为 2740.2h。分析 52 年日照时数距平(图 6-7),日照变化倾向率为–60.476h/10 年,

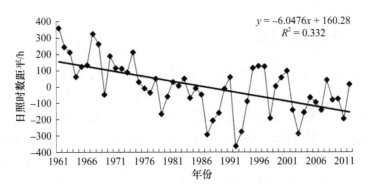

图 6-7　艾比湖流域近 52 年年日照时数距平变化

样本标准差为 157.52h。艾比湖流域日照时数呈下降趋势，这与前人的研究中新疆中北部地区日照整体呈下降的趋势的结果一致，目前主要认为是由于我国西北地区从暖干转为暖湿后的气候背景下，大气相对湿度增加导致大气气溶胶层增厚，低空云量增加。

通过小波分析（图 6-8），对日照时数的年际变化的震荡周期进行分析，结果如图 6-8 所示。1965～1973 年，艾比湖流域的日照时数呈准 2 年的震荡周期；在 1974～1984 年艾比湖流域的日照变化比较紊乱；从 1985 年开始艾比湖流域日照呈准 4 年的周期震荡，其中 1985～1989 年还出现了一个准 2 年的波动。

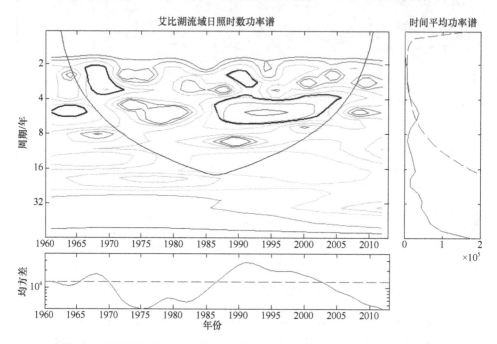

图 6-8　艾比湖流域近 52 年年日照时数小波分析（彩图请扫封底二维码）

四、NDVI 时空变化特征

NDVI 的多年变化规律：艾比湖流域 2001～2012 年 NDVI 均值分布见图 6-9。流域内植被主要分布于平原中心的绿洲区域、河流水系流经区域及山地，在平原外围与接近山地的区域有着大面积的荒漠低植被覆盖区域或无植被覆盖区域。平原绿洲区 NDVI 较高，主要为 0.5～0.6，其植被主要是农业种植作物、绿洲防护林；平原区林地 NDVI 由于植被密度不高，且植被群落中灌木多而乔木少的特征，NDVI 主要分布为 0.5～0.7，个别地区 NDVI 则高达 0.9；流域内草地主要分布于东侧乌苏市农田周边、温泉县的天然草场上及山地区域，NDVI 主要为 0.3～0.5。

图 6-9　艾比湖流域 2001～2012 年 NDVI 均值（彩图请扫封底二维码）

对流域每年生长旺季的 NDVI 均值与年份进行回归分析（图 6-10a），分析其变化规律可以发现，艾比湖流域 NDVI 的年际变化趋势不明显，难以在短期内判别其 NDVI 的年际变化趋势；2002～2006 年与 2007～2009 年 NDVI 出现两次下降，其中 12 年内 NDVI 最小值出现在 2009 年为 0.29，对比分析当年气候因子发现，其当年降水总量较低（194.6mm）可能是其 NDVI 较低的原因；NDVI 自 2010 年起又开始逐渐回升，NDVI 最大值出现在 2002 年，为 0.37，该年较高的年均温（9.75℃）与较大的降水总量（262.7mm）可能是导致植被生长旺盛的主要因素。

为分析不同植被类型 NDVI 变化的年际规律特征，将艾比湖流域植被类型可大致分为农田植被、草地、平原林地与山地林地，其中将山地林地与平原林地分开描述主要是由于流域内山地林地多为温带常绿针叶林而平原地区则多为落叶林类，其植被群落差异较大。图 6-10b 中可以发现，耕地植被 NDVI 呈现逐年稳定上升的趋势，这主要是由于当地对绿洲的开发中采取合理密植及选取合适的品种等方式提高农作物产量；草地植被与山地林地植被的 NDVI 年际变化趋势与整体趋势较为一致，平原林地 NDVI 的年际变化较小，整体较为稳定。

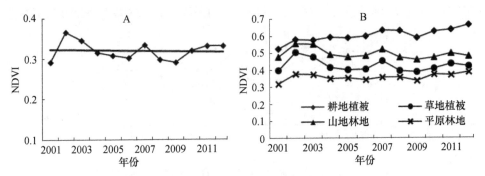

图 6-10　2001～2012 年艾比湖流域 NDVI 年际变化及不同植被类型 NDVI 变化图

NDVI 空间变化特征：图 6-11 为艾比湖流域 2001～2012 年各像元 NDVI 变化趋势。从图 6-11 中可以看出，艾比湖流域的 NDVI 空间变化大部分区域基本发生变化；NDVI 呈现上升变化的区域主要集中于艾比湖流域平原绿洲地区，在人类活动的影响下，2000 年以来该地区植被覆盖以农业用地为主，即研究区耕地植被的 NDVI 呈现逐年增长的趋势；出现 NDVI 减少的区域主要集中在艾比湖湖区西南角及阿拉套山脉东南缘，这主要是该区域受阿拉山口大风及回转风带来的烟尘、沙尘暴影响较为严重，生态系统难以维持稳定所导致的。总的来说，艾比湖流域 NDVI 的空间分布特征的变化主要体现了人类对流域自然生态系统的改变。

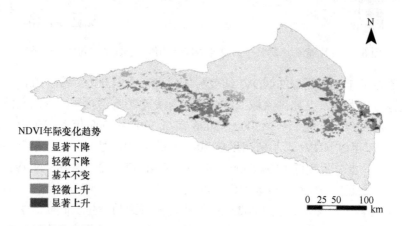

图 6-11　艾比湖流域 2001～2012 年 NDVI 空间变化趋势图（彩图请扫封底二维码）

显著下降：–0.073～–0.02；轻微下降：–0.02～–0.001；
基本不变：–0.001～0.001；轻微上升：0.01～0.02；显著上升：0.02～0.082

五、生态系统 NDVI 对气候因子的响应

气候因子年际变化对 NDVI 的影响：对艾比湖流域 2001～2012 年逐年 NDVI 与年均温、年降水量及日照时数进行相关性分析，结果发现年降水量与 NDVI 的相关性较好，通过显著性检验（图 6-12），而温度、日照时数与 NDVI 的相关性

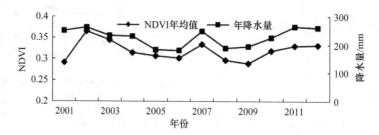

图 6-12　艾比湖流域 2001～2012 年 NDVI 与降水总量变化特征

较差。由于研究中 NDVI 采用当年 NDVI 最大值进行分析,艾比湖流域 NDVI 最大值主要出现在夏季(6~8 月),因此全年温度对其影响较小。对于日照时数,自 2001 年以来艾比湖流域日照时数一直稳定在 2500h 左右,且夏季多晴天,因此日照并不是限制流域内植被生长的环境因子。

气候因子季节性变化对 NDVI 的影响:对艾比湖流域 2001~2012 年植被生长期(3~10 月)的 NDVI 与 12 年逐月平均温度、降水及日照时数进行相关性分析发现,逐月 NDVI 与温度呈极显著相关($P<0.01$)(图 6-13),但日照和降水与 NDVI 相关性较差。这说明年内植被的生长主要受温度因子的制约。同时各植被类型逐月 NDVI 与温度的相关性均都通过了显著性检验(耕作植被生长期为 5~10 月)。每年 11 月至翌年 3 月的均温对植被生长也并非没有影响,低温会导致植被生理结构遭到不可逆的破坏,还与降雪等自然现象相互结合影响植被越冬安全。

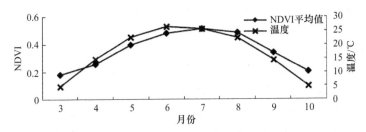

图 6-13　艾比湖流域 2001~2012 年 3~10 月 NDVI 平均值与月均温变化特征

NDVI 空间变化对气候因子的响应:对 2001~2012 年 NDVI 与降水、温度及日照时数的空间插值结果进行逐像元相关系数(r)计算(图 6-14),结果显示艾比湖流域植被逐年 NDVI 与年降水量整体呈现正相关,大部分区域相关系数在 0.6 以上,这与前文中降水与 NDVI 年际变化的相关性分析结果相一致,说明在艾比湖流域,虽然气候从暖干转为暖湿,降水量增加,但降水仍是影响植被生长的主要限制因子;阿拉山口附近及温泉县西部部分山区 NDVI 与年降水量出现负相关,

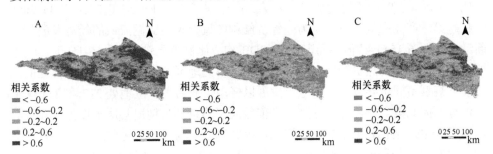

图 6-14　艾比湖流域植被 NDVI 与气候因子的空间相关系数分布(彩图请扫封底二维码)
A 为降水与 NDVI;B 为温度与 NDVI;C 为日照时数与 NDVI

这可能是由于该区域在 NDVI 的年际变化分析中已经呈现递减的趋势，其原因是当地人类活动对植被资源高强度的利用及地表径流和地下水的开发导致植被群落退化，而降水难以补偿。

艾比湖流域植被逐年 NDVI 与温度的相关性空间差异较大，艾比湖流域中部及温泉县西缘区域与温度呈正相关，相关系数为 0.2～0.6。其主要原因是艾比湖流域中部区域绿洲多种植喜温的枸杞、棉花，其受温度的影响较强，而温泉县西缘海拔较高、温度较低但山川水流供给较为充足，且该地区多为天然草场，因此温度是制约该地区植被群落生长的主要因素。乌苏地区植被 NDVI 与温度的负相关区域原本多为荒漠低盖度草地，在绿洲改造农田的过程中，由于水资源的空间分布在人类活动的作用下发生变化，此时的温度上升则会加速地表蒸散发过程，加剧水分缺失；同时畜牧业的发展也是导致荒漠草原退化的原因。

艾比湖流域植被逐年 NDVI 与年日照时数的相关性空间差异较大，且正相关区域与负相关区域交错分布，这一部分是因为研究区日照充足，日照对植被生长的制约较小；流域内荒漠地区日照时数与植被 NDVI 相关系数较低，大多呈负相关，这可能是由于日照的长短会对水分的蒸散发有所影响，而荒漠地区可利用水分较少，长时间的日照会导致水分匮乏的加剧、植被生长发育不良甚至枯萎死亡，因此呈现负相关；流域内耕地植被的 NDVI 则与日照时数多呈正相关，尤其是乌苏地区相关系数超过 0.6，可认为艾比湖流域农业生产对当地充足的日照资源利用较好，充分利用了新疆的光热资源。

六、生态经济圈层经济发展状况

各产业发展现状：2012 年艾比湖流域各市、县 GDP 共计 444.82 亿元（现价），其中第一产业产值 108.31 亿元，第二产业产值 180.39 亿元，第三产业产业产值 156.12 亿元。2006 年可以认为是艾比湖流域经济发展的转折点，从 2006 年开始艾比湖流域 GDP 增长速度加快，且第二产业与第三产业分别在 2006 年与 2008 年超越第一产业产值，可以认为是经济结构的调整为艾比湖流域的经济发展带了新动力（图 6-15a）。但不同市、县 GDP 构成比例差异较大（图 6-15b），这主要是艾比湖流域自然资源的空间分布差异、不同地区的地理区位及以此建立的区域发展规划不同所导致的。奎屯市发展以轻型工业为主，且地处 217 和 317 国道交汇处，因此第二产业与第三产业产值较高；温泉县与精河县原来以生产建设兵团建设为主，且有着丰富的农业资源，因此以农业与牧业为主的第一产业是两县的主要产业；博乐市由于阿拉山口口岸是多国的铁路、公路及石油管道运输通道，其第三产业产值所占比例较大。

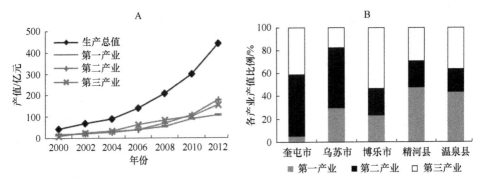

图 6-15　艾比湖流域 2000～2012 年国民经济发展图和 2012 年各市、县产业结构图

　　圈层土地利用类型经济效益：各圈层土地利用类型的经济效益通过单位面积经济产出来进行表达，对各土地利用类型及其对应的产业类型进行归并（表 6-4），不在表内的土地利用类型，其产值为 0。

表 6-4　流域各土地利用类型与产业类型对应关系

产业地类	土地利用类型	产业类型
Ⅰ	灌溉水田、水浇地、旱地	农业产值、农林牧渔服务业产值
Ⅱ	有林地、灌木林地	林业产值
Ⅲ	高盖度草地	牧业产值
Ⅳ	水库、坑塘	渔业产值
Ⅴ	城镇用地、农村居民点	工业、建筑业、零售批发业产值
Ⅵ	交通工矿用地	交通运输、仓储、邮政产值

　　对流域各市、县 2005 年各产业产值依照表 6-4 进行转换计算，即可得到流域不市、县不同土地利用类别的经济产值，结果如表 6-5 所示。

表 6-5　流域各市、县各产业地类单位面积产值（元/hm²）

市、县	Ⅰ	Ⅱ	Ⅲ	Ⅳ	Ⅴ	Ⅵ
博乐市	4 845.47	442.42	4 835.13	9 396.22	416 187.07	363 479.21
乌苏市	6 982.25	280.33	911.46	1 500.34	430 933.59	723 565.66
托里县南部	—	67.00	1 542.78	—	—	—
奎屯市	1 411.20	3 989.73	—	37.15	649 198.34	—
精河县	5 213.67	274.88	590.04	2 807.61	182 812.71	330 310.12
温泉县	4 299.81	231.59	2 201.07	3 429.37	80 143.33	—

　　托里县南部的空缺是由于其南部区域在 2005 年土地利用分类中不存在地类Ⅰ、Ⅱ、Ⅲ、Ⅳ；其他市、县的交通工矿用地的空缺是由于城镇用地与交通用地难以区别，且土地利用分类是在30m×30m 的 Landsat TM5 遥感影像上进行解译的，

难以实现对狭长的交通用地的划分。另外，由于土地利用分类中并未对经济林、牧草地等生产性植被用地与自然植被用地区分，因此在计算地类Ⅱ、Ⅲ时会因为用地面积的放大导致部分市、县的单位面积产值较低。

将各市、县分行业的产值分别加和后除以流域内各地类总面积，并将计算结果在 ArcGIS 软件平台上进行属性赋值和裁剪操作，获得艾比湖流域各圈层的经济产量，结果如图 6-16 所示。

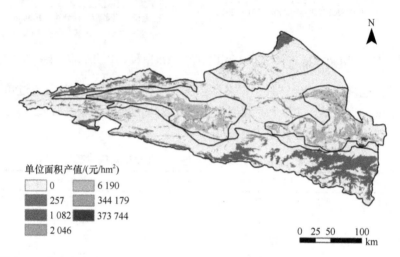

图 6-16　艾比湖流域不同圈层单位面积产值（2005 年）（彩图请扫封底二维码）

艾比湖流域 2005 年生产总值为 143.42 亿元。其中，绿洲内圈层总产值为 133.09 亿元，占流域总产值的 92.80%，是流域经济生产的核心区域，包括流域内所有的种植业、渔业、工业、建筑业及服务业和部分畜牧业产值；荒漠中圈层总产值为 3.55 亿元，占流域总产值的 2.48%，其产值类型主要是林业及小部分畜牧业；山地外圈层总产值为 6.78 亿元，占流域总产值的 4.73%，主要为畜牧业与林业产值。

第二节　生态经济圈层景观特征分析

通过对景观格局的分析，从松散的景观系统中获取生态系统的潜在规律，发现生态系统的内部隐患，解析景观格局现状的驱动因子及其响应机制，认识景观结构与功能的相互影响机理。在此基础上可实现对生态系统的多元评价规划设计、防治保护工作。

一、景观分类

本研究采用 ArcGIS9.3、ENVI4.8、ENVI5.0 SP3 等软件平台，采取影像辐射定标、大气校正、几何校正、影像镶嵌和裁剪、重采样等处理。对 2009 年与 2013 年艾比湖流域遥感影像在 ENVI 与 ArcGIS 软件平台上进行分类解译及其后续文件格式转换等景观分类工作，最终输出艾比湖流域 2005 年、2009 年、2013 年景观分类图（图 6-17），并参照第二章圈层划分的范围以 2013 年为例，对景观分类结果进行划分（图 6-18）。

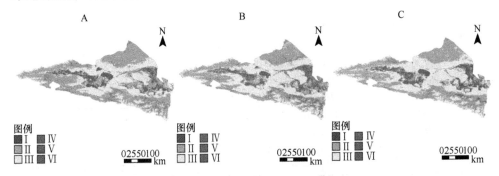

图 6-17　艾比湖流域景观分类图（彩图请扫封底二维码）

A 为 2005 年，B 为 2009 年，C 为 2013 年；Ⅰ 为城镇景观，Ⅱ 为草地景观，
Ⅲ 为荒漠未利用地景观，Ⅳ 为湖泊水体景观，Ⅴ 为林地景观，Ⅵ 为农田景观

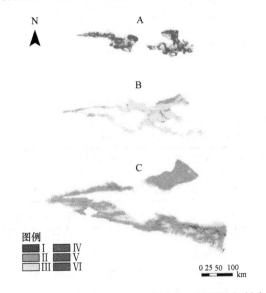

图 6-18　艾比湖流域 2013 年景观圈层划分图（彩图请扫封底二维码）

A 为内圈层，B 为中圈层，C 为外圈层；Ⅰ 为城镇景观，Ⅱ 为草地景观，
Ⅲ 为荒漠未利用地景观，Ⅳ 为湖泊水体景观，Ⅴ 为林地景观，Ⅵ 为农田景观

二、景观指数时空变化

艾比湖流域不同年份不同圈层景观及整个景观的指数计算结果见表 6-6；各景观斑块的景观指数计算结果见表 6-7～表 6-9。

表 6-6 艾比湖流域不同圈层景观指数

年份	圈层	CA	NP	PD	MPS	AWMSI	AWMPFD	SDI	SEI
2005	整体	5 024 536	1 628	0.032 4	3 086.25	13.12	1.19	1.15	0.64
	内圈层	1 285 840	650	0.050 5	1 978.15	6.03	1.16	1.22	0.68
	中圈层	1 195 512	157	0.013 1	7 614.63	4.91	1.13	0.25	0.17
	外圈层	2 483 034	586	0.023 6	4 237.20	7.52	1.17	0.90	0.50
2009	整体	5 024 536	1 681	0.033 4	2 988.99	14.13	1.20	1.15	0.63
	内圈层	1 285 840	730	0.056 7	1 760.68	6.51	1.15	1.35	0.75
	中圈层	1 195 512	168	0.014 0	7 116.07	5.08	1.14	0.26	0.31
	外圈层	2 483 034	789	0.031 7	3 147.02	7.49	1.19	0.91	0.66
2013	整体	5 024 536	1 726	0.034 3	2 911.24	13.07	1.20	1.16	0.61
	内圈层	1 285 840	705	0.054 8	1 823.12	7.42	1.16	1.28	0.71
	中圈层	1 195 512	173	0.014 4	6 910.28	5.21	1.14	0.25	0.16
	外圈层	2 483 034	794	0.031 9	3 127.11	7.64	1.17	0.90	0.56

注：CA 为景观斑块总面积；NP 为斑块数目；PD 为斑块密度；MPS 为平均斑块面积；AWMSI 为面积加权平均形状指数；AWMPFD 为面积加权平均斑块分维数；SDI 为香农多样性指数；SEI 为香农均匀度指数。下同

表 6-7 艾比湖流域 2005 年不同景观类型景观指数

景观类型	CA	NP	PD	TE	ED	MPS	AWMSI	AWMPFD	MPE	FI
荒漠	3 037 902	343	0.011 3	11 757 231	2.36	8 856.85	16.01	1.21	34 276	0.068 3
草地	1 163 313	473	0.040 7	11 887 325	2.39	2 459.41	7.90	1.19	25 131	0.020 9
林地	278 830	530	0.190 1	6 613 423	1.33	526.04	2.54	1.09	12 477	0.092 5
城镇	20 821	139	0.668 3	803 084	0.16	149.64	1.27	1.03	5 776	0.635 2
农田	450 005	105	0.023 3	5 005 902	1.00	4 285.71	7.71	1.16	47 666	0.025 5
水体	73 711	38	0.051 6	413 331	0.08	1 939.47	1.44	1.04	10 868	0.093 7

注：TE 为斑块边界总长度；ED 为边界密度；FI 为斑块分离度；MPE 为斑块边界平均长度。下同

表 6-8 艾比湖流域 2009 年不同景观类型景观指数

景观类型	CA	NP	PD	TE	ED	MPS	AWMSI	AWMPFD	MPE	FI
荒漠	3 027 284	364	0.012 0	11 776 012	3.69	9 316.99	17.29	1.24	51 582	0.070 4
草地	1 158 131	483	0.042 1	11 967 308	3.33	2 377.27	6.07	1.16	24 828	0.021 4
林地	273 125	542	0.191 5	6 544 213	1.42	522.80	2.44	1.11	18 715	0.092 1
城镇	25 945	143	0.552 1	756 423	0.06	181.47	1.35	1.04	2 027	0.517 5
农田	468 561	113	0.024 1	4 777 362	1.46	4 146.58	10.65	1.21	65 814	0.025 4
水体	70 733	36	0.058 3	433 240	0.11	1 714.43	1.59	1.05	12 583	0.109 0

表 6-9 艾比湖流域 2013 年不同景观类型景观指数

景观类型	CA	NP	PD	TE	ED	MPS	AWMSI	AWMPFD	MPE	FI
荒漠	3 021 903	384	0.012 7	15 692 024	3.13	7 843.73	18.21	1.24	40 864	0.072 9
草地	1 150 745	486	0.042 6	12 050 410	2.40	2 347.63	6.52	1.16	24 794	0.021 7
林地	276 421	562	0.179 3	65 050 280	1.39	557.92	2.09	1.08	11 574	0.084 8
城镇	28 533	145	0.508 8	686 133	0.14	196.65	1.53	1.05	4 731	0.473 5
农田	478 246	116	0.024 6	4 878 047	0.97	4 062.04	9.57	1.20	42 051	0.025 6
水体	70 186	33	0.056 1	401 370	0.06	1 781.45	1.37	1.03	9 121	0.109 5

整体来看，研究区景观的破碎化逐年上升，这主要由斑块数目（NP）与斑块密度（PD）的上升及平均斑块面积（MPS）的下降体现。同时，不同年份中内圈层与中圈层斑块数目呈现先增加后减少的趋势，这主要是内圈层核心区域其景观斑块多由农田等人工生态系统构成，人类影响较大，"十二五"规划以来对土地利用的规划向集约型发展减少了零散的斑块所导致的。外圈层破碎化程度逐年上升，但 2009～2013 年的变化趋势要小于 2005～2009 年的变化趋势，可能是因为在后期对生态环境重视的影响下，对流域内自然资源的合理开发及对脆弱珍稀生态系统的保护的成效。

面积加权平均形状指数（AWMSI）与面积加权平均斑块分维数（AWMPFD）主要体现景观中各斑块的形状变化趋势，从整个流域来看两项指数均呈上升趋势，说明景观内各斑块的形状愈发不规则且复杂。对比各圈层不同时期 AWMSI 与 AWMPFD 的变化发现，内圈层变化趋势与整体一致，其中 AWMSI 上涨较大，这主要与当地人工绿洲内部开发空间减少后，目前人工绿洲向外围扩张所导致的人工绿洲各斑块的边界愈发复杂有关；中圈层与外圈层两项指数不同时期的变化幅度较小，说明目前艾比湖流域景观形状的变化主要受内圈层的影响，自然生态系统作用较小。

研究区景观多样性的逐渐上升，香农多样性指数（SDI）与香农均匀度指数（SEI）指数不同时期变化幅度较小，但同一时期不同圈层差异较大，呈内圈层与外圈层的景观多样性指数较高，中圈层较低的特征。这主要由艾比湖流域内自然地形地貌及人类对水资源的集中开发所导致的水资源的空间分布非均质性。SEI指数中中圈层最低，优势景观斑块为荒漠，而内圈层与外圈层的指数较高，生态系统多样性较高。

总体而言，艾比湖流域整体及不同圈层景观特征呈现异质性不断增加的趋势，对于破碎化程度来说，外圈层上升较快；而形状指数分析中，外圈层指数一直最高，但内圈层的增长幅度较快；景观多样性的分析中，内圈层与外圈层的指数变化是景观整体趋势的主要来源。

三、景观类型景观指数变化

流域内荒漠景观斑块的异质性较低，这主要是由于荒漠景观面积最大是景观的基质，因此景观斑块连续性较强。但是在人类对荒漠的利用及对流域生态环境的保护的影响下，对临近核心区域的荒漠开垦为农田或改造为防护林及对荒漠自然生态系统保护的作用下，其绿洲荒漠交错区景观动态变化剧烈，荒漠在逐渐向其他景观类型转变，因此斑块破碎化程度呈现逐年增长的趋势。

草地景观指数中，景观斑块总面积（CA）呈逐年下降趋势，但斑块数目（NP）、边界密度（ED）和斑块边界总长度（TE）则呈逐年增长趋势，且面积加权平均形状指数（AWMSI）与面积加权平均斑块分维数（AWMPFD）则呈下降趋势，这说明草地景观整体呈现退化趋势，大斑块退化为零散的小斑块，或斑块面积减小，形状愈发不规则。这一部分是由于人类对绿洲的开发将大量的自然植被景观转变为农田，同时实地调查结果显示当地畜牧业主要依靠天然草场，高强度的放牧导致草地景观的退化。

林地景观指数中，斑块数目（NP）为增长，斑块密度（PD）、斑块分离度（FI）、面积加权平均形状指数（AWMSI）、面积加权平均斑块分维数（AWMPFD）则呈下降趋势，这说明林地景观斑块中小斑块数目变多，破碎化程度上升，但景观斑块总面积（CA）的变化呈先减少后增加的趋势，进一步分析显示艾比湖湖区周边、农田内部及农田边缘林地景观数目呈上升趋势，艾比湖流域林地景观的减少可能是由于对自然林地景观的开发利用强度超过了防沙治沙工程对荒漠造林的改造及农田内部防护林的增长速度，但人工林地景观斑块的数目增长较快导致林地景观整体破碎化程度增加。

湖泊水体景观的 CA、NP 的减少和 FI 的增加表明其景观斑块的减少，说明艾比湖流域水资源愈发短缺，但 2009～2013 年退化较缓慢，可能是由于当地对水资源的利用从加大开发获取力度转为提高利用效率。

农田景观 CA、NP、PD、MPE、AWMSI、AWMPFD 的增加和 MPS 的减少说明艾比湖流域农田景观的变化以增加小斑块为主，这主要是由于当地之前对农田的开垦主要集中在水资源丰富的自然绿洲生态系统中，而现在开发则转为对绿洲周围及有水资源分布的荒漠未利用地地区，因此农田景观呈现不规则的扩张。

城镇景观 CA 呈增长趋势，但评价破碎化的景观指数及景观形状指数呈基本稳定或减小趋势，这说明城镇景观的增长主要由原有的大斑块带动，大城市逐渐向周边扩散，人居地较为集中，城市化的进程效果显著，人民生活水平逐渐提高。

四、景观动态研究

景观内部各种矛盾与外部作用力相互作用的结果和表现是景观状态的改变。景观动态变化的研究是通过对景观结构、功能与格局在时间维度上的变化规律的分析，发现景观状态改变的机制与影响方式，并在此基础上进行景观未来变化的模拟预测。

艾比湖流域景观综合动态度随时间变化呈增长趋势（表 6-10）。对于各景观圈层来说内圈层动态度最高，但随着时间的变化动态度呈现下降趋势，这可能是因为内圈层在过去的开发利用中，可用的自然资源逐渐变少，同时近年来对流域沙漠化的防治工作在一定程度上限制了景观的动态变化；中圈层逐年变化差异较小，其中 2009～2013 年的动态度要略微高于 2005～2009 年，结合景观指数的分析结果，可能是对脆弱生态系统的保护工作加快了植被景观的动态；外圈层2009～2013 年景观动态度远低于 2005～2009 年，这主要是 2005～2009 年期间外圈层林地景观与草地景观减少较大所导致的。

表 6-10　艾比湖流域各景观圈层及整体景观的综合动态度

圈层	2005～2009 年	2009～2013 年	2005～2013 年
整体景观	0.0471	0.0488	0.0479
内圈层	0.9270	0.7934	0.8602
中圈层	0.2833	0.2875	0.2843
外圈层	0.1321	0.0824	0.1053

不同景观类型的动态变化中（表 6-11），荒漠未利用地景观、草地景观及湖泊水体景观呈逐年减少的动态变化，其中草地景观的减少速率前期小于后期，荒漠未利用地景观与湖泊水体景观则与两者相反；林地景观呈先减少后增加的动态变化趋势；农田景观与城镇景观则逐年增长。总的来看，艾比湖流域的景观动态呈现出人工生态系统逐渐替代自然生态系统，并在一定程度上对自然生态系统保护不断的趋势。

表 6-11　艾比湖流域各景观类型动态度

景观类型	2005～2009 年	2009～2013 年	2005～2013 年
荒漠	−0.0873	−0.0444	−0.0662
草地	−0.1114	−0.1594	−0.1365
林地	−0.5115	0.3017	−0.1089
城镇	6.1524	1.5302	3.0473
农田	1.0309	0.5167	0.7381
水体	−0.7134	−0.67094	−0.7220

通过对景观类型转移矩阵的分析（表 6-12～表 6-14），发现艾比湖流域2005～2013 年整体的转移规律主要表现为：草地景观与荒漠景观的转移面积最大，但两类景观多发生互相转移，整体趋势为荒漠逐渐侵蚀草地。城镇景观虽然总像元数少，但转入占景观比例较高，其中荒漠景观与农田景观是其主要转入来源。水体景观一部分由于艾比湖岸线的变化与周边自然景观间转移较多整体仍为缓慢下降趋势，但较 20 世纪末 21 世纪初下降速率减缓。林地景观变换的主要原因是防护林体系的发展、人工造林与对荒漠区退化自然系统的修复工程，因此它与农田景观、荒漠景观及草地景观间的转换较多。农田景观保持持续扩张的趋势，其扩张主要来源于对荒漠景观的开垦，另外退耕还林、退耕还草也在转移矩阵中体现。

表 6-12　艾比湖流域 2005～2009 年景观类型转移矩阵（像元数）

2005～2009 年	城镇	草地	荒漠	水体	林地	农田
城镇	—	17	4	0	5	16
草地	3	—	2604	12	370	206
荒漠	40	2510	—	18	497	523
水体	0	27	20	—	13	18
林地	1	270	253	2	—	90
农田	49	184	42	17	182	—

表 6-13　艾比湖流域 2009～2013 年景观类型转移矩阵（像元数）

2009～2013 年	城镇	草地	荒漠	水体	林地	农田
城镇	—	13	14	0	4	18
草地	7	—	2425	11	262	28
荒漠	26	2282	—	13	241	593
水体	0	11	33	—	11	13
林地	3	217	213	15	—	284
农田	29	136	114	8	264	—

表 6-14　艾比湖流域 2005～2013 年景观类型转移矩阵（像元数）

2005～2013 年	城镇	草地	荒漠	水体	林地	农田
城镇	—	0	22	0	19	24
草地	13	—	2781	9	135	71
荒漠	54	2157	—	142	768	1554
水体	3	13	166	—	11	18
林地	7	417	781	6	—	17
农田	37	201	192	13	314	—

五、碳排放动态分析

2004~2011年艾比湖流域不同景观类型碳排放及碳排放总量见表6-15、表6-16、图 6-19。其中托里县南部碳排放计算时，通过南部面积百分比乘以托里县碳排放总量计算，同时由于托里县南部没有农田景观，因此计算碳排放比吸收时不考虑农业相关数据。

表 6-15　艾比湖流域 2004~2011 年不同景观类型碳排放量（Gg/年）

年份	城镇	草地	荒漠	林地	农田	碳排放总值
2004	1773.60	−1222.44	−0.11	−602.40	−606.21	−657.56
2005	1925.66	−1224.72	−0.10	−617.76	−715.02	−631.94
2006	2056.60	−1219.24	−0.11	−600.49	−876.45	−639.69
2007	2198.91	−1208.05	−0.11	−615.52	−948.04	−572.81
2008	2341.67	−1247.86	−0.11	−612.66	−891.65	−410.61
2009	2494.41	−1163.83	−0.11	−649.83	−1262.90	−582.26
2010	2644.85	−1175.72	−0.11	−678.28	−1384.73	−593.99
2011	2765.90	−1169.85	−0.11	−669.64	−1371.87	−445.57

表 6-16　艾比湖流域 2004~2011 年不同景观类型单位面积碳排放量（Mg/hm^2）

年份	城镇	草地	林地	农田
2004	64.50	−0.64	−2.40	−1.36
2005	65.31	−0.65	−2.44	−1.59
2006	66.12	−0.65	−2.47	−1.93
2007	66.82	−0.65	−2.51	−2.07
2008	67.46	−0.68	−2.48	−1.93
2009	68.31	−0.64	−2.51	−2.81
2010	69.02	−0.66	−2.60	−2.95
2011	69.46	−0.66	−2.55	−2.91

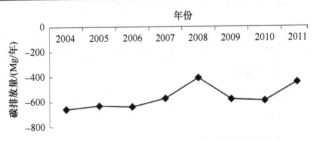

图 6-19　艾比湖流域 2004~2011 年碳排放量变化

艾比湖流域城镇景观碳排放量涨幅较大，2011 年比 2004 年增长了 55.95%，超过城镇景观的面积增幅，同时单位面积碳排放量也增长了近 10t/hm²。

草地景观、林地景观单位面积碳排放量呈波动上升的趋势，这是由于流域气候从暖干转为暖湿及 CO₂ 浓度的上升对当地生态系统的正效应。但由于草地景观面积的减少趋势更为明显，因此草地景观碳吸收总量整体略微下降；林地碳汇总量呈逐渐增长的趋势，这主要由于流域荒漠造林、防沙治沙工程的进展带来的人工林碳汇能力的增加，以及流域自然林地生态系统的恢复，林地景观未来碳吸收潜力较大。

农田景观单位面积碳吸收量的上升一部分是由于气候变化的促进，但影响较小；而种植技术的提高导致的农作物产量提升则是影响农田景观碳吸收量大幅上升的主要原因。农田景观碳汇能力涨幅较大，其主要原因是当地种植技术的提高，农田单位面积增产迅速，为保证农田景观的碳汇能力的稳定，应该注重作物秸秆等生产余料的回收利用，控制直接燃烧引起的碳排放。

总的来说，艾比湖流域近几年其碳排放都为负值，表明流域目前呈碳汇作用，其曲线变化可分为两个阶段，2004～2008 年碳排放呈增长趋势，是由于城镇能源消费的涨幅速度较农田景观的碳汇能力高；2009～2010 年碳排放下降主要是农田景观的碳吸收量骤增导致的。2010 年以后农田景观由于作物产量基本接近饱和及流域退耕还林、退耕还草等工作的展开，限制了农田景观的碳汇能力，而建设用地的碳排放涨幅迅速，导致流域碳汇能力减弱。

第三节　水资源高效利用模式构建

艾比湖流域水资源的利用尤为重要，其水资源利用结构如图 6-20 所示，一方面艾比湖流域是天山北麓经济带中重要的农业发展区域，对水资源的需求较大；另一方面艾比湖面积的萎缩使其已成为整个新疆风沙的重要来源地，水资源利用矛盾剧烈。同时，艾比湖流域由于山川供给及气候变化，未来艾比湖流域水资源利用潜力极大，因此对艾比湖流域水资源利用模式进行构建是十分必要的。

（1）加强外圈层山区水库建设，提高水资源第一次利用率

由于艾比湖流域主要河流的灌溉面积、汛期及东西区域年际温度的差异，对于山区水库建设的优化，选取艾比湖流域的精河流域为例。精河径流量随时间变化差异巨大，1～4 月流量较低，从 5 月开始迅速增加，从 9 月开始又迅速下降。汛期（5～9 月）径流量占全年径流量的 80.2%。精河县是精河的主要灌溉区域，精河县灌溉制度与精河径流量的年际变化见表 6-17。

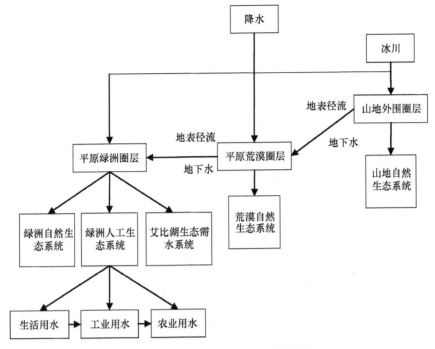

图 6-20 艾比湖流域水资源利用结构

表 6-17 精河流域逐月用水量与径流量的变化

指标	1月	2月	3月	4月	5月	6月	7月	8月	9月	10月	11月	12月	合计
灌溉量/亿 m³	—	—	—	0.27	0.47	0.59	0.63	0.61	0.41	—	—	—	2.98
径流量/亿 m³	0.11	0.08	0.1	0.11	0.29	0.8	1.19	1.06	0.47	0.25	0.16	0.13	4.75

精河流域内 4～5 月的额定灌溉量高于 4～5 月精河径流量 0.40 亿 m³，且平原区降水量少，灌溉水量严重不足。实际资料显示，精河县目前水库较少，库容总量为 0.12 亿 m³，且多分布在内圈层。在山区或山前洪冲平原建设水库实现水量调控，一方面可以避免 4～5 月内圈层的水资源不足，同时可以将 6～8 月汛期的水资源通过水库蓄积并合理引流利用，如引流灌溉中圈层防沙治沙工程和脆弱生态系统。提高外圈层与中圈层对流域水资源第一次利用的效率，避免水资源高重复利用污染地下水。

（2）加大内圈层节水灌溉方式推广，完善公共水利设施建设

根据《新疆维吾尔自治区农业灌溉用水定额指标（试行）》附表 2 中数据，艾比湖流域各市、县中温泉县与乌苏市防渗渠比例仅为 50.8%、31.8%，且防渗渠多为土渠，易发生下渗并在渠系下游处形成沼泽，下渗水在下渗过程中一般通过潜水蒸发流失 15%以上，并且打井对下渗水的回收需考虑进提水灌溉利用系数，两者间仍旧存在差值，即未防渗系数与实际灌溉水利用系数差值计算公式如下：

$$\Delta\eta_渗=\eta_防渗-[\eta_渗+(\eta_防渗-\eta_渗)×(1-潜水蒸发)×\eta_井]$$

以温泉县为例，温泉县 $\eta_井$=0.692，$\eta_防渗$=0.580，$\eta_渗$=0.326；潜水蒸发设为 15%。计算结果为 0.216，仅比未考虑重复利用的差值高 0.037，效果十分不显著，因此未来流域内渠系建设应加快对未防渗渠的改造工作。

高效节水灌溉方式的建设目前的问题在于不同承包者对耕地的经营。以精河县例，精河县 2012 年高效节水灌溉面积为 2838hm²，占总灌溉面积的 58.6%，相比不采用节水灌溉节约用水 0.73 亿 m³，占实际灌溉用水的 24.3%。当地采用节水灌溉的耕地多为大农户或农业种植公司，其经营品种多为多年固定，大多在承包初期就考虑灌溉设施的空间，合理密植。小承包者在进行种植过程中，由于经营收入的需要和承包者的变更，因此不愿意投资建设节水灌溉设施或因作物的改变导致灌溉方式的不适应。因此，对于节水高效灌溉方式的建设其关键在于对耕地的管理，可采取"换人不换种、换种就换地"的政策措施。

第四节　低碳土地利用模式构建

一、不同圈层碳减排发展模式

对于不同圈层的景观特征，以及不同景观在各圈层分布的异质性，建立不同圈层流域低碳减排结构（图 6-21）。

二、不同圈层碳减排对策

1. 内圈层农田景观碳减排

1）耕作模式的改变，如连作转套作或棉花田转玉米田等改变，导致单位面积农田的固碳能力发生变化。该部分是农田景观整体碳循环的基础，流域内耕作模式应该更加多元化，改变传统连作方式，提高耕地利用率，恢复土壤活性。退耕还草、发展农区草业改善土壤，提高碳汇能力。

2）加强农田景观的管理工作，如农药、化肥施用，地膜铺盖，农业机械使用的能源电力的消耗导致农田景观碳投入的增加。流域农业种植管理应加大科技投入，从精细化管理出发减少农业资源的投入。同时，对潜力技术加大定量化研究和推广工作，如沼液、沼渣替代的实际操作办法等。

3）控制生产中间产物与废弃物的燃烧处理，一方面从政策法规角度控制、限制秸秆等余料的直接燃烧销毁，另一方面加强对废弃物的开发利用，通过经济效益减少秸秆等燃烧的发生。

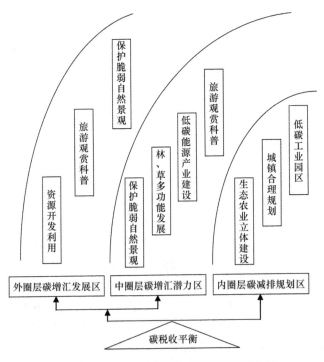

图 6-21　艾比湖流域低碳减排圈层发展内容

2. 内圈层城镇景观碳减排

1）低碳能源运用推广，城镇用地碳排放是来自保持流域居民的日常生活水平，因此减少能源消费量应该从能源质量入手。艾比湖流域丰富的风能、热能及广阔的未利用地资源是未来流域城镇用地能源结构改变的天然基础，同时也提高了流域经济的可持续发展并减少污染源。

2）低碳产业园区建立，园区建设能够提高碳排放量，从供应链和产业链的角度将企业引入园区，形成园区产业系统化结构。实现不同企业间废弃物资源轮转、降低运输成本，共同投资引进新技术提高原料利用率、降低生产成本。最终在提高经济效益的基础上完成园区碳减排。

3）完善城镇建设规划，城镇发展规划与低碳目标相结合，城镇建设规划与区域各主体功能区变化相一致，考虑人口聚集动态与区域产业结构，并结合流域不同区域的资源差异，以及生态承载力，城镇发展规模与城镇碳承载能力相适应，实现人工生态系统与自然的和谐。

3. 艾比湖碳排放征税补偿

征收碳排放税在宏观上可以通过经济手段对低碳土地发展模式进行导引。通过市场化机制，建立流域内部及流域对外碳交易市场，将流域碳汇价值货币化进行市场流通，以碳汇换取货币资本，提高低碳土地利用的综合效益，为低碳发展模式提供发展动力。同时其可以与土地利用效率税、生态服务价值、环境污染税进行结合，实现生态经济协同发展。具体碳税价格可依照国际通用碳税价格，即150 美元/Gg C。

4. 艾比湖流域碳增汇方案

1）加大内圈层草业建设，一方面流域内加大对牧草地的科学管理，从牧草地草种选择、种植模式及开发规划等角度出发，多选用多年生植物作为牧草地的主要草种，加强牧草地的环境改良作用，提高牧草地的生态系统服务价值。另一方面田间合理套种、间种优质牧草，将流域畜牧业的压力转移到农田生态系统中，并将牧草地的碳汇能力作为牧草地建设规划的指标之一。

2）完善流域各圈层林业多功能体系，流域内目前人工林数量增长较快，但流域人工林种植结构单一，基本以杨树为主，维持成本较高，资本回收周期较长。未来可针对不同圈层、不同区域的环境特征，采取多层次林业构建体系，实行林灌草混合种植，通过生长周期较短的小灌木和草类实现林地土壤的前期改良，发展林下经济，提高林地的长期经济效益。

3）自然林草景观多功能保护，在流域自然生态系统恢复保持的同时合理规划自然景观旅游休闲产业，建立保护区廊道、观景台结构，在保护脆弱区域的同时，加强低碳、环保教育，提高自然生态系统的综合效益。

第五节　低碳景观结构优化模型构建

一、2020 年碳排放预测分析

对于林地景观和草地景观的单位面积碳吸收量，可通过未来气候变化的情景模式输出结果作为参数求解。其中 NDVI 数据取 2001～2012 年流域 32d 的 NDVI 数据的平均值，2020 年 CO_2 浓度取 419μmol/mol；气候模式中的未来情景为 SRES A1B。其 2020 年林地景观、草地景观单位面积异养呼吸所消耗的光合产物（NEP）分别为 2.73g C/m^2、0.679g C/m^2。荒漠未利用地景观和水体景观保持不变。

农田景观由于涉及碳排放与碳吸收，碳吸收其内部过程较为复杂，因此直接取 2009～2011 年的平均值作为单位面积碳汇量。

艾比湖流域城镇景观单位面积碳排放量与年份的呈极显著相关（$P <$ 0.01），因此城镇景观单位面积碳排放量的预测中采用一元线性回归进行预测，具体如图 6-22 所示。

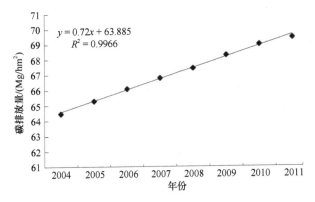

图 6-22　艾比湖流域 2004～2011 年城镇景观单位面积碳排放量与年份的回归关系

将各县市土地利用综合规划文件中相关数据整理汇总为 2020 年艾比湖流域各景观类型面积，其中参考的规划文件为《温泉县土地利用总体规划（2006～2025年）》《精河县土地利用总体规划（2010～2020 年）》《博乐市土地利用总体规划（2007～2020 年）》《乌苏市土地利用总体规划（2006～2020 年）》《奎屯市土地利用总体规划（2006～2020 年）》及《新疆维吾尔自治区土地利用总体规划（2006～2020 年）》。由此，可以得到艾比湖流域 2020 年各景观碳排放/吸收量及流域总碳排放量（表 6-18）。

表 6-18　艾比湖流域 2020 年规划中各景观类型碳排放量

景观类型	面积/hm²	单位面积碳排放量/（Mg/hm²）	排放量/Gg
城镇	56 405.47	75.40	4 252.97
农田	455 824.21	−2.89	−1 317.33
荒漠	2 268 551.52	−0.000 05	−0.12
湖泊	60 025.93	0	0
林地	302 826.40	−2.71	−820.26
草地	1 852 779.11	−0.68	−1 259.89
总值	4 996 412.64	—	855.63

2020 年艾比湖流域的碳排放量已经超过了流域生产承载能力，流域由一个碳汇变为一个碳源。其中，农田景观面积采用了规划中的约束性面积，若使用预测性面积，农田景观的碳汇总量将会增加；对未来城镇景观的碳排放量的线性回归

可能缺乏科学性，且并未考虑前文构建的低碳模式的运用，但是碳汇转为碳源的结果依旧值得重视。

二、2020 年碳排放优化模型构建

优化方法：目前常用规划模型可分为土宜法、综合平衡法及模型法，其中模型法可分为数学模型法和系统动力模型法。研究中选取数学模型法中的灰色多目标规划模型法作为优化方法，该模型的特点在于约束条件可随时间变化，决策选择多。模型表达公式如下。

$$目标函数：\mathrm{opt}f(x) = \otimes(c)X^T$$

$$\otimes 为灰色参数：\otimes(c) = [\otimes(c_1), \otimes(c_2), \cdots, \otimes(c_n)]$$

$$约束条件：s.t.\otimes(A)X \leqslant \otimes(B)X$$

其中：

$$\otimes(A) = \begin{pmatrix} \otimes(a_{11}) & \cdots & \otimes(a_{1n}) \\ \vdots & \ddots & \vdots \\ \otimes(a_{m1}) & \cdots & \otimes(a_{mn}) \end{pmatrix}$$

$$\otimes(B) = [\otimes(b_1), \otimes(b_2), \cdots, \otimes(b_m)]$$

$$x = [x_1, x_2, \cdots, x_n]^T$$

决策变量设置：结合艾比湖流域 2005 年、2009 年、2013 年景观分类影像，以及流域各市、县土地利用现状资料和未来土地综合发展规划及数据的可获取性，以艾比湖流域各景观类型作为决策变量。x_1 为城镇景观；x_2 为草地景观；x_3 为荒漠未利用地景观；x_4 为湖泊水体景观；x_5 为林地景观；x_6 为农田景观。

目标函数建立：艾比湖流域优化是以生态经济共同发展为目标，因此设置低碳减排目标、经济发展目标、生态服务目标三个目标作为函数建立的基础，各目标函数如下。

1）低碳减排目标函数为：

$$\min f_{ce}(x) = \sum_{i=1}^{6} C_{bi} \times x_i$$

式中，C_{bi} 为各景观类型单位面积的碳排放/吸收系数，上文已经进行了取值计算。因此，低碳减排目标函数为：

$$f_{ce}(x) = 75.40x_1 - 0.68x_2 - 0.000\,05x_3 - 2.71x_5 - 2.89x_6$$

2）经济效益目标函数为：

$$\max f_E(x) = \sum_{i=1}^{6} E_{fi} \times x_i$$

式中，E_{fi} 为各景观类型单位面积经济产出量。研究中采用权益系数法来获取 E_{fi}，通过目标年艾比湖流域 GDP 来计算。首先，需要确定各景观类型的相对权益系数 P_i，计算方法是将 2004～2012 年的分行业产值比例的均值分别归并到不同土地利用类型中，再通过各类土地利用类型与景观类型的归并关系合并得到各类景观的相对权益系数，其中由于流域第二产业、第三产业的比重在逐年增长，而第一产业产值在减少，假设未来以这样的趋势发展，且研究中的土地优化目标就是提高建设用地类型的利用效率，因此相对提高建设用地的权益系数，最终得到各景观类型的相对权益系数 P_i 如下：

$$P_i = (0.7565, 0.0516, 0, 0.0027, 0.0045, 0.1846)$$

新疆发展规划中 2020 年 GDP 要在 2010 年的基础上翻一倍，艾比湖流域属于天山北麓经济开发带，经济指标至少达到新疆平均水平，因此将 2020 年艾比湖流域 GDP 为 2010 年的翻倍，即 620.13 亿元。各景观类型单位面积经济系数 E_{fi} 即可获得（元/hm²），荒漠景观系数设置为 1。

$$E_{fi} = (820\ 773, 1\ 726, 12\ 788, 1\ 061, 25\ 108)$$

因此，经济效益目标函数为：

$$f_E(x) = 820\ 733x_1 - 1\ 726x_2 + x_3 + 12\ 788x_4 + 1\ 061x_5 + 25\ 108x_6$$

3）生态服务目标函数为：

$$\max f_s(x) = \sum_{i=1}^{6} S_{fi} \times x_i$$

式中，S_{fi} 为不同景观类型的生态系统服务价值。经济的高速发展对资源的高强度利用对环境的影响愈发明显，在进行景观类型的低碳优化时，同时也需要考虑不同景观类型的生态效益。在对土地利用规划的研究中，生态效益一直是维持土地利用可持续发展的重要衡量标准之一。研究采用生态系统服务价值作为生态效益的目标函数，采用当量法计算各景观类型的生态系统服务价值，流域各景观类型单位面积各项生态系统服务价值计算结果见表 6-19。由于城镇景观不但产生废物与污染，还消费了生态系统服务，因此将其定为负值，其值取段学军研究中定义的 $-42\ 559.00$ 元/hm²。

表 6-19 艾比湖流域不同景观类型单位面积生态系统服务价值（元/hm²）

服务类型	农田	林地	草地	湖泊水体	荒漠未利用
气候调节	435.63	1 827.84	700.60	925.15	58.38
空气净化	323.35	1 940.11	673.65	229.04	26.95
水文调节	345.81	1 836.82	682.63	8 429.61	31.44
废物处理	624.25	772.45	592.81	6 669.41	116.77
美学观赏	76.35	934.13	390.72	1 994.00	107.78

续表

服务类型	农田	林地	草地	湖泊水体	荒漠未利用
保育土壤	660.18	1 805.38	1 005.98	184.13	76.35
多样性保护	458.08	2 025.44	839.82	1 540.41	179.64
食物生产	449.10	148.20	193.11	238.02	8.98
原料生产	175.15	1 338.32	161.68	157.19	17.96
合计	3 547.90	12 628.69	5 241.00	20 366.96	624.25

因此，生态服务目标函数为：

$$f_s(x) = -42\,559x_1 + 5\,241x_2 + 624.25x_3 + 20\,366.69x_4 + 12\,628.69x_5 + 3\,547.89\,x_6$$

艾比湖流域各景观约束条件：研究中划分的艾比湖流域总面积为 49 964km²，且各类景观面积都大于等于 0，因此建立总面积约束条件：

$$\sum_{i=1}^{6} x_i = 4\,996\,412.64 \; x_i \geqslant 0$$

农田景观面积在规划末期的预期性结果为 512 376.23hm²，约束性结果为 455 824.21hm²。目前艾比湖流域农田景观面积仍旧保持增长趋势，即要控制农田景观的继续扩张，同时又要保留一定的农田保护面积，因此农田景观的约束条件为：

$$455\,824.21 \leqslant x_6 \leqslant 512\,376.23$$

林地景观面积在规划末期的预期值为 302 826.40hm²，2005～2013 年流域内林地景观也呈现增长趋势，且艾比湖流域为"三北"防护林第五期规划中森林植被保护与生态恢复区域和防风固沙林及基干林带建设区域，因此对林地景观的约束条件为：

$$x_5 \leqslant 302\,826.40$$

2005～2013 年艾比湖流域草地景观面积呈下降趋势，2013 年流域内草地面积已减少到 1 812 500.34hm²，考虑到流域对草业的重视加强，以及规划中 2020 年草地面积为 1 852 779.11hm²，因此草地景观的约束条件为：

$$1\,812\,500.34 \leqslant x_2 \leqslant 1\,852\,779.11$$

流域内城镇景观面积规划终点目标为 34 695.45hm²，截至 2013 年流域实际城镇景观面积为 43 756.25hm²，相比 2005 年流域城镇面积 29 300.00hm²，增加了 14 456.25hm²。流域未来城镇建设将集约化、高效化、合理化，未来城镇景观面积的增长应该受到一定的控制，因此城镇景观的约束条件为：

$$43\,756.25 \leqslant x_1 \leqslant 56\,405.47$$

流域内湖泊水体景观仍然在减少，但减少趋势相对于 20 世纪末有所减缓，当地通过退耕还林工程和节水灌溉措施，加大了博尔塔拉河对艾比湖的入湖水量，艾比湖湖面积的减少将得到一定的控制；另外流域转向暖湿后，降水量的增加可能会带来湖泊水体景观面积的上升，但具体是否会超过规划面积还难以判断，因此定义水体景观的约束条件为：

$$x_4 = 60\ 025.93$$

荒漠未利用地景观面积，一方面由于湖泊水体景观、草地景观的退化而增长，另一方面则由于造林、农田开垦、城镇建设而减少，导致荒漠未利用地景观面积一直呈波动中变化，但面积都在 2005 年的荒漠未利用地景观面积之下，因此定义荒漠未利用地的约束条件为：

$$x_3 \leqslant 2\ 300\ 843.48$$

低碳规划模型求解：采用 LINGO11.0 软件进行优化条件的多目标求解，其求解方法为指数加权乘积法，其中低碳排放目标为的优化方向与其他两目标函数相反，因此在代码编写时，低碳目标函数取负值；而各目标函数结果的无量纲化处理采用各目标函数除以2020年规划结果的值，即碳排放量为–64.56Gg C、流域GDP620亿元、生态服务价值163.01亿元；各目标函数权重的选取从生态经济高效发展的土地规划目标，咨询专家意见并结合实地情况将低碳目标函数权重设置为 0.5，经济效益目标函数权重设为 0.3，生态系统服务目标函数权重设为 0.2。目标函数如下：

$$f(x) = -0.5 \times \frac{f_{ce}(x)}{64.56} + 0.3 \times \frac{f_E(x)}{6\ 201\ 384} + 0.2 \times \frac{f_s(x)}{1\ 632\ 755}$$

优化结果与当地规划目标采用 LINGO 软件对多目标灰色模型进行求解，2020年艾比湖流优化结果各景观面积见表 6-20。

表 6-20 艾比湖流域 2020 年低碳优化结果各景观面积

景观类型	城镇景观	草地景观	荒漠景观	湖泊景观	林地景观	农田景观
面积/hm²	53 201.33	1 843 723.00	2 219 145.18	60 025.93	315 944.00	502 376.20

三、基于 CLUE-S 模型的优化结果空间模拟

CLUE-S（conversion of land use and its effect at small region extent）模型是由 P H Verburg 等学者在土地利用变化及其效应模型（conversion of land use and its effect）基础上开发的土地利用模拟模型。CLUE-S 模型的区域土地利用时空动态变化已有较多成功案例。

CLUE-S 模型参数设置：

Cov_all.0 文件设定中分别对城镇景观、草地景观、荒漠未利用地景观、湖泊水体景观、林地景观、农田景观在 ArcGIS 软件中的 Reclass 模块将其依次赋值为 0、1、2、3、4、5，并通过 Grid to ASCII 模块将 grid 文件转为 CLUE-S 模拟所需要的 ASCII 文件，即可完成 Cov_all.0 的设定，Demand.in 文件即为未来模拟最终结果文件，2020年各类景观的需求面积见表 6-20，将各类景观需求依照赋值顺序输入即可。

Region_park.fil 文件即为研究区掩膜文件，可通过对艾比湖流域景观分类进过的栅格数据栅格值全部赋值为 0 后转换为 ASCII 文件即可。

Allow.txt 文件即为各景观类型间的布尔转移矩阵，0 代表不可转移，1 代表可以转移，根据 2005~2013 年的流域三期影像的转移矩阵及流域总体规划文件建立如下布尔转移矩阵（图 6-23）。

$$\begin{pmatrix} 1 & 1 & 1 & 0 & 1 & 0 \\ 1 & 1 & 1 & 1 & 1 & 1 \\ 1 & 1 & 1 & 1 & 1 & 1 \\ 0 & 1 & 0 & 1 & 1 & 0 \\ 1 & 1 & 1 & 1 & 1 & 0 \\ 1 & 1 & 1 & 0 & 1 & 1 \end{pmatrix}$$

图 6-23　艾比湖流域 CLUE-S 模型 Allow 文件矩阵

Sclgr.fil 文件为各类景观分布的驱动力文件。基于艾比湖流域的"山地—荒漠—绿洲"的地形地貌特征及数据的可获取性，选取各县市人口密度、GDP、人均 GDP、距主要河流湖泊距离、距水库坑塘距离、距主要城镇居民点距离、距村庄居民点距离、坡向、坡度、高程、地表起伏度作为驱动力，将驱动力的图鉴转换为 ASCII 文件，作为 Sclgr.fil 文件，其中矢量文件需先转换为 grid 数据。各驱动力图鉴如图 6-24 所示。

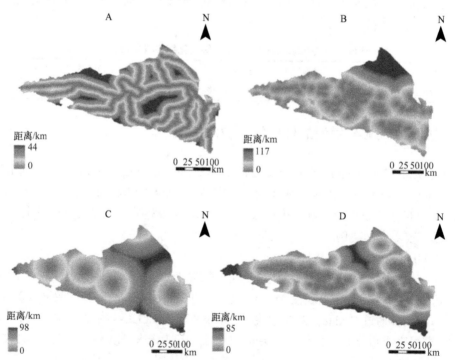

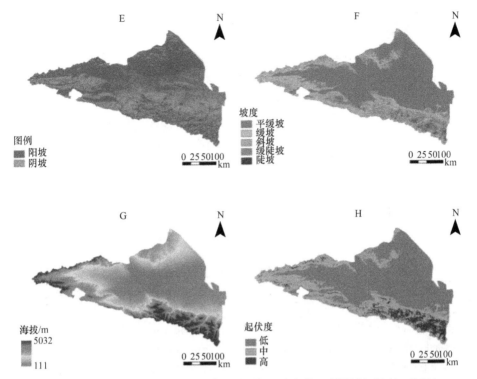

图 6-24　艾比湖流域 CLUE-S 预测模型驱动力条件（彩图请扫封底二维码）

A 为距主要河流湖泊距离；B 为距水库坑塘距离；C 为距主要城镇居民点距离；D 为距村庄居民点距离；E 为坡向，其中阴坡为 0°～45°及 315°～360°，其余为阳坡；F 为坡度，0°～6°为平缓坡、6°～15°为缓坡、15°～25°为斜坡、25°～35°为缓陡坡、35°以上为陡坡；G 为海拔；H 为地表起伏度，其中邻域起伏度低于 50m 为低起伏度、50～200m 为中起伏度、200m 以上为高起伏度

　　Alloc1.reg 文件参数为各类景观的 Logistic 回归方程的系数 β，需要将各类景观单独提取后转为 ASCII 文件并分别命名为 cov0.0～cov5.0，通过 CLUE-S 安装目录下的 covert.exe 转换为 txt 格式后通过统计软件回归计算，以 SPSS 为例，导入 SPSS 数据后运用 Analyze 菜单中的 Regression 模块的 Binary 命令，选择 Logistic Regression 进行回归。

　　CLUE-S 模型景观模拟结果：完成以上文件设定后即可开始 CLUE-S 模型模拟，模拟 2020 年优化结果如图 6-25 所示。

四、低碳景观优化效应评价

　　低碳规划目标综合效益分析：低碳优化下的 2020 年艾比湖流域各方面效益与 2005 年、2020 年总体规划结果的对比见表 6-21。

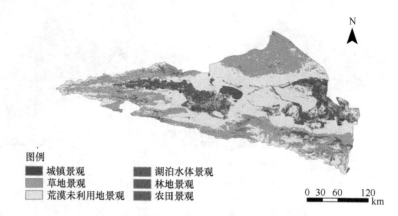

图 6-25 艾比湖流域 2020 年优化模拟结果

表 6-21 艾比湖流域 2005 年、2020 年规划及 2020 年优化结果

指标	2005 年	2020 年规划	2020 年模型优化
城镇景观/hm²	28 623.80	56 405.47	53 201.33
草地景观/hm²	1 891 432.43	1 852 779.11	1 843 723.00
荒漠未利用景观/hm²	2 300 843.48	2 268 551.52	2 219 145.18
湖泊水体景观/hm²	73 506.78	60 025.93	60 025.93
林地景观/hm²	252 329.16	302 826.40	315 944.00
农田景观/hm²	449 800.33	455 824.21	502 376.20
碳排放量/Gg C	−632.60	855.63	449.46
经济效益/万元	1 216 199	6 201 384	6 199 093
生态服务价值/万元	1 641 061	1 539 004	1 577 892

优化结果中各景观的变化整体表现为城镇景观面积被压缩,荒漠未利用景观被开发为农田、草地及林地景观,流域碳排放总量较当地总体规划减少了 47.47%,其中植被碳汇量较 2020 年规划结果增加了 163.92Gg C,城镇景观碳排放量下降了 241.59Gg C;生态服务价值增加了 10.25%;经济效益减少 0.04%。

对流域整体综合效益用经济价值计算,将碳排放量通过碳税(909.64 元/Gg C)转换并考虑生态服务价值,2020 年总体规划预计效益为 7 740 310 万元,优化结果预计为 7 776 944 万元,提升 0.47%,综合价值高于 2020 年规划结果。其中,城镇景观面积在 2020 年总体规划的结果上进行了压缩,减少了 3204.14hm²,实际带来碳排放减少了 241.59Gg C,流域生态服务总价值增加了 13 636.50 万元,经济效益减少 262 987 万元,综合价值减少 249 328 万元。草地景观面积在 2013 年的实际基础上得到了一定的下降。荒漠未利用地景观开发强度比总体规划有所下降。林地景观与农田景观涨幅较多,比总体规划预计中碳吸收量提高 170.08Gg C,生态服务价值增加 3 万元, 经济效益增加 118 274 万元, 综合价值共计 118 292 万元, 占总体规划的综合价值总量的 1.53%。

CLUE-S 模型预测结果分析: 对 CLUE-S 模型的预测结果采用前文所述的景观分析方法进行分析, 其各圈层、各景观类型的景观指数如表 6-22、表 6-23 所示。

表 6-22 艾比湖流域 2020 年优化结果各圈层景观指数

圈层	TA	NP	PD	MPS	AWMSI	AWMPFD	SDI	SEI
整体	4 977 621	2 333	0.046 9	2 133.56	10.48	1.56	1.23	0.69
内圈层	1 280 333	1 298	0.101 4	986.36	6.18	1.15	1.47	0.82
中圈层	1 193 505	293	0.024 5	4 073.38	5.48	1.14	0.52	0.29
外圈层	2 488 489	910	0.036 6	2 734.51	10.12	1.19	0.87	0.49

表 6-23 艾比湖流域 2020 年优化结果各景观类型景观指数

景观类型	CA	NP	PD	TE	ED	MPS	AWMSI	AWMPFD	MPE	FI
荒漠	2 224 423	691	0.013 9	15 941 011	3.20	3 219.10	10.44	1.19	23 069	0.013 8
草地	1 829 618	660	0.013 3	17 876 290	3.59	2 772.12	12.39	1.21	27 084	0.015 7
林地	315 250	643	0.012 9	6 912 316	1.38	490.20	2.12	1.08	10 749	0.089 7
城镇	49 902	175	0.003 5	1 201 288	0.24	285.14	1.44	1.04	6 862	0.295 7
农田	495 679	121	0.002 4	5 595 900	1.10	4 095.86	10.94	1.21	46 239	0.024 8
水体	62 941	43	0.000 9	403 274	0.08	1 462.79	1.49	1.04	9 372	0.116 3

2020 年艾比湖流域优化结果中景观总体斑块数目为 2333 个, 比 2005 年、2009 年、2013 年斑块数目都有上升。平均斑块面积为 2133.56hm^2, 小于 2005 年、2009 年、2013 年数据。各圈层的破碎化程度都呈现上升趋势。同时流域总体 AWMSI 与 AWMPFD 指数的变化趋势表明内圈层景观的边缘规则化程度增加而中圈层与外圈层景观的边缘规则化程度在减少。这表明了当地对人工景观规划的科学性在增强且规划的实施效果较好, 人工景观呈现聚集的变化趋势; 在生态经济高效发展的方针下自然生态系统得到恢复, 不规则的边界加强了生态系统的边缘效应, 有利于生态系统发展。这样的变化趋势下, 相应的景观多样性指数也呈现了增长趋势。因此, 从景观水平的变化趋势来说, 未来艾比湖流域整体及各圈层都将更加合理。

对比不同景观类型的景观指数变化趋势。荒漠植被景观异质性在 2013 年的基础上保持上升, 与之相对的荒漠景观也在减少, 这说明流域对荒漠景观的开发及风沙侵蚀区域的治理在进一步强化, 荒漠植被面积在增加, 沙漠化在逐步得到治理。

草地景观面积较 2013 年、2009 年有所增长, TE、ED、AWMSI 的增加说明自然草甸在逐步恢复,在水热条件合适的荒漠区域逐渐出现草地斑块,原有草地斑块蔓延度上升,有利于草地景观植被效应的发挥。林地景观的变化趋势表现为 NP 增加、AWMSI 增加和 FI 减少,说明林地景观在逐渐增加的同时逐渐聚集,新生林地景观出现的同时,原有林地斑块逐渐聚集,林地景观内部生态系统稳定性增加,抵抗自然灾害的能力得到强化,其生态服务价值发挥效果加强。湖泊水体景观的变化主要为艾比湖流域西北小湖区在 2013 年消失后重新出现,山地水体景观斑块数目增加,这与修建山地水库调节季节流量、提高用水效率的规划方针一致。

农田景观在整体增加的情况下,破碎化程度变化较小,这可能是由于流域在农田开垦时注重前期规划,合理选择开发区域,减少了农田景观拓展对周边自然景观的影响的结果。城镇景观变化主要表现为分离度下降,而斑块数目有所增加,说明新兴城镇仍在发展建设;而 AWMSI 的下降与 AWMPFD 的回升表明新城镇景观的规划工作较好,城镇聚集性增加,减少了对周边生态系统的影响,有利于流域整体生态系统效应的发挥。